사피엔스의
뇌

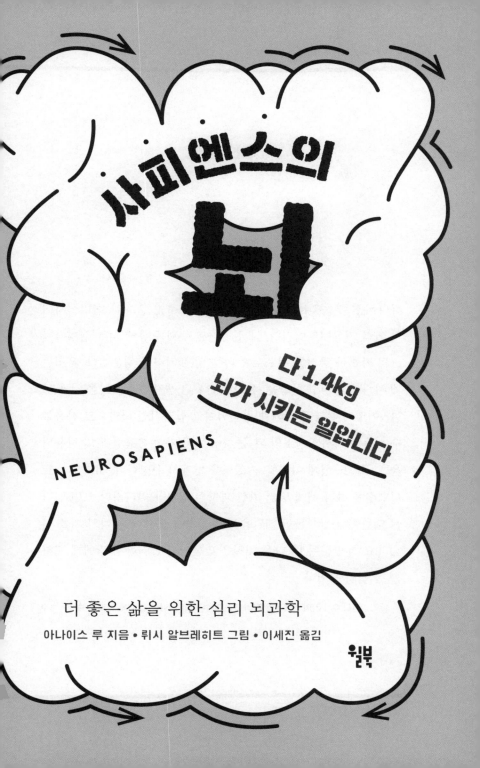

사피엔스의 뇌

다 1.4kg 뇌가 시키는 일입니다

NEUROSAPIENS

더 좋은 삶을 위한 심리 뇌과학

아나이스 루 지음 • 뤼시 알브레히트 그림 • 이세진 옮김

윌북

추천의 글

아나이스 루는 뇌과학자들에게 영감을 주는 훌륭한 심리학자이자 과학 커뮤니케이터다. 삶과 연결된 주제를 통해 뇌를 설명하는 그의 탁월한 강의를 책으로 만나는 일은 커다란 행운이다. 우리는 왜 사랑에 빠지고 환상을 품으며, 편향된 생각과 공격성을 갖게 될까? 어떻게 본능적인 뇌를 창의적이고 합리적인 방향으로 사용할 수 있을까? 『사피엔스의 뇌』는 우주에서 가장 복잡한 뇌의 사용법을 누구라도 쉽게 이해할 수 있도록 명쾌히 설명한다. 저자의 스토리텔링을 따라 책에 담긴 최신 과학의 성과를 따라가다 보면 인간에 대한 달콤쌉싸름한 깨달음이 마음속에 솟아난다. 나의 뇌를 이해하고, 계발하여 더 나은 내일을 만들어가고 싶은 사람에게 권하는 한 권의 책이다.

김대수 | 카이스트 뇌인지과학과 교수 · 『뇌 과학이 인생에 필요한 순간』 저자

뇌과학은 무한한 가능성으로 주목을 받고 있지만, 여전히 모든 비밀이 밝혀지지 않은 미지의 세계라 불리는 영역이다. 셀 수 없을 만큼 많은 신경 세포로 구성된 경이로운 연회색 덩어리 뇌. 고작 1.4킬로그램밖에 되지 않는 이 경이로운 기관 덕분에 우리는 창의적인 아이디어를 떠올릴 수도 있고, 매 순간 만족스럽거나 후회할만한 결정을 내리며 타인과 더불어 살아간다. 하지만 우리는 과연 뇌라는 존재에 대해 충분히 이해하고 있을까? 뇌의 작동 방식을 모른 채 살아가기에 우리의 일생은 너무도 길다. 자, 그러니 더 좋은 삶을 위한 과학의 여정에 동참하시라. 당신의 위대한 뇌가 이 책을 펼치기를 기다린다.

궤도 | 과학 커뮤니케이터 · 『궤도의 과학 허세』 저자

지금까지 없었던 참신한 심리 뇌과학책의 탄생! 보이지 않는 마음의 원리를 『사피엔스의 뇌』보다 더 잘 풀어내는 책은 드물다. 흥미로운 신경과학과 심리학 실험을 근거로 일상 속 주제를 탐구하는 이 책은 무척이나 쉽고, 재밌으며, 실용적이기까지 하다! 만약 올해 한 권의 책을 읽을 거라면, 이 책을 선택하길 바란다.

최설민 | '놀면서 배우는 심리학' 유튜브 크리에이터

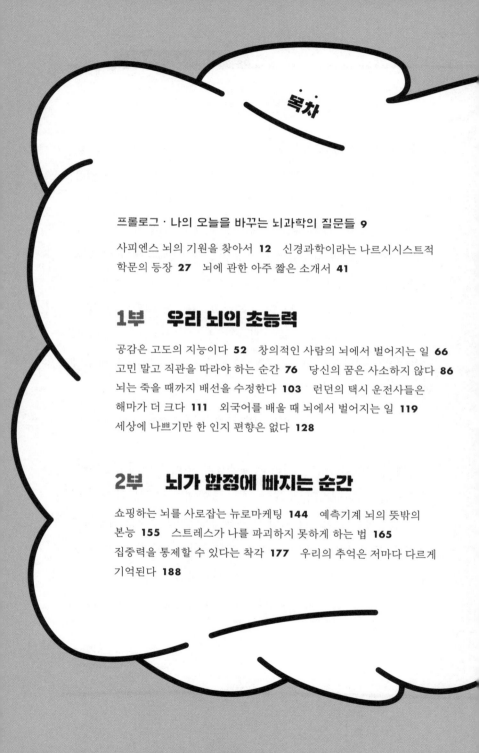

목차

안녕하세요,
뉴로사피엔스 여러분

나의 오늘을 바꾸는 뇌과학의 질문들

뇌의 경이로움은 이루 말할 수가 없습니다. 일부러 과장할 필요도 없죠. 우리 두개골 안에 자리한 1.4킬로그램짜리 푸딩 같은 뇌는 내가 어떤 선택을 내리는지, 무슨 감정을 느끼는지, 누구를 사랑하게 되는지 등 인생의 많은 문제를 좌우하는 최고의 결정권자입니다.

저는 대학원에서 임상심리학을 전공했으나, 뇌의 놀라운 잠재력에 매료되어 신경과학을 공부하기 시작했습니다. 그리고 2020년부터 일상 속 뇌과학을 이야기하는 〈뉴로사피엔스Neurosapiens〉라는 팟캐스트를 제작하고 진행해왔죠. 청취자들께서는 다양한 인생

사연을 들려주기도 하고, '왜 머리랑 마음이 따로 노는지 모르겠다'는 고민을 토로하기도 했습니다. 뇌에 대해 더 많이 배우고 알게 될수록, 저는 뇌과학이 우리가 고민하는 삶의 여러 문제와 긴밀히 연결된다는 걸 깨달았습니다. 그래서 그분들을 위한, 평범한 사람을 위한 뇌과학책을 쓰기로 마음먹었죠. 뇌는 우리가 활용할 수 있는 가장 강력한 도구입니다. 그러므로 이 도구를 가장 효과적이고 지혜롭게 활용할 방법을 나누고자 합니다.

각 장에서는 인간의 마음과 행동의 진실을 밝히는 최신 신경과학과 심리학 연구를 만나실 수 있습니다. 대단히 흥미롭고, 무엇보다 유용한 이야기들이죠. 일상에서 매 순간 우리와 보조를 맞추는 뇌는, 때로 눈앞의 즐거움을 위해 우리를 속이기도 합니다. 이 책은 뇌의 가장 놀라운 비밀을 탐구합니다. 그 지식을 발판 삼아 여러분은 단순한 사피엔스에서 '뉴로사피엔스'로 거듭나게 될 거예요.

뇌 가소성 덕분에 우리 뇌의 뉴런과 시냅스는 평생 변화합니다. 노력으로 뇌의 건강과 능력을 바꿀 수 있다는 뜻이죠. 예컨대 '인지 비축'은 뇌가 노화나 질병으로 손상을 입었을 때도 지적 능력을 유지하는 역량을 말합니다. 인지 비축이 잘 되어 있는 사람은 알츠하이머에 걸려도 증상이 경미하다는 연구 결과가 있습니다. 그런데 여기서 문제는, 뇌가 노력을 좋아하지 않는다는 겁니다. 그럴만한 사정이 있는 것이, 뇌는 신체 기관 중에서 에너지 소비가 매우 큰 편에 속합니다. 따라서 어떤 상황에서든 에너지를 최소화하려는 경향이 있죠. 우리가 오늘도 운동 가는 걸 미루고, 소파에 드러눕고 싶어하는 이유가 여기에 있어요. 그렇다면 이런 본능을 지닌 뇌와 나는 어떻게 지내야 할까요? 일상에서 인지 기능을 강화하고 비축할 수 있는 좋은 방법이 있을까요? 그런가 하면 우리는 왜 공감하고, 아름다움을 즐기며, 유머를 구사하는 존재로 진화했을까요? 스트레스가 몸과 마음에 미치는 악영향을 최소화하는 법은 무엇이며, 우리가 밤마다 꾸는 꿈의 숨겨진 쓸모는 무엇일까요?

저는 과학계의 최전선에 있는 놀라운 실험과 연구 결과를 바탕으로 이러한 질문들에 답을 찾아보려고 합니다. 가장 쉽고, 재미있는 방식으로 말이죠. 이밖에도 여러분은 자신의 뇌가 어떻게 사랑에 빠지는지, 기억과 망각은 어떻게 진행되는지 알게 될 겁니다. 인류의 영원한 미스터리인 오르가슴의 비밀 또한 밝히러 가보죠.

본격적으로 시작하기 전에, 뇌에 관한 기초 체력을 다져보려 합니다. 기초는 언제나 중요하니까요. 잠시 뇌와 신경과학의 기원으로 떠나보겠습니다.

사피엔스 뇌의 기원을 찾아서

지렁이, 구운 고기, 기후에 관한 웃기는 이야기

뇌는 어떻게 진화했을까? 그러한 진화의 이유는 무엇일까?

지금으로부터 5억 년 전,
우리가 아는 최초의 뇌 구조는 지렁이와 비슷한
벌레에게서 나타났습니다.

그 벌레의 뇌는
세포 더미에 불과했죠.

까꿍!

그래도
뇌가 있었기에
호흡을 하고
심장박동을 조절할 수
있었어요.

신체를 움직이고 먹이를 찾고
소화를 시킬 수도 있었고요.

우리는 이 오래된 뇌 구조에 대해 여전히
모르는 게 많습니다. 인간 뇌의 진화에 대해서는
계속해서 점점 더 많은 것이 밝혀지고 있죠.

오랫동안 학계에서는 인간 뇌의 진화가 생존, 감정, 이성을 담당하는 세 개의 층으로
나뉜 채 이루어졌다는 설을 사실로 여겼습니다. 하지만 오류임이 밝혀졌지요.

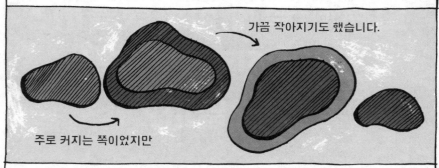

가끔 작아지기도 했습니다.

주로 커지는 쪽이었지만

우리 뇌의 크기는 늘었다 줄었다 하면서 다양한 변화를 거쳤습니다. 그 과정에서
대뇌피질의 재조직이 이루어졌고요.

이러한 진화는 다양한 요인에서 비롯되었습니다. 여러 가설이 있지만,
오늘날 가장 유력한 이론에서는 세 가지 요소가 상호작용을 이룬 결과라고 설명합니다.

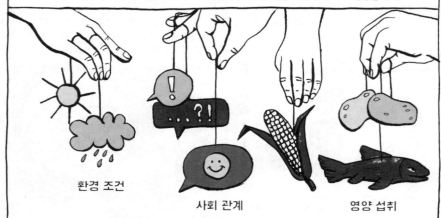

환경 조건

사회 관계

영양 섭취

1. 척박한 환경 조건

우리 종이 살아남고, 먹을 것과 물을 찾고, 식량을 저장할 방법을 끊임없이 고민했던 이유는
환경 조건 때문입니다.

지구는 혹독한 기후변화를 겪었습니다. 약 1000만 년 전에는
가뭄으로 아프리카의 숲 지대가 사막으로 변했고요.

열대우림이 고온 건조한 지역으로
변해버렸습니다.

인간은 이 변화에 적응해야 했습니다. 숲에서
주요 식량원을 얻던 시절을 지나, 땅을 경작해
먹을 것을 수확하는 단계로 넘어가야 했던 것이죠.

2. 점점 더 복잡해진 사회 관계

영장류의 아주 중요한 특징 중 하나는 바로 무리를 이루고 상호작용을 하며 살아간다는 점입니다. 인간도 군집 생활을 하며 협력하는 능력 덕분에 다양한 상황에서 살아남을 수 있었어요.

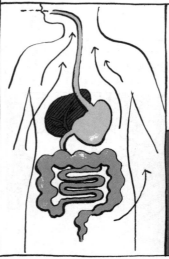

3. 영양 섭취

우리가 얻을 수 있는 음식물과 그것을 섭취하는 방식도 뇌의 진화에 결정적 요인이 되었습니다. 가령, 인간은 불을 다룰 수 있게 되면서 음식을 익혀 먹게 되었고, 그 결과 두 가지 변화가 나타났습니다.

같은 음식에서도 더 많은 에너지를 얻으면서 더 쉽게 소화할 수 있게 되었습니다.

따라서 소화에 쓰이던 에너지가 뇌로 갈 수 있게 되었죠.

뇌의 진화

진화에 대한 가설은 계속 진화한다

약 700만 년 전 일부 영장류는 이족보행을 시작했습니다. 일단 두 발로 서자 눈높이가 올라가면서 훨씬 더 멀리까지 볼 수 있게 되었습니다. 그로써 포식자들의 위협을 더 잘 피할 수 있었고 수렵 채집도 더 효율적으로 할 수 있었습니다. 자유로워진 두 손으로는 점점 더 정교한 도구를 만들게 되었고요.

오랫동안 과학계는 이족보행이 뇌의 확장을 불러온 가장 중요한 요인이라고 믿었습니다. 이족보행이 영양 섭취에 영향을 미쳤고 그것이 인간의 뇌가 지금과 같이 발달하게 된 출발점이 되었다고 생각했죠.

하지만 최근 연구들에서는 이러한 이론이 뒤집혔습니다. 뇌의 급격한 진화는 우리 종이 두 발로 걷게 된 시기보다 훨씬 더 나중인 170만~150만 년 전에 일어난 것으로 보입니다. 이 시기에는 특히 전두피질의 용적이 크게 늘어났습니다. 전두피질은 도구 제작 같은 정교한 조작을 관장하는 영역이죠.

덧붙이자면, 이족보행을 하면서부터 인간 여성의 골반은 상당히 좁아지게 됐습니다. 특히 아기가 통과하는 산도産道는 신생아의 머리 크기에 비해 지나치게 좁아졌죠. 그리하여 수천 년에 걸쳐 인간 아기는 점점 '때 이르게' 세상에 나오게 되었습니다. 인간의 뇌가 완성되지 않은 채로 태어나는 건 바로 이 때문입니다.

사피엔스의 뇌가
커진 이유

뇌 용적의 첫 번째 확대

'지금의 인간과 같은 형태'로
뇌 발달이 이루어진 건 160만 년 전입니다.

바로 이 시기에 인간 사회에는
더욱 복잡한 도구들이 출현했습니다.

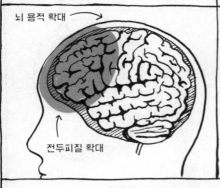

뇌 용적 확대

전두피질 확대

다양한 재료의 혼합

돌덩이 같은
부속품 추가

또한, 더욱 체계화된 사회 규칙과 정교해진 언어 덕분에
서로 무기를 만드는 기술을 가르치고 배울 수도 있었어요.

뇌 용적의 두 번째 확대

20만 년 전, 뇌 용적과 전두피질의 확대가
다시 한번 일어났습니다.

'호모' 속의 모든 종을 통틀어 우리는
가장 큰 뇌를 가진 편입니다.

700 cm³

1200~1500 cm³

호모 하빌리스

호모 사피엔스

왜 우리만
이런 뇌를 가지고 있을까요?

아니, 사실
뇌가 큰 게 무조건
좋지만도 않거든!

뇌는 에너지를 많이 필요로 하기에
너무 큰 뇌는 신체에 부담이 됩니다.

인간의 뇌는 대략
전체 몸무게의
2퍼센트를
차지합니다.

100%

2%

그렇지만
뇌가 활동하는 데
필요한 에너지는
몸이 소비하는
전체 에너지의
20퍼센트나 되죠.

에너지

우리는 살기 위해 에너지를 우회시킵니다.
신체에서 에너지를 끌어내 다시 뉴런으로 보내는 것이죠.

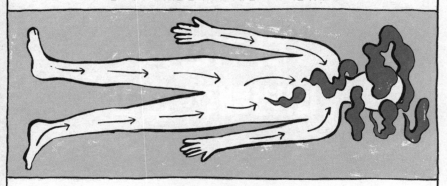

인간은 신체적으로는 고릴라와 상대도 되지 않습니다.
하지만 우리의 인지 능력은 이 새로운 에너지에 힘입어 눈부시게 발달하게 되었습니다.

더 커진 뇌
비범해진 인간

인간의 뇌가 급격히 커지던 두 번의 시기에 특히 크게 발달한 것이 전두엽입니다.
전두엽은 우수한 인지 기능에 관여하죠.

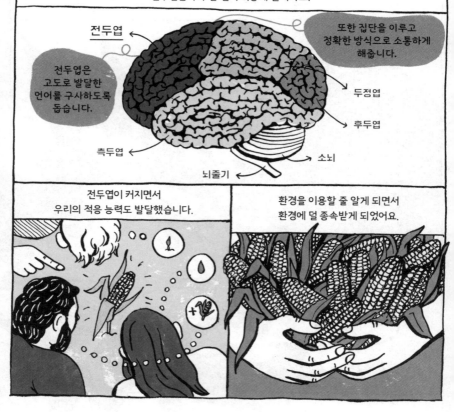

전두엽 ←

전두엽은
고도로 발달한
언어를 구사하도록
돕습니다.

또한 집단을 이루고
정확한 방식으로 소통하게
해줍니다.

두정엽

후두엽

측두엽 ←

소뇌 →

뇌줄기 ←

전두엽이 커지면서
우리의 적응 능력도 발달했습니다.

환경을 이용할 줄 알게 되면서
환경에 덜 종속받게 되었어요.

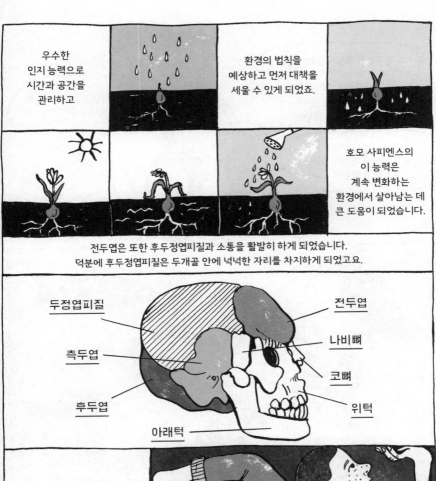

우수한
인지 능력으로
시간과 공간을
관리하고

환경의 법칙을
예상하고 먼저 대책을
세울 수 있게 되었죠.

호모 사피엔스의
이 능력은
계속 변화하는
환경에서 살아남는 데
큰 도움이 되었습니다.

전두엽은 또한 후두정엽피질과 소통을 활발히 하게 되었습니다.
덕분에 후두정엽피질은 두개골 안에 넉넉한 자리를 차지하게 되었고요.

두정엽피질

측두엽

후두엽

아래턱

전두엽

나비뼈

코뼈

위턱

인간은
후두정엽피질이
유독 큽니다.
이 부위는 신체와
주위 환경을 의식하는
중요한 역할을 하죠.

진화의 역사는 끝나지 않았다

인간이 진화의 정점에 올랐다고
생각했나요?

그건 착각입니다. 지금도 우리의 뇌는 끊임없이 변하며 모습을 바꾸고 각 개체는 여전히 분기하고 있습니다. 우리 뇌에서 유일하게 고정적인 부분, 즉 누구나 똑같이 지닌 부분은 오직 호흡, 체온, 소화를 관장하는 가장 오래된 부분뿐입니다.

반면 가장 뒤늦게 출현한 부분은 이미 오랜 길을 거쳐왔음에도 여전히 변화하고 있어요. 아직 최종 버전에 도달하지 않은 것이죠. 활발한 모험을 거쳐온 인간의 뇌가 지금도 변화를 겪는 중이라면, 그 이유는 인간이 불안정한 환경과 기복이 심한 기후로 인해 변화에 적응할 필요가 있었기 때문입니다. 요컨대 인간 뇌의 역사가 풍부하고 흥미진진한 만큼, 미래 또한 그럴 수 있다는 뜻입니다.

신경과학이라는 나르시시스트적 학문의 등장

뇌과학은 좀 유별난 데가 있다

뇌의 진화와 구조에 관한 이 모든 이야기는 신경과학이라는 학문이 등장했기에 존재할 수 있었습니다.

신경과학은
신경계를 연구하는 학문 분과들의 총체입니다.

뇌를 연구하는 이 학문은 좀 유별난 데가 있습니다.

뇌는 자기를
설명하려 드는 유일한
기관이죠.

거울아,
거울아,
세상에서
가장 복잡한 사물,
가장 큰 미스터리는
뭘까?

그건 바로 뇌, 당신이죠!

신경과학은
지금까지 출현한 학문 중 가장
자기애적 학문일 겁니다.

수천 년 전부터 연구자와 철학자 들은 인간의 뇌에 관심을 가졌습니다.

그렇지만 뇌를 실제로 연구하기 시작한 건 20세기부터였습니다.

특히 뇌 영상 촬영 기법과

정보공학 및 그 밖의 기술 발전이 큰 도움이 되었죠.

그래서 인류는 지난 수십 년 사이에

뇌의 진화와 기능, 그리고 인간의 뇌 구조에 대한

여러 이론을 수립할 수 있었습니다.

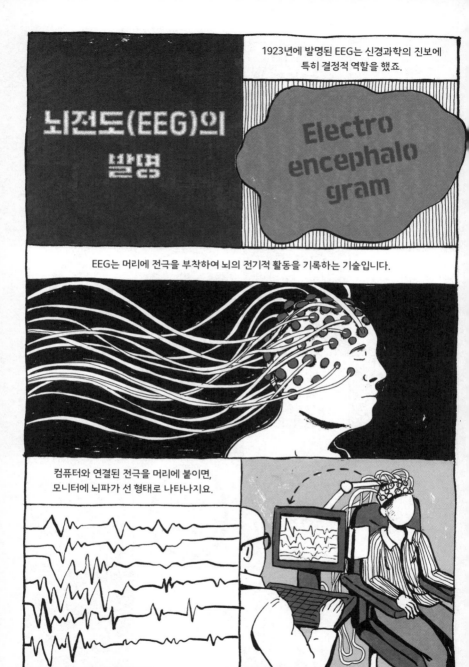

1973년에 등장한 MRI는 신경과학에서 두 번째로 중요한 발명입니다.

자기공명영상 (MRI)의 발명

Magnetic Resonance Imaging

연구자에게는 물론, 환자에게도 너무나 중요한 발명이었어요. MRI를 찍을 때는 기계 안에 들어가 망치 소리 같은 기계음을 15분 이상 들으면서 꼼짝도 하지 않아야 합니다.

여기서 공사장 소음을 들을 줄이야!

MRI를 발명한 레이먼드 다마디안

MRI 발명은 믿을 수 없는 혁명을 불러왔소!

두개골을 열지 않고도 뇌를 상세한 2D 혹은 3D 영상으로 보게 됐으니까.

MRI 덕분에 1970년대부터는 그 이전과는 비교도 안 될 만큼 많은 것을 알게 됐소.

MRI 덕분에 우리는 뇌에 생기는 종양이나 혈전, 혹은 사고나 질병으로 인한 손상을 초기에 발견하고 조치할 수 있게 되었습니다.

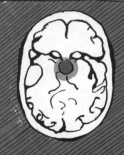

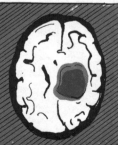

뇌과학의
위대한 발견

1958년에는 처음으로 뇌의 주요한 신경전달 물질들이 발견되었습니다.

신경전달물질은 뉴런과 뉴런 사이에서 정보를 전해주는 메신저라고 할 수 있습니다.

신경전달물질은 운동 제어 능력이나 파킨슨병, ADHD나 조현병의 징후들과도 관계가 있지요.

런던 택시 운전사들의 이야기는 이러한 뇌 가소성을 보여주는 인상적인 사례입니다.

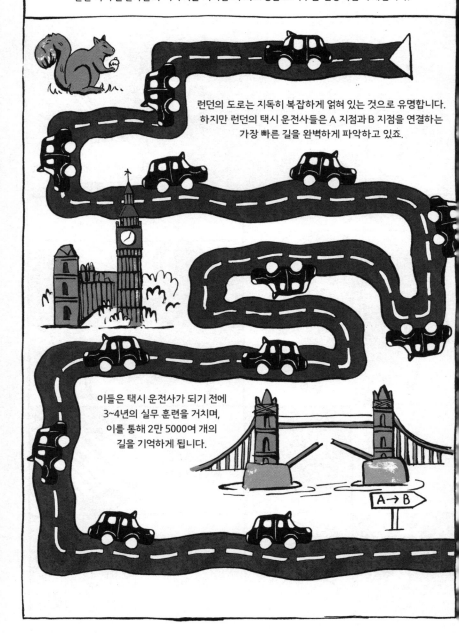

런던의 도로는 지독히 복잡하게 얽혀 있는 것으로 유명합니다. 하지만 런던의 택시 운전사들은 A 지점과 B 지점을 연결하는 가장 빠른 길을 완벽하게 파악하고 있죠.

이들은 택시 운전사가 되기 전에 3~4년의 실무 훈련을 거치며, 이를 통해 2만 5000여 개의 길을 기억하게 됩니다.

MRI를 이용한 한 연구에서는
런던 택시 운전사들이 기억의 중추인 해마의 크기가
평균보다 크고 뉴런도 많다는 사실을
밝혀냈습니다.

1991년 7월의 발견

거울 뉴런

거울 뉴런은 사회적 관계에서

혹은 타인을 이해하거나 감정을 이입하는 정서적 과정에서

모방을 통한 학습에 관여합니다.

관찰 혹은 간접경험만으로 마치 나도 그 일을 하는 것처럼 활성화됩니다.

거울 뉴런은 이탈리아의 의학자이자 생물학자 자코모 리촐라티가 시행한 실험에서 우연히 발견되었습니다.

연구진은 원숭이의 운동 기능을 연구하면서

원숭이가 특정 행동을 할 때 뉴런이 어떻게 활성화되는지 살펴보고 있었습니다. 그런데 이때 한 원숭이가 다른 원숭이의 행동을 관찰하기만 해도

그 원숭이와 똑같은 뉴런이 활성화된다는 것을 발견했죠.

연구진은 처음에는 그 현상을 중요하게 생각하지 않았습니다.

하지만 단순한 우연이라기에는 같은 현상이 너무 자주 일어났습니다.

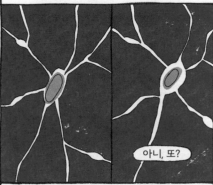

그래서 본격적으로 연구하기 시작했고

이 연구로 명성을 얻고 상도 많이 받았어요.

신경과학은 최근에 와서야 눈부신 발전을 이뤄냈습니다. 지난 10년 사이에 인류는 뇌에 관해 그 이전의 역사 전체를 통틀어 알아낸 것보다 더 많은 사실을 알아냈습니다. 놀라운 일이죠?

하지만 여전히 우리는 뇌에 대해 아는 것보다 모르는 것이 훨씬 많습니다. 일례로 신경과학은 인간의 본질이라고 할 수 있는 우리 의식의 기원을 설득력 있게 설명하지 못하고 있습니다. 연구와 실험으로 밝혀진 지식들도 아직 상당 부분은 가설 수준이고요. 언제쯤 뇌의 수수께끼를 완전히 풀 수 있을지는 알 수 없습니다. 뇌에 대한 가설들은 끊임없이 발전하고, 상세해지고, 반박당하고, 수정되며 발전하고 있습니다. 의구심이 과학의 가장 좋은 친구인 셈이죠.

자, 기초가 놓였으니 이제 본격적인 모험을 시작해봅시다. 우리의 뇌, 수십만 년 전부터 세상을 살아왔던 사피엔스의 뇌에 대한 모험을요. 가슴 뛰는 신나는 여정이 될 것이라 약속합니다.

뇌에 관한
아주 짧은 소개서

단어로 보는 뇌

뇌 신분증

무게: 1.4킬로그램

기능: 신체의 모든 기관과 근육의 조절을 담당하는 통제 센터

환경: 뇌는 가장 철저하게 보호되는 신체 기관 중 하나로, '뇌척수액'이라고 하는 액체에 담겨 있어서 충격을 덜 받습니다. 캐러멜소스에 담겨 있는 푸딩과 비슷하다고나 할까요.

소비: 뇌는 무게로 따지면 몸 전체의 2퍼센트를 차지하지만, 신체가 만들어내는 전체 에너지의 20퍼센트나 소비합니다.

구성: 860억 개의 뉴런이 네트워크를 구성하고 있습니다. 이 뉴런들은 화학적으로 혹은 전기적으로 서로 소통하죠.

좌우 반구와 뇌엽의 구조

뇌는 좌반구와 우반구로 이루어져 있습니다. 우반구는 신체의 좌측을 통제하고 좌반구는 신체의 우측을 통제합니다.

우반구
몸의 왼쪽 부분을
통제

좌반구
몸의 오른쪽 부분을
통제

좌우 반구는 각기 신체의 반대편을 통제한다

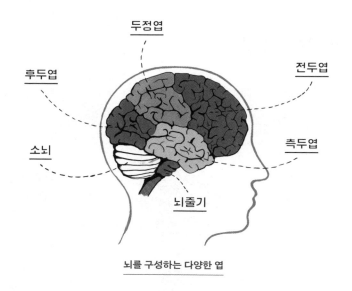

두정엽

후두엽

전두엽

소뇌

측두엽

뇌줄기

뇌를 구성하는 다양한 엽

우리 뇌는 크게 네 개의 엽으로 나뉘어 있습니다.

• 전두엽은 이마 바로 뒤에 위치하며 이성적 추론, 언어 구사, 계획 수립 같은 고도의 인지 기능을 주관합니다.

• 두정엽은 두개골 위, 약간 뒤편에 위치하며 신체와 주위 공간에 대한 의식을 관장합니다.

• 후두엽은 머리 뒤쪽에 위치하며 시각을 담당합니다.

• 마지막으로 측두엽은 귀 뒤에 위치하며 청각, 기억, 감정을 관장합니다.

각각의 뇌엽은 다양한 기능을 통제하는 중추이지만, 각 뇌엽이 정상적으로 기능하려면 뇌 전체의 뉴런 네트워크와 연결되어야 합니다.

이 책에서는 주제에 따라 다양한 뇌 영역의 기능과 역할을 살펴볼 것입니다. 따라서 뇌 구조를 먼저 훑고 가는 것이 좋겠지요. 책을 읽으면서 필요할 때마다 이 장을 참조하세요.

변연계의 핵심 역할

변연계는 특히 중요한 영역입니다. 감정이입, 기시감, 사랑 등의 현상에 변연계가 관여하기 때문이죠. '변연계'는 인간의 여러 기능에 중요한 역할을 하는 다양한 기관들의 집단입니다. 가령 스트

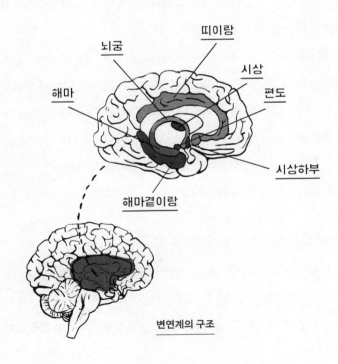

변연계의 구조

레스나 공포 같은 감정의 표현은 물론이고 학습, 기억, 후각, 섭생 행동, 호르몬 분비, 감정에 따른 생리적 반응에도 관여하죠.

변연계는 영어로 'limbic system'이라고 하는데, 이 단어의 기원은 라틴어 'limbus(경계, 고리)'입니다. 뇌 깊숙한 곳의 뇌줄기 가장자리에 자리 잡고 있어서 이런 이름이 붙었습니다.

쾌감을 갈구하는 건 생존 본능이다

우리는 대부분 초콜릿이나 케이크를 보면 먹고 싶다는 욕구를 느낍니다. 맛있는 디저트를 볼 때 뇌에서 '쾌락과 보상 체계'가 활성화되기 때문입니다.

이 체계는 어디서 기원할까요? 진화 과정과 자연선택의 결과, 생존에 중요한 행동(영양 섭취, 생식 등)은 강렬한 쾌감과 결부되었습니다. 뇌의 쾌락과 보상 회로는 우리의 기본 욕구와 관련된 행동을 *강화하고 증대하는* 방향으로 발달했습니다. 이 회로는 우리가 살면서 습득하는 다양한 쾌락 경험으로 확대되고, 따라서 우리는 그러한 경험을 반복하게 됩니다.

▌ 쾌락과 보상 회로는 어떻게 작동할까? ▌

일단 보상을 나타내는 감각 신호가 전전두피질에 들어옵니다. 전전두피질은 이름으로 알 수 있듯 전두피질 앞에 위치하죠. 그다음에 이 신호가 해마(기억 중추)나 편도(생존을 결정하는 사건에 대한 반응을 조절하는 기관) 같은 뇌의 다양한 구조로 중계됩니다. 특히 이 신호는 배쪽 피개부(ventral tegmental area, VTA)로 전달되어 그 영역의 뉴런을 강하게 활성화하면서 도파민을 분비합니다. 이는 다시 쾌락을 관장하는 측좌핵, 중격, 전전두피질에 곧바로 전달되죠. 이 도파민의 고리가 우리에게 행동이 불러온 쾌감을 의식하게 하고, 그 행동을 기억하게 합니다. 이로써 우리는 쾌감을 주는 행동을 반복하게 됩니다.

이 기회에 쾌락 회로와 도파민에 대해서도 짧게 짚고 넘어갈까 합니다.

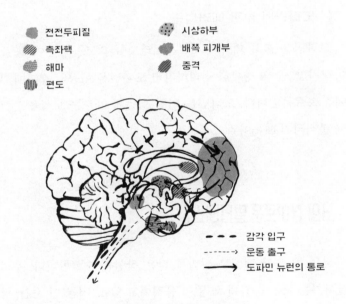

쾌락 보상 회로가 작동하는 방식[1]

쾌락의 네 가지 회로

보상 체계가 쾌락의 유일한 회로는 아닙니다. 실제로 쾌감에는 네 가지 체계가 작동합니다. 하나는 앞에서 설명한 보상 체계이고, 두 번째는 **기억과 학습 회로**입니다. 우리가 어떤 행동을 했을 때 기분이 좋았다면 기억하여 그 행동을 다시 하게 하죠. 세 번째는 **동기 회로**입니다. 특정 행동을 반복하고 싶은 의욕과 참여를 자극합니다. 네 번째는 **억제 조절 회로**입니다. 이 회로는 우리가 상황에 맞춰 적절하게 반응하게 해주죠. 이 네 가지 회로는 서로 깊이 얽혀 있습니다.

도파민의 진짜 메커니즘

도파민을 흔히 쾌락의 호르몬이라고들 하죠. 이 말이 틀린 건 아니지만, 좀 더 정확히 정의하자면 도파민은 행동의 결과에 대한 **예측 호르몬**입니다. 도파민은 어떤 행동에 따르는 보상을 기대할 때 분비되기 때문이죠.

뇌의 경이로운 멀티태스킹

뇌는 매 순간 경이로울 만큼 많은 작업을 수행합니다. 우리가 살아가는 모든 순간에 쉼 없이 움직이고 있죠. 지금 이 순간, 당신의 뇌는 뉴런들 사이의 연결을 강화하거나 새로 만듭니다. 뉴런이 10여 개 죽는 동안 다른 뉴런 10여 개가 태어납니다. 지금 이 순간, 당신의 시각피질과 단어의 이해를 관장하는 영역은 이 책을 읽기 위해 맹렬하게 기능하고 있을 겁니다. 또한, 작업기억을 관장하는 전전두피질도 활발하게 기능하고 있겠죠. 한편으로는, 당신의 뇌는 심장에 아무 위험이 없다는 메시지를 보내고 있습니다. 따라서 심장이 정상적인 리듬으로 뛰고 있을 겁니다.

혹시 지금 무언가를 먹고 있나요? 그렇다면 뇌의 운동피질이 활성화되면서 근육에 포크를 입으로 가져가라는 메시지를 보내고 있을 겁니다. 목덜미 위쪽에 있는 소뇌가 활발하게 작용하면서 포크의 균형을 유지하고 손과 입을 조응시킬 거고요. 뇌는 또한 소화에 필요한 타액, 소화액, 장액을 분비시킬 겁니다.

하지만 이것들은 뇌가 하고 있는 활동의 극히 일부일 뿐입니다. 뇌의 활동은 집중적이고 복잡합니다. 우리가 하는 모든 일, 모든 말, 모든 생각에 뇌가 함께합니다. 그러니 뇌에 대해서 배우고 뇌를 더 잘 보살피는 일은 곧 나를 이해하고 보살피는 일이 되겠지요. 이보다 더 좋은 일이 또 있을까요?

1부

우리 뇌의
초능력

공감은
고도의 기능이다

호모 사피엔스는 믿을 수 없는 능력을 지니고 있습니다. 바로 자기 동족이 느끼는 바를 함께 느끼고 이해하는 능력이죠(다른 포유류들도 어느 정도 공감 능력을 지니고 있긴 합니다). 흥미로운 점은 인간의 공감 수준이 모두 같지는 않다는 사실입니다. 예컨대 똑같은 동물 다큐멘터리를 봐도, 저는 어느새 펑펑 울고 있는데 제 친구는 콧물한번 훌쩍이지 않죠. 이유가 뭘까요? 게다가 우리는 모든 존재에게 같은 방식으로 공감하지 않습니다. 우리는 교통사고로 잠시 휠체어 신세를 지게 된 사람에게 겉으로는 표가 나지 않는 자궁내막증 환자보다 많은 공감과 배려를 하곤 하죠. 어째서일까요? 공감은 우리가 생각하는 것보다 훨씬 복잡하며 지적인 능력입니다.

공감이란 무엇인가?

공감은 단순하고 명쾌하게 정의하기 어려운 주제입니다. 하지만 크게 인지적 공감과 정서적 공감이라는 두 가지 유형으로 나눌 수 있는데요.

정서적 공감은 우리가 흔히 말하는 공감에 해당합니다. 타인의 감정을 느끼고 공유하면서도 자신의 감정과 혼동하지 않는 능력이지요. 공감할 때 타인의 감정에 침범당하지 않고 자신과 타인을 구분하는 일은 무척 중요합니다. 그러지 못하면 정서적 감염에 빠질 수 있습니다. 인지적 공감은 타인의 심리 상태, 감정, 생각을 이해하는 능력입니다. 정서적 공감이 '느낌'이라면 인지적 공감은 '이해'라는 인지 과정이죠. 정서와 인지라는 공감의 두 차원은 동전의 양면과도 같습니다.

정서적 공감은 이른바 '상향처리bottom-up' 방식으로, 가슴에서부터 머리로 작용합니다. 느낌에서 출발해 분석으로 나아가는 것이죠. 인지적 공감은 '하향처리top-down' 방식으로, 머리에서부터 가슴으로 작용합니다. 인지, 성찰, 뇌 기능에서 출발해 신체의 감정을 깨우고 의식에 이르게 하지요. 이 두 차원은 상호보완적이지만, 반드시 두 차원이 다 갖춰져야만 공감이라고 할 수 있는 건 아닙니다.

2009년 신경생리학자 니콜라스 댄지거는 고통에 무감각한 사람들조차도 타인의 표정을 보고 고통의 수준을 가늠할 수 있다는 연구 결과를 밝혔습니다.[1] 그 피험자들은 하향처리 방식, 다시 말해 인지적 공감 과정을 활용했습니다. 타인의 얼굴을 관찰하고 인지적으로 분석해서 타인의 고통을 상상한 것이었어요.

어떤 경우든 공감은 오직 감정으로만 이루어지는 게 아니라, 타인의 주관적 경험에 대한 이해를 동반할 때 가능합니다. 다시 말해 공감은 고도의 인지적 능력이기도 한 것이죠.

사피엔스는 왜 공감 능력을 계발했을까?

이 의문은 수많은 가설을 낳았습니다. 타인의 입장에 설 줄 알면 타인의 의도와 욕구를 더 잘 예측할 수 있고 상부상조나 협동 같은 사회적 행동을 하는 데 유리합니다. 호모 사피엔스가 진화 과정에서 지금과 같은 위치를 차지하게 된 것은 사실상 집단의 힘과 협동 능력 덕분이었죠. "혼자 가면 빨리 갈 수 있지만, 함께 가면 더 멀리 갈 수 있다." 이런 격언이 있지요. 공감이 호모 사피엔스의 소통을 개선하고 협동을 촉진하는 중요한 능력이기 때문에 계발되었을 거라는 게 첫 번째 가설입니다.

우리가 타인의 경험을 보고 학습하는 일도 공감과 연관이 있습니다. 왜 그럴까요? 우리는 타인의 고통을 공감함으로써 그러한 고통을 유발하는 상황을 피하는 법을 배우게 됩니다. 이러한 양상은 동물들에게도 관찰됩니다. 실험 상황에서 쥐 A는 쥐 B가 먹이를 먹으러 갈 때마다 전기충격을 받는 것을 보고 자기는 전기충격을 받지 않는데도 먹이를 먹지 않았어요. 어쩌면 고통은 공감의 핵심이자, 공감의 기초일지도 모릅니다.

공감은 지능이다

공감은 원래 우리 몸의 고통을 알려주는 뇌의 회로들에서 출발해 점점 발전했을 것으로 보입니다. 뇌 영상 촬영을 동원한 연구들에 따르면, 우리는 타인의 고통을 목격하고 감정을 이입할 때 내가 고통을 받을 때와 똑같은 뇌 구조가 활성화됩니다.

공감에는 '거울 뉴런'만 관여하는 것처럼 이야기하는 경우가 많은데요. 이 책의 도입부에서 언급했듯이 거울 뉴런은 신경과학의 중대한 발견이었습니다. 거울 뉴런은 타인의 행동을 관찰하기만 해도 내가 그 행동을 할 때처럼 활성화되죠. 거울 뉴런 덕분에 우리는 타인의 의도를 이해하고 새로운 것을 배울 수 있어요. 그렇지만 공감은 거울 뉴런 말고도 다른 여러 뇌 영역과 뉴런을 끌어들이는 고도로 복잡한 인지 과정입니다. 타인의 느낌을 상상하고 재현하는 이 과제는 거울 뉴런에 근거한 단순 기억과는 차원이 다릅니다. 정서적 공감과 인지적 공감은 뇌의 두 회로를 활용합니다.

┃ 정서적 공감 ┃

뇌 영상 촬영을 이용한 여러 연구 덕분에 우리는 신체적 고통을 느낄 때 뇌의 어떤 영역이 활성화되는지 알게 되었습니다. 최근 연구들은 이 네트워크가 타인의 고통을 볼 때도 마찬가지로 작동한다는 사실을 알려주었죠. 하지만 경우에 따라 활성화는 조금씩 다르게 나타납니다. 예를 들어 고통의 감각에 관여하는 뇌섬엽과 전대상피질은 자신이 고통을 느낄 때나 타인의 고통을 볼 때 똑같이 활성화됩니다. 그렇지만 자기 자신의 고통을 처리하는 데 관여하는 영역인 체성 감각 영역은 타인의 고통을 보기만 할 때는 활성화되지 않아요. 이 영역은 몸 표면의 정보를 받아들이는 기능을 하기 때문입니다.

이렇게 자신의 고통을 느끼는 방식과 타인의 고통을 느끼는 방식이 조금씩 다르기 때문에 우리는 다른 사람의 절망을 자신의 절망과 혼동하지 않고 살아갈 수 있습니다.

┃ 인지적 공감 ┃

타인의 입장에 서서 그 사람의 심리를 이해하는 일은 이마 바로 뒤 중앙배부 전전두피질의 소관입니다. 이 영역은 고도로 복잡한 인지 기능을 담당하고 있어요. 그럴 만도 하죠? 게다가 타인의 고통을 정서적으로 느끼지 못하는 사람들도 다른 사람이 괴로워하는 장면을 볼 때면 이 영역이 활성화됩니다. 즉 정서적 공감을 하지 못하는 사람들도 추론을 바탕으로 타인이 어떻게 느끼는지 이해할 수 있다는 뜻입니다.

인지적 공감에 중요한 또 다른 영역은 측두-두정 연접부입니다. 귀 뒤의 측두피질과 머리 위 두정피질에 걸쳐져 있는 이 부분은 나와 타인의 구분에 관여합니다. 측두-두정 연접부는 내 관점에서 감정이나 고통을 가늠할 때보다 타인의 관점에서 가늠할 때 더 강하게 활성화됩니다.

▮ 공감의 핵심 ▮

편도체는 정서적 공감과 인지적 공감이라는 두 회로의 기반 위에서 결정적 역할을 하는 영역입니다. 편도체는 뇌 중심부에 박혀 있어요. 편도체는 공포에 사로잡힌 표정을 알아보는 데도 중요한 역할을 합니다. 조지타운대학교의 심리학 교수 애비게일 마시는 무서워하거나 불안해하는 표정을 잘 알아차리는 사람일수록 곤경에 처한 타인을 위해 자기 시간과 돈을 더 잘 내어준다는 연구 결과를 내놓기도 했습니다.[2] 타인의 얼굴에서 감정을 읽어내는 능력이 없다면 그 사람이 어떤 기분인지 알 수 없고 그가 슬퍼하거나 두려워하는 이유도 짐작할 수 없으므로 이타적인 행동이 나올 수 없겠죠.

이러한 뇌의 역학은 공감이 정서적 과정인 동시에 인지적 과정임을 다시 한번 보여줍니다.

공감의 조건

공감의 신경 네트워크에는 분명한 한계가 있습니다. 타인의 감정에 대한 공감 반응은 상황에 따라 매우 달라질 수 있어요. 예를 들어 타인에게서 관찰되는 감정이 강렬할수록 공감 반응도 커집니다. 겉으로 잘 드러나지 않는 만성적 고통에 시달리는 사람을 볼 때보다 날카로운 통증에 몸부림치는 사람을 볼 때 우리의 공감 반응은 더 커지죠.

상황 또한 지각에 영향을 미칩니다. 가령, 통증에 괴로워하는 사람을 보더라도 그 통증이 병을 낫게 하는 치료에 불가피하다는 사실을 알면 공감 반응이 덜합니다.

성격과 직업 같은 조건도 공감에 영향을 미칩니다. 예컨대 일상적으로 남의 고통을 보는 의료진이 그러한 고통을 거의 본 적 없는 일반인과 같은 방식으로 반응하진 않습니다.

공감하는 주체와의 관계도 변수로 작용합니다. 일반적으로 나와 적대적 관계에 있는 사람보다는 가까운 사람이 괴로워하는 모습을 볼 때 더욱 감정이입을 하게 되지요. 예컨대 2006년 독일의 심리학자이자 신경과학자인 타니아 싱어는 연구를 통해 사람들이 사기나 불의를 저지른 것으로 판단되는 타인의 고통에는 감정이입을 덜 한다는 사실을 보여주었습니다.[3] 싱어의 연구에 참여한 사람들은 고통받는 사람에게 공감은커녕 오히려 사기꾼이 벌을 받아 만족스럽다는 듯 쾌락 회로가 활성화되었죠.

공감과 돌봄

환자들의 고통을 일상적으로 대하는 의료 종사자들이 어떻게 제정신을 유지할 수 있는지 의아할 때가 있지 않았나요? 공감은 돌봄을 업으로 삼는 사람들에게 아주 중요한 능력입니다. 사람들은 타인의 감정에 휩쓸리지 않고 나와 타인을 구분하기 위해 이러 저러한 방어기제를 사용합니다.

타인을 돌보는 일을 하는 사람들이 감정이입에 어떻게 대처하는지를 다룬 연구는 많지 않습니다. 하지만 신경과학자 정야웨이, 양자옌, 장 드세티는 흥미로운 연구를 발표했죠. 이들은 침술사와 일반인들에게 침을 맞는 사람의 영상을 보여주며 그들의 공감 반응을 뇌 영상으로 비교해보았습니다.[4]

그 결과 두 대조군의 반응에는 확실한 차이가 있었습니다. 의료 종사자가 아닌 일반인들의 뇌에서는 뇌섬엽과 전대상피질을 지나는 정서적 공감 네트워크가 강하게 활성화되었고, 침술사들의 뇌에서는 고도의 지적 기능과 관련된 인지적 공감 네트워크가 두드러지게 활성화되었습니다. 연구진은 피험자들에게 침을 맞을 때의 아픔도 추측하고 평가하게 했습니다. 이로써 인지적 공감이 더 활성화될 때와 정서적 공감이 더 활성화될 때의 구체적 차이를 확인할 수 있었죠. 침술사들은 침을 맞는 아픔을 10점 만점에 4 정도로 평가했지만, 일반인들은 평균 6.5로 더 높게 평가했습니다.

공감의 인지적 측면은 나와 타인을 뚜렷이 구분함으로써 감정 이입을 자제하게 해줍니다. 심리학에서는 이것을 '통제적 기제'라고 부릅니다.

사이코패스의 뇌

반사회적 인격장애가 있는 사람을 흔히 '사이코패스'라고 부릅니다. 사이코패스는 공감 능력이 떨어지고, 감정이 없고, 무서운 것도 없고, 타인이 고통스러워하는 모습을 보면서 오히려 좋아한다고들 하는데요. 과연 어디까지가 진실일까요? 신경과학 연구들은 이 주제에 대해서 무엇을 말해줄까요?

▌ 사이코패스의 정체 ▌

사이코패스는 정서 이상 및 반사회적 행동이 특징인 성격장애입니다. 이러한 공식적 정의가 모호하다는 지적에는 저도 동의합니다. 사이코패스는 구체적으로 일반인과 어떻게 다를까요? 일단 이들은 정서 차원에서 두려움이나 불안을 느끼는 능력이 제한적입니다. 공감 능력이 떨어지고 남에게 해를 입히고도 후회나 죄의식을 크게 느끼지 않아요. 행동 차원에서는 타인에 대한 폭력, 조종, 기만, 착취 같은 공격 성향이 관찰됩니다.[5] 사이코패스는 흔히 자기중심적이고 충동적이며 무자비하다고 하죠. 이러한 사이코패스의 특징은 뇌의 신경 배선에서 비롯된 것일까요? 어린 시절의 환경이나 대인관계 등 다른 요인도 작용하겠지만, 역시 뇌가 주요한 요인인 걸까요?

▌ 표정을 읽지 못한다 ▌

공감은 타인의 표정을 보고 그 사람의 감정을 해독하는 능력을 바탕으로 합니다. 심리학자 애비게일 마시는 『이타주의자와 사이코패스The Fear Factor』[6]라는 저서와 일련의 연구에서 이 주제를 다뤘습니다. 그는 주로 아동과 청소년을 대상으로 연구를 진행했고, 사이코패스의 특징을 보이는 아이 12명의 뇌를 fMRI로 관찰해보았습니다. 그 결과 보통 아이들과 편도체가 활성화되는 양상이 다른 걸 확인할 수 있었습니다. 편도체가 사람의 표정을 읽는 데 중요한 역할을 한다고 했던 것, 기억하시나요? 사이코패스 아동들은 이 뇌 구조에 문제가 있었습니다. 편도체 활성화가 관찰되지 않은 것이죠. 따라서 편도체 기능 이상이 공감 능력을 떨어뜨렸다고 볼 수 있습니다. 사이코패스들이 절망하고 괴로워하는 사람을 볼 때도 아무렇지 않은 이유를 이를 통해 설명할 수 있죠.

공감 연구의 세계적 권위자 장 드세티가 실시한 또 다른 연구에서는 사이코패스들에게 공포, 슬픔, 기쁨, 고통이 드러난 사람들의 표정을 동영상으로 보여주었어요.[7] 이 실험에서도 그들의 편도체가 활성화되지 않는 것을 확인할 수 있었습니다.

▎ 타인의 감정을 느끼지 못한다 ▎

앞에서 말했듯이 타인이 느끼는 바를 공유하는 정서적 공감이 이루어질 때는 뇌섬엽과 전대상피질이 강하게 활성화됩니다. 크리스티안 케이서스가 이끄는 네덜란드 흐로닝언대학교의 연구진은 사이코패스의 뇌에서도 이러한 현상이 관찰되는지 확인해보았습니다.[8] 연구진은 사이코패스의 특징을 지닌 피험자들에게 정서적 공감을 유발하는 동영상(가령 손을 막대기로 내리치는 장면)을 보여주었습니다. 공감 반응을 하는 사람은 뇌섬엽과 전대상피질이 강하게 활성화된 반면, 사이코패스들은 전혀 그렇지 않았습니다. 뇌섬엽도, 전대상피질도 아무 일 없는 것처럼 잠잠하기만 했습니다. 따라서 사이코패스들은 표정을 읽을 줄 모를 뿐 아니라 정서적 공감도 안 되는 것으로 이해할 수 있습니다.

인지적 공감, 즉 타인의 관점으로 그의 심리 상태를 이해하는 능력은 중앙배부 전전두피질에 달려 있습니다. 이 피질은 외부의 사건에 긍정적이거나 부정적인 가치를 부여하는 역할을 합니다. 그리고 의사 결정과 행동 채택에도 중요한 역할을 하죠. 사이코패스들은 일반적으로 이 영역이 잘 활성화되지 않는 것으로 나타났습니다. 이러한 결손이 이타적 동기 결여를 부분적으로 설명할 수 있겠죠.

요약하자면, 사이코패스는 편도체 활동이 위축되었기 때문에 남의 표정을 보고 감정을 읽지 못합니다. 그리고 뇌섬엽과 전대상피질이 활성화되지 않기 때문에 타인에게 정서적으로 공감하지 못합니다. 마지막으로 중앙배부 전전두피질의 활동에 문제가 있기 때문에 자신의 행동이 좋은지 나쁜지 잘 모르며 타인을 돕는 행동을 취하지도 못합니다.

▌ 조금 더 교묘한 실험 ▌

어떤 과학자들은 사이코패스가 정말로 타인의 감정을 느끼고 이해하는 능력이 없는지, 아니면 사이코패스도 공감하게 만들 수 있는지 알아보기 위해 좀 더 교묘한 실험을 고안했습니다. 그리고 일부 연구에서는 사이코패스의 뇌에서 관찰되는 이상 반응도 그의 주의력과 상황의 맥락에 따라 달라질 수 있다는 것을 밝혀냈습니다.

앞서도 언급했던 신경과학자 장 드세티는 사이코패스 성향이 농후한 죄수들에게 두 가지 관점에서 고통을 상상하게 하는 실험을 했습니다. 한 번은 "저 사람의 고통이 자신의 고통이라고 상상해보라"고 지시했고, 다른 한 번은 "저 사람이 어떤 고통을 느낄지 상상해보라"고 지시했죠.[9] 그런데 놀랍게도, 타인의 고통을 본인의 것으로 상상해보라고 했을 때는 사이코패스들도 일반인과 마찬가지로 고통과 관련된 뇌 영역이 활성화되었습니다. 하지만 단순히 타인의 고통을 상상해보라고 했을 때는 뇌섬엽, 편도체, 중앙배부 전전두피질 중 그 무엇도 활성화되지 않았습니다. 결론적으로, 사이코패스도 적극적으로 자기 일이라고 상상하면 공감에 도달할 수 있다는 것입니다. 그렇다면 공감을 배울 수도 있지 않을까요? 자신의 고통을 느낄 수 있다면 잠재적으로 가능성이 있는 겁니다. 그런데 왜 남의 고통을 감지하지 못할까요?

크리스티안 케이서스는 실험을 약간 비틀어보았습니다. 사이코패스 피험자의 뇌섬엽과 전대상피질의 활성화가 관찰되지 않을 때 공감을 '격려'해보았지요. 예를 들어 손을 막대로 내리치는 동영상을 보아도 아무런 활성화가 일어나지 않으면 피험자에게 이런 식으로 말을 걸었어요. "자, 조금만 더 노력해봅시다! 손을 얻어맞는 저 사람에게 공감하려고 해보세요. 저 입장이 되어보려고 해봐요!" 결과는 어땠을까요? 우리의 예측을 훌쩍 뛰어넘어서,

그 순간 사이코패스의 뇌에서도 뇌섬엽과 전대상피질이 활성화되는 것을 볼 수 있었습니다.

현재 사이코패스의 뇌를 설명하는 주요 이론은 크게 두 가지 요소를 기반으로 합니다. 하나는 사이코패스의 뇌에서 공감은 해제되어 있다는 사실입니다. 보통 사람의 뇌에서 공감은 **기본값**입니다. 누가 아파하는 걸 보면 그 아픔을 자동으로 감지하고 함께 괴로워하는 반응이 바로 나오죠. 우리의 공감은 이렇게 자연스럽게 작동합니다. 다른 하나는 사이코패스도 의지를 갖고 노력한다면, 이 기능을 작동시킬 수 있다는 점입니다. 사이코패스는 외부에서 오는 감정적 정보에 자연스럽게 주의를 기울이지 않습니다. 그러므로 타인의 감정을 본능적으로 파악하지 못합니다. 그렇지만 사이코패스도 타인의 관점을 취해보길 고무하고, 격려한다면 공감을 작동시킬 수 있습니다.

이러한 발견들은 사이코패스의 치료에 결정적입니다. 사이코패스의 공감 능력을 일깨울 방법을 찾는 노력은 계속되고 있습니다. 사이코패스 특징을 보이는 아동과 청소년에게는 어떤 훈련이 필요할까요? 어떻게 그들을 공감의 길로 이끌고 잠재력을 깨울 수 있을까요?

- 공감에는 정서적 공감과 인지적 공감이 있습니다. 정서적 공감은 타인의 감정을 느끼고 공유하되 자신의 감정과 혼동하지 않는 걸 뜻합니다. 인지적 공감은 타인의 심리 상태, 감정, 생각을 이해하는 것이죠.

- 타인의 입장에 설 수 있는 능력은 호모 사피엔스가 타인의 의도와 욕구를 예측하고 상호부조와 협동 같은 사회적 행동을 도모하게 해주었습니다.

- 공감은 거울 뉴런에 근거한 자동적이고 단순한 기억이 아니라, 타인의 느낌을 상상하고 재현하는 집중적인 인지 작업입니다.

- 대부분 사람에게 공감은 기본값입니다. 우리의 공감은 자연스럽게 작동하지요. 하지만 사이코패스는 공감이 작동하지 않는 게 기본값입니다. 표정을 읽을 수 없고 정서적 공감이 어렵기 때문이죠. 그럴지만 사이코패스도 타인의 고통을 자신의 것처럼 느껴보려고 하면 공감을 작동시킬 수 있다는 게 밝혀졌습니다.

창의적인 사람의 뇌에서 벌어지는 일

"전 창의성이라고는 젬병이에요. 그림도 그릴 줄 모르고, 악기 하나 다룰 줄 모르고, 예술 비슷한 거라고는 아무것도 할 줄 몰라요." 흔히 들어봤을 법한 말이죠. 그렇지만 창의성이 꼭 미술이나 음악 같은 예술과만 관련이 있는 건 아닙니다. 창의성은 금융, 과학, 프로젝트 관리, 그 밖에도 예술과 무관한 다양한 일상의 영역에서 발휘될 수 있어요. *창의성은 인간의 모든 활동에 관여합니다.*

창의성은 독창적이고 혁신적이며 예기치 못한 일, 그러면서도 요긴하고 적절한 일을 해내는 능력입니다. 창의적인 사고는 새로운 관념과 행동을 계발하기 위해 잘 닦인 길에서 벗어나게 합니다. 그러기 위해 뇌는 외부에서 들어오는 모든 정보를 분석하고, 조합하고, 적용하고, 해체하고, 기존의 정보들(우리의 기억, 생각, 감정)과 비교하지요. 그러므로 창의성은 작업기억, 주의력, 정신적 유연성, 추상적 사고 같은 고차원적 인지 과정과 실행 능력에 바탕을 둡니다. 반드시 무에서 유를 만들어내야만 창의적인 것은 아닙니다. 이미 존재하는 것을 변형하고, 조합하고, 혼합하기만 해도 충분하죠. 라부아지에가 질량 보존의 법칙으로 말해주었듯이 "없어지는 것도 없고, 새로 생기는 것도 없고, 모든 것은 변할 뿐" 입니다.

인간의 창의성은 실로 놀랍습니다. 그 덕분에 우리 사회는 끊임 없이 발전해왔죠. 계발하고, 개량하면서요. 창의성은 인간이라는 종의 근본적인 능력인 동시에 매우 개인적인 영역이기도 합니다. 인간만의 이 독특한 역량은 어디서 비롯되는 걸까요? 창의성이라는 주제는 워낙 광범위하기에 이 장에서는 다음 세 가지 목표에 집중하려 합니다.

1. 창의성이 우뇌의 산물이라는 신화 깨부수기
2. 뇌에서 아이디어가 어떻게 발생하는지 이해하기
3. 창의성도 계발되고 학습될 수 있다는 사실을 입증하기

우뇌형은 창의적이고 좌뇌형은 이성적이다?

이젠 이런 말 들으면 정말 넌더리가 납니다! 오늘이야말로 창의성은 우뇌에서 비롯된다는 신화를 박살 냅시다. 이 신화는 거짓이

67

니까요. 창의성은 뇌의 특정 영역과 관련되지 않으며, 좌우 반구에 존재하는 수십억 개의 뉴런과 시냅스 사이의 다양한 소통 과정에서 비롯됩니다.

창의성에 관여하는 뉴런 활동에서 특히 중요한 영역은 **전전두피질**입니다. 호모 사피엔스의 뇌 용적이 커지는 동안 전전두피질도 계속 넓어졌습니다. 상상력의 원천인 전전두피질이 확장된 덕분에 우리 종은 독보적인 창의성을 갖게 됐습니다. 우리는 눈앞에 실제로 존재하지 않는 것도 생생하게 떠올릴 수 있죠. 이게 바로 심상心像입니다.

파리 ICM(뇌척수 연구소) 에마뉘엘 볼의 연구를 바탕으로 창의성에서 전전두피질의 중심 역할을 설명해보겠습니다.[1] 볼은 이 연구에서 전전두피질에 손상을 입은 환자 29명을 대상으로 창의성을 연구했습니다. 환자들은 두 종류의 테스트를 거쳤는데, 첫 번째는 세 개의 단어를 하나로 묶을 수 있는 단어를 찾는 것이었습니다. 예를 들어 '잡다', '다리', '사회적'을 보고 '연결'이라는 단어를 고르는 식이었죠. 이 테스트는 관념의 연상 과정은 물론, 관념의 선택과 재조합 과정을 요구합니다. 두 번째 테스트는 '자유연상'으로, 환자에게 단어를 하나 제시하고 곧바로 무슨 단어가 떠오르는지, 혹은 일반적으로 연상되지 않는 단어는 무엇인지 물어보는 것이었습니다. 연구진은 이 두 테스트를 통해 창의성에 필수적인 네트워크 두 가지를 발견했습니다.

첫 번째 네트워크는 좌측 전두피질에서 출발해 좌측 두정피질까지 뻗어나갑니다. 이 부분에 손상을 입은 환자들은 세 단어의 공통점을 찾는 과제를 어려워했습니다. 이 네트워크는 인지적 통제를 관장하기 때문에 특히 중요합니다. 목표를 달성하기 위한 행동과 성찰을 조절하고 제어하는 능력이 이 네트워크에 달려 있기 때문입니다. 인지적 통제는 창의성에 필수적입니다. 인지적 통제가 기능해야만 목표에 도달하는 데 적절하지 않은 제안을 억제할 수 있습니다. 가령 "'잡다', '다리', '사회적'을 하나로 연결하는 단어를 고르세요"라는 문항을 볼 때 인지적 통제가 안 된다면, '당근' 혹은 '고양이' 같은 답을 고를 겁니다. 인지적 통제의 네트워크에 호소한다면 '연결'이라는 답을 어렵잖게 고를 수 있겠죠.

두 번째 네트워크도 전두피질에서 출발하지만, 이번에는 중앙전두피질입니다. 이 부분에 손상을 입은 환자들은 두 번째 테스트에서 어려움을 겪었습니다. 이들은 뇌 손상이 없는 피험자들에 비해 훨씬 진부하고 전형적인 대답을 내놓았어요. 이 네트워크는 첫 번째 네트워크와는 정반대로, 통제를 해제하는 역할을 합니다. 생각이 제멋대로 돌아다니게 풀어놓아야만 자발적이고 기발한 연상 작용이 가능하니까요.

달리 말해보자면, 창의성에는 자유로운 면이 있는가 하면 선택적이고 통제적인 면도 있습니다. 전자는 '확산적 사고'라고 하고 후자는 '수렴적 사고'라고 합니다. 두 가지 사고 모두 전전두피질에 좌우되지만, 서로 다른 뉴런 네트워크에 달려 있습니다.

아이디어가 머릿속에 떠오를 때

이제 '확산적 사고'라고 하는 자연발생적이고 자유로운 면에 주목해봅시다. 여기에는 전전두피질이 결정적 역할을 합니다. 전전두피질이 아이디어를 발생시키는 근본적인 요인은 바로 연결성입니다. 다시 말해 아이디어 개발에는 전전두피질과 뇌의 다른 부분을 연결하는 시냅스의 양과 질이 중요합니다. 뇌 영역들이 긴밀하게 상호 연결될수록 정보 교환이 활발해지고 아이디어가 잘 떠오르게 되죠.

심리학자 로저 비티는 연구를 통해 이러한 사실을 입증했습니다. 그는 163명의 피험자에게 확산적 사고를 요하는 과제를 수행하게 한 뒤 그들의 뇌 영상을 찍었습니다. 과제는 몇 초 안에 평범한 사물을 창의적으로 응용할 방법을 찾아내는 것이었지요.[2] 피험자들의 뇌 활동을 분석한 결과, 고도의 창의적 사고는 다음 세 영역의 활발한 작동과 상관이 있는 것으로 나타났습니다.

첫째, 표적을 겨냥한 주의력과 집중력에 관여하는 **실행 네트워크**입니다. 이 네트워크는 의사 결정과 주의력을 책임지는 전전두피질 영역에서 공간적 감각 정보를 통합하는 두정엽의 영역으로 이어집니다. 두정엽은 머리 위 뒤쪽에 위치합니다.

아이디어 생성에 중요한 두 번째 네트워크는 **상상 네트워크**입니다. 이 네트워크도 전두피질과 두정피질을 연결하는데요, 특히 타인의 느낌에 대한 이해, 특수한 사회적 상황에서 적절하게 반응하는 태도, 몽상의 기반이 됩니다. 따라서 이 네트워크는 감정과 감각에 주로 근거합니다.

마지막으로, **돌출 네트워크**는 전두엽의 전대상피질에서 시작해 뇌의 중앙부에 위치한 뇌섬엽에서 끝납니다. 뇌섬엽은 감정과 강하게 연결되어 있고, 전대상피질은 특히 외부와 내부에서 흘러들어오는 방대한 정보 가운데 목표에 적절하게 부합하는 정보를 결정합니다. 돌출 네트워크는 또한 그때그때의 필요에 따라 실행 네트워크나 상상 네트워크 중 한쪽을 활성화하게 해줍니다.

그렇지만 구체적으로 아이디어란 어떻게 떠오르는 걸까요? 이 세 네트워크는 어떻게 상호 작용해 창의적인 아이디어를 만들어내는 걸까요? 사례를 들어 이야기해보겠습니다.

새로운 기타 솔로를 만든다고 가정해보죠. 가장 먼저 돌출 네트워크가 실행 네트워크를 작동시킬 겁니다. 전두피질은 시냅스를 감각계가 있는 두정엽으로 작동시키고 환경에 대한 정보를 제공하지요. 그리고 측두엽에 있는 기억의 체계를 자극해서 과거의 경험으로 쌓인 데이터를 수집합니다. 그 후 돌출 네트워크는 우리를 상상 네트워크로 끌고 가서 실행 네트워크의 작업을 바탕으로 새로운 소절을 만듭니다. 실행 네트워크는 이것과 저것을 비교하며 결정을 내립니다. '이 선율은 아니야, 그래, 이렇게 가는 게 좋겠어.' 일단 선율을 정하면 그것을 전개하기 위해 우리는 다시 상상 네트워크로 돌아갑니다. 그다음에 돌출 네트워크는 우리를 다시 실행 네트워크로 끌고 가 상상이 방금 만든 선율을 작업기억으로 잡아놓고 기억할 만한 카덴차를 만드는 데 집중합니다.

요약하자면, 아이디어는 상상과 통제 사이의 왕복운동에서 태어납니다. 창의성은 실행 통제력과 고도의 인지 기능 없이는 존재할 수 없지요. 전두피질은 창의성의 중심이지만 혼자서는 아무것도 할 수 없습니다. 창의성은 전두피질이 뇌의 나머지 부분과 어떻게 연결되느냐에 달려 있습니다.

창의성도 계발할 수 있을까?

그렇습니다. 계발할 수 있습니다. 창의성은 운 좋은 소수의 전유물이 아닙니다. 전두피질과 뇌의 나머지 부분 사이의 네트워크에 시냅스가 많을수록 창의성이 발달한다는 원칙을 바탕으로 한다면, 창의성도 뇌 가소성(뉴런이 자기를 수정하거나 시냅스를 리모델링할 수 있는 능력)에 좌우된다는 것을 알 수 있지요.

창의성이 계발 가능하다는 것을 입증하기 위해서 여러 차례 재현되었던 실험 연구를 소개하겠습니다. 미국 드렉셀대학교 연구진은 즉흥 연주 중인 재즈 기타리스트 32명의 뇌 전기 활동을 측정했습니다.[3] 그리고 음악 전문가들이 심사 위원이 되어 즉흥 연주를 평가했지요. 심사 기준은 창의성과 테크닉의 정확성이었습니다.

결과적으로 심사 위원들은 경력이 적은 기타리스트보다 경험 많은 기타리스트의 연주가 창의적이라고 평가했습니다. 이러한 창의성의 차이는 뇌에서도 관찰되었어요. 신참 기타리스트들은 연주할 때 '의식적인' 뉴런 활동이 두드러지는 한편, 숙련된 기타리스트들은 직관을 활용하는, '의식적이지 않은' 뉴런 활동이 두드러졌습니다. 직관은 다분히 경험에 근거합니다. 이어지는 장에서는 직관에 관해 이야기할 테니 기대하세요.

따라서 창의성은 시간을 들여 경험과 훈련을 쌓으면 발전시킬 수 있는 능력이랍니다. 그럼요, 창의성도 배울 수 있고 말고요. 누구도 창의적이지 않다고 기죽어 있을 필요 없습니다. 우리 뇌의 네트워크는 몹시 유연합니다. 그러니 잘 계발해봅시다!

창의성을 계발하는 방법

기억하세요, 창의성은 우리 뇌가 외부에서 모아들이는 감각 정보들에서 시작합니다. 주의력을 점점 더 넓은 반경으로 확대해보세요. 뇌는 처리해야 할 정보가 많을수록 그 정보를 다른 정보들과 더 많이 연결합니다. 여행을 다니세요, 책을 읽으세요, 주위 환경에 자주 주의를 기울여보세요. 적극적으로 주변을 관찰하세요. 다양한 부류의 사람들과 어울려보세요. 창의성은 다양성을 먹고 자랍니다. 새로운 것들을 시도하세요. 뻔한 것에서 벗어나는 데 도움이 될 겁니다. 마지막으로, 창의성을 발휘하려면 가장 쉽고 뻔한 것, 자동으로 튀어나오는 것, 예전에 했던 것에 만족하려는 뇌의 경향에서 벗어나야만 합니다. 뒤에서 살펴보겠지만 뇌는 에너지를 가장 적게 쓰는 방향을 선호합니다. 잘 닦여진 길에서 벗어나세요. 창의성을 발휘하려면 뇌가 에너지를 좀 더 쓰게 해야 합니다. 창의성은 에너지를 아끼려는 뇌의 본능과 싸우는 적극적 행위입니다.

저는 삽화가들의 스케치노트를 공유하는 것만큼 이 장을 마무리하기에 좋은 방법은 없다고 생각했습니다. '스케치노트'는 글과 그림을 함께 활용하는 메모를 뜻합니다. 방송, 강연, 인터뷰 등에서 얻은 정보를 기억하기 위해서 활용하곤 하죠. 삽화가들은 창의성이라는 주제를 다음과 같이 창의적으로 표현해주었어요.

요약하자면,

- 창의성은 무언가를 새로이 만드는 것뿐만 아니라 기존에 있던 것을 수정하고 혼합하는 일이기도 합니다.

- 가장 쉽고 뻔한 것, 자동으로 튀어나오는 것, 예전에 했던 것에 만족하려는 뇌의 경향에서 벗어날 때 창의성을 발휘할 수 있습니다.

- 자유롭게 펼쳐놓는 것만이 창의성은 아니에요. 창의성은 뇌 전체의 방대한 뉴런 네트워크를 동원하는 연상 작용과 인지적 통제, 전전두피질의 실행 기능을 동원하는 아이디어들의 수렴 작용을 모두 필요로 합니다.

© 아드리앵 리아르

© 뤼시 데보

고민 말고
직관을 따라야 하는 순간

정도의 차이는 있지만 누구에게나 직관이 있습니다. 누구는 직관이 뛰어나고 누구는 그렇지 않죠. 직관을 늘 믿고 따르는 사람이 있는가 하면 그런 건 믿을 게 못 된다고 생각하는 사람도 있습니다. 이 책을 읽는 여러분은 어느 쪽인가요?

직관에 관한 신비로운 일화는 심심찮게 들을 수 있습니다. 때로 대참사의 생존자가 "그날 마음속의 어떤 목소리가 그쪽으로 가지 말라고 하는 것 같았어요"라고 증언하기도 하고요. 인터넷에서 직관을 검색하면 '초능력', '마법', '육감' 같은 단어들이 많이 보입니다. 그만큼 직관을 논리적으로 설명되지 않는 비과학적 현상으로 보는 것이겠죠. 그렇지만 우리 모두 일상에서 직관을 사용하고 있습니다. 때로 친구에게 "너랑은 보자마자 친구가 될 수 있을 것 같앉어"라고 말하는 것, 면접관이 수많은 지원자 중 한 명을 뽑은 이유에 대해 "제대로 설명하기는 어렵지만 감이 왔다"라고 말하는 것, 운동선수가 "그 순간 오른쪽으로 공을 보내야만 할 것 같았다"라고 하는 것이 바로 직관이죠. 하지만 직관은 신비한 초능력이 아니라 순전히 인지적인 기능입니다.

> 열 번의 의사 결정 중 아홉 번은
> 직관을 근거로 이루어진다.
> **개리 클라인, 응용심리학자**

> 노벨상 수상자 93명 중
> 82명은 직관이 자신의 업적에
> 크게 작용했다고 보았다.

직관이란 무엇인가?

직관은 흔히 이성, 사실, 증거, 분석과 반대되는 것처럼 이야기됩니다. 직관은 추론을 거치지 않고 즉시 떠오르기 때문이죠. 노벨 경제학상을 수상한 심리학자 대니얼 카너먼은 의사 결정에 두 가지 체계가 있다고 설명합니다. 그는 『생각에 관한 생각』에서 직관은 시스템1에 해당하고 추론은 시스템2에 해당한다고 설명했습니다.[1]

시스템1이란 논리적 추론을 거치지 않고 즉각적으로 결정을 내리는 방식입니다. 아이디어, 해결책, 깊이 생각할 겨를 없이 순식간에 머릿속에 떠오르는 대답이죠. 직관은 강력한 무기입니다. 리옹 경영대학원 소속의 심리학자 크리스토프 아그는 직관이란 아주 짧은 시간 안에 상황을 파악하고 정보를 취합하여 빠르게 대응

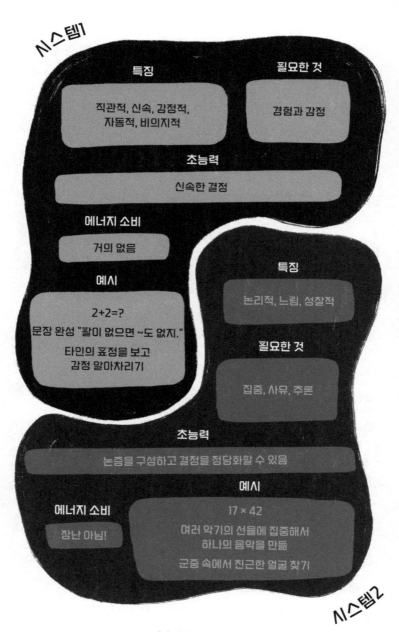

시스템1

특징

직관적, 신속, 감정적,
자동적, 비의지적

필요한 것

경험과 감정

초능력

신속한 결정

에너지 소비

거의 없음

예시

2+2=?
문장 완성 "활이 없으면 ~도 없지."
타인의 표정을 보고
감정 알아차리기

특징

논리적, 느림, 성찰적

필요한 것

집중, 사유, 추론

초능력

논증을 구성하고 결정을 정당화할 수 있음

예시

17 × 42
여러 악기의 선율에 집중해서
하나의 음악을 만듦
군중 속에서 친근한 얼굴 찾기

에너지 소비

장난 아님!

시스템2

의사 결정의 두 방식

하는 것이라고 설명합니다.[2] 가령, 여러분이 누군가에게 받은 첫인상 또한 직관을 바탕으로 합니다.

직관은 어디에서 오는가?

여러 과학자가 이 질문에 천착해왔습니다. 직관을 연구하는 학자들 대부분은 운동 경기나 체스 게임을 주제로 다루었어요. 기량이 매우 뛰어난 운동선수나 체스 명인의 인터뷰를 보면, 그들이 자신을 승리로 이끈 결정적 한 방이나 '신의 한 수'를 논리적으로 설명하는 경우는 드뭅니다. 마치 승패를 결정지은 행동이 그들의 머릿속에 저절로 떠오른 것 같기도 하죠. 그래서 이런 분야의 전문가들에게는 직관이 특히 두드러져 보입니다. 넷플릭스 시리즈 〈퀸스 갬빗〉의 대사를 인용하고 싶네요.[3] 이 드라마의 주인공은 체스 천재로 통하는 젊은 여성입니다.

알마 위틀리(엄마): 너는 소위 직관적으로 체스를 두는 사람 아냐?
베스 하먼(주인공): 맞아요, 그런 말 자주 들었어요. 가끔은 생각을 안 해도 저절로 수가 떠올라요.
알마 위틀리: 관중이 가장 열광하는 수는 네가 굉장히 빠르게 놓은 수야. 그럴 때 너는 아주 특별한 표정을 짓지. 직관은 책으로 배울 수 없는 거야.

알마 위틀리의 대사는 직관이 무엇인지 잘 요약하고 있습니다. 책에서 찾을 수 없는 빠른 답, 그게 직관입니다. 하지만 그전에 오랜 훈련을 거치지 않았다면 직관은 떠오르지 않았을 것입니다. 직관도 창의성처럼 단련되고 만들어지는 힘이죠. 요컨대, 직관에 의한 결정의 바탕에는 경험이 있습니다.

체스를 예로 들어보겠습니다. 훈련된 체스 선수는 수많은 전술과 수, 다양한 조합에 반복적으로 노출됩니다. 그가 접해온 다양한 경우들이 뇌 안에 데이터베이스처럼 쌓이죠. 어떤 수와 그 결과들을 연결하게 되고요. 수를 많이 두어본 사람일수록 이 연결은 강화될 겁니다. 처음에는 의식적 학습을 하겠지만 같은 수를 여러 번 놓다 보면 연결이 *강해지고 자동화되어* 반응이 아주 빨라집니다. 의식적 학습에서 무의식적 앎으로 넘어가는 과정이죠. 이 무의식적 앎이 직관의 원천이 됩니다.

축구 선수가 페널티킥을 찰 때는 골대 오른쪽이나 왼쪽, 혹은 중앙을 공략합니다. 페널티킥을 멋지게 성공시킨 선수에게 왜 그 방향으로 공을 찼느냐고 물어보면 운이 좋았다든가 직관적으로 그렇게 했다는 대답이 돌아오곤 하죠. 사실 그의 결정은 오랜 반복 학습으로 장기기억에 저장된 무의식적 앎의 결과입니다. 심리학자이자 세계적인 체스 챔피언이기도 한 페르낭 고베는 이렇게 말했습니다. *"직관은 이마에 흐르는 땀으로 연마됩니다."*

그렇다면 직관으로 결정을 내릴 때 우리 뇌에서는 어떤 일이 벌어질까요? 신경과학은 직관이 기억과 학습의 결과라는 사실을 확인시켜줍니다.

직관이 뇌에서 솟아나는 것을 볼 수 있는가?

직관은 신경학적으로 어떻게 설명할 수 있을까요? 장기를 두는 선수들의 뇌를 관찰한 연구들을 바탕으로 이야기해보겠습니다. 장기는 흔히 직관에 따라 승리가 좌우되는 게임이라고 말하죠. 일본, 대만, 중국의 신경과학자들은 직관에 의지한다고 자처하는 선수들을 피험자로 선택했습니다.[4] 그리고 그들이 직관을 발동시키는 순간, 뇌에서 강하게 활성화되는 세 영역을 발견할 수 있었습니다.

직관을 가동할 때 첫 번째로 활성화되는 영역은 뇌의 윗부분인 두정엽에 위치하는 쐐기앞소엽precuneus입니다. 이 영역은 좌반구와 우반구 사이에 있고, 일화 기억(자신이 경험한 사건과 사실에 대한 기억)과 시각적·공간적 처리에 밀접하게 관련돼 있어요. 따라서 직관에는 기억이 관여한다는 것을 알 수 있습니다.

그다음에는 꼬리핵이 활성화됩니다. 이 구조는 기저핵의 일부분으로 뇌의 중앙부에 위치하지요. 이 영역은 학습, 습관, 반사행동과 관련이 있습니다. 꼬리핵은 이전의 학습과 경험을 바탕으로 신속하게, 거의 자동으로 결정을 내리게 해줍니다.

마지막으로, 직관에 의지할 때는 중앙배부 전전두피질이 활성화됩니다. 이 영역은 의사 결정에 매우 중요합니다. 이전의 결정에서 비롯된 감정적 결과가 여기에 간직되거든요. 그래서 부정적 감정을 불러일으킨 실수를 반복하지 않고, 기분 좋은 보상을 얻을 수 있는 결정을 내리게 합니다. 중앙배부 전전두피질은 과거의 경험을 바탕으로 빠르게 분석을 하고 결정을 내리는 데 도움을 줍니다. 직관적 결정을 내리는 뇌를 관찰하면 직관이 무엇에 근거하는지 알 수 있습니다. 과거의 사실과 경험에 대한 기억, 학습과 반사행동, 그리고 행동에 따르는 정서적 보상에 대한 기억이죠. 그러므로 직관은 인지적이고도 감정적인 과정입니다.

직관은 얼마나 믿음직한가?

세상 모든 것이 그렇듯 직관에도 긍정적인 면과 부정적인 면이 있습니다.

┃ 직관은 고정관념인가? ┃

생각의 신속함이란 결국 자동적 사고, 정신의 지름길, 요컨대 고정관념과 다르지 않습니다. 고정관념은 뇌가 노력을 들이지 않고 빠르게 작동하게 합니다. 직관도 그렇지 않으냐고요? 네, 그렇습니다! 즉, 한 문장으로 정리하자면, *선택이 명백할수록 고정관념에 근거할 확률이 높습니다.* 그러므로 우리의 직관적인 결정과 행동은 (우리가 무엇을 옳다고 여기는지와는 상관없이) 고정관념에 젖어 있을 위험이 큽니다.

게다가 자동적 사고는 사실상 인지 편향입니다. 뉴욕대학교의 존 바그와 미시건대학교의 폴라 피에트로모나코는 '첫인상'의 구성에 미치는 앵커링 효과를 연구했습니다.[5] 앵커링 효과란 처음

본 숫자나 사물이 기준점이 되어 이후의 판단에 영향을 미치는 것을 말합니다. 첫인상은 다양한 요인에 좌우되는데, 특히 상대를 처음 보기 직전에 경험하거나 본 것에 지대한 영향을 받는 것으로 밝혀졌습니다. 실험에 참여한 피험자들은 먼저 모니터로 아주 잠깐씩 뜨는 단어들을 보았습니다. 단어들의 목록은 적대적 의미를 띠거나(모욕, 증오, 주먹질 등), 중립적인 단어(물, 숫자, 사람 등)였지요. 그 후 피험자들은 어떤 사람을 묘사하는 문장을 읽고 그 사람을 판단해야 했습니다. 이를테면 이런 문장이었어요. "에이드리언은 집주인이 집을 고쳐주지 않는 한, 집세를 내지 않겠다고 했다." 의식하지 못한 채 부정적 단어 목록을 접했던 피험자들은 중립적 단어 목록을 접했던 피험자들에 비해 에이드리언을 부정적으로 판단하는 비율이 20퍼센트 더 높았습니다. 부정의 역학이 닻을 내린 상태에서는 소위 직관적이라는 첫인상도 영향을 받게 되는 것이죠.

▋ 직관을 유리하게 활용하기 ▋

반면 몇몇 연구는 까다롭고 복잡한 결정을 내려야 하는 상황에서 직관이 이성적인 분석보다 믿을 만하다는 것을 보여주었습니다. 텍사스대학교의 심리학자 새뮤얼 고슬링은(영화배우 라이언 고슬링과는 아무 관계도 없습니다) 실험에 참여한 피험자들에게 대학생 기숙사의 방을 잠깐 들여다보게 했습니다.[6] 그 후 피험자에게 방 주인의 성격을 말해보게 했죠. 피험자들은 불과 몇 초 보았을 뿐인 방 주인의 성격을 비교적 사실에 가깝게 추측할 수 있었습니다. 이 정도면 첫인상이 대체로 맞아떨어진다고 할 수 있을까요?

다음으로는 심리학자 압 데익스테르후이스가 2006년에 발표한 연구를 살펴봅시다.[7] 피험자들은 네 개의 자동차 모델을 보고 그중 어떤 차를 살지 선택해야 했습니다. 연비나 트렁크 크기 같은 자동차의 특징 네 가지를 고려해야 했죠. 피험자들은 장점과 단점을 비교할 충분한 시간이 주어지자 좋은 결정을 내렸습니다. 반면 시간을 거의 주지 않고 '직관에 의존하게' 했을 때는 그리 좋은 결정을 내리지 못했습니다.

하지만 피험자들에게 선택 시에 고려해야 할 특징을 12가지로 제시하자, 시간이 충분히 주어졌다고 해서 더 효율적인 결정을 내리지 못했습니다. 최고의 자동차를 고른 피험자는 25퍼센트에 불과했어요. 그런데 생각할 시간을 거의 주지 않았을 때는 오히려 60퍼센트의 피험자가 가장 좋은 선택을 했습니다.

이 연구가 발표되자 결과가 믿기지 않는다며 의구심을 갖는 사람이 많았습니다. 실제로 그 후 어떤 연구자도 이 실험을 재현하지는 못했습니다. 하지만 최근의 연구 결과들은 직관이 복잡한 사고만큼이나 의사 결정에 효과적이라는 것을 보여주었습니다. 그 이상도, 그 이하도 아니고 딱 그만큼 말이죠. 그 연구들에 따르면 직관도 심사숙고만큼 믿을 만하다고 합니다. 단지 직관은 시간을 줄여준다는 차이가 있을 뿐이지요.

- 직관은 육감도 아니고 마법도 아닙니다.

- 직관은 뇌의 자연스러운 기능으로, 추론의 두 양상 중 빠르고 자동적인 쪽에 해당합니다. 또 다른 양상은 분석적이고 성찰적이며 더 오랜 시간이 걸리죠.

- 직관은 과거의 경험, 이전의 학습, 기억에 바탕을 둡니다.

- 고려할 사항이 많은 복잡한 의사 결정을 내릴 때는 직관도 장시간의 추론만큼 효과적일 수 있습니다. 하지만 주의하세요! 신속한 결정은 자동적 사고와 편향에 물들기 쉽습니다. 때로는 편견이 끼어들지 않도록 자신이 직관적으로 내린 답을 (시스템2가 작동할 수 있도록) 찬찬히 살펴보는 것도 필요합니다.

당신의 꿈은
사소하지 않다

꿈과 수면의 과학

꿈. 동서고금을 막론하고 이렇게 신비롭게 마음을 사로잡는 주제
가 또 있을까요? 인류는 수 세기에 걸쳐 꿈에 오만 가지 의미를 부
여해왔습니다. 신의 메시지, 미래에 대한 계시, 예감, 경고, 전생의
기억, 무의식 혹은 억압된 욕망의 표현…….

그러므로 신경과학이 70년 전부터 꿈에 관심을 기울여온 것은
어찌 보면 당연합니다. 현재 대부분의 과학자는 꿈에 보편적 의미
가 있다고 보지는 않습니다. 칼이 나오는 꿈이 반드시 남성의 페니
스에 대한 위협을 의미하란 법은 없죠. 무시무시한 거미가 등장하
는 꿈이 여성에 대한 공포를 의미하는 것도 아니고요.

꿈은 어떻게 연구할까?

꿈처럼 흥미롭고 불가사의한 현상을 연구한다는 것은 거의 불가능한 일처럼 보이기도 합니다. 꿈을 파악해보려고 해도 잠에서 깼을 때 꿈이 아예 기억나지 않는 경우가 많지 않나요? 혹은 잠에서 깰 무렵엔 생생했던 꿈이 눈 뜨기가 무섭게 희미해지기도 합니다.

꿈을 분석하는 첫 번째 과학적 방법은 사실 여러분이 자기 꿈을 기억하기 위해 사용하는 방법보다 거창하거나 복잡하지 않습니다. 가장 간단하고도 오래된 방법, 바로 잠든 사람 옆에 대기하고 있다가 깨자마자 꿈에 관해 물어보는 것이죠. 꿈을 글로 기록하거나 그림으로 그릴 수도 있고, 꿈에 대한 기억을 녹음하기도 합니다. 이런 상황이니 꿈 연구에 자료가 풍부하지 않다는 건 놀랄 일은 아니죠. 그래서 몇 년 전 캘리포니아대학교의 심리학 교수 윌리엄 돔호프는 '꿈 데이터뱅크'를 만들자는 근사한 아이디어를 내기도 했습니다. 현재 이 데이터뱅크에는 2만 건 이상의 꿈이 저장되어 있습니다.[1] 이후 여러 연구에서 이 데이터뱅크를 바탕으로 꿈의 기능과 기제를 살펴보았고 상당히 많은 것을 밝혀냈습니다.

예를 들어, 사람들의 꿈에는 긍정적 감정(기쁨, 행복, 쾌감)보다 부정적 감정(공포, 분노, 수치심)이 두 배 더 많이 나타났습니다. 섹스하는 꿈은 아주 드물다는 것도 알 수 있었는데, 성인 남성이 꾼 꿈의 2퍼센트, 성인 여성이 꾼 꿈의 0.5퍼센트밖에 되지 않았죠. 시각장애인은 꿈을 꿀 때 눈이 보이는 비장애인에 비해 청각과 촉각을 더 많이 동원한다고 합니다. 하지만 꿈을 연구할 때 이러한 접근 방식은 피험자의 꿈에 대한 망각을 막을 수 없고, 정확성이 떨어지기 때문에 한계가 있습니다.

그렇지만 연구자들은 이에 굴하지 않고 창의적인 연구 방법을 고안해냈습니다. EEG, MRI로 뇌를 관찰할 수도 있게 되었고요. 2013년 교토대학교 호리카와 도모야스 교수의 연구진은 이 도구들을 활용해 꿈을 연구할 방법을 고민했고,[2] fMRI를 이용하여 '해몽' 소프트웨어를 만들었습니다. 연구진은 각성 상태의 피험자를 선별해 수백여 장의 풍경, 사물, 사람, 색깔 사진을 보여주었습니다. 그다음에 시각피질의 어느 부분이 활성화되는지 확인하고 뇌지도를 작성했죠. 여자 사진을 보면 항상 이 부분이 활성화되고, 비행기 사진을 보면 늘 저 부분이 활성화된다는 식으로 표시를 한 것입니다.

이 지도를 바탕으로 수면 상태에 있을 때 MRI를 찍으면 꿈속에서 어떤 종류의 사물을 보고 있는지 알게 되었습니다. 이 영역이 활성화되는 걸 보니 먹을 것이 꿈에 나왔군, 하는 식의 예측이 가능해진 것이죠. 예측 성공률은 사물의 종류에 따라 55~90퍼센트로 비교적 높았습니다. 처음으로 잠든 사람의 뇌를 읽을 수 있게 된 셈이었죠. 이것이 현재 이 책을 쓰는 시점에서 과학자들이 꿈의 세계를 엿보았던 가장 최근의 시도였습니다.

수면의 과학

꿈이 어떻게 작동하는지 이해하려면 밤 시간대의 수면에 대해 먼저 알아야 합니다. 프랑스 국립보건연구원INSERM은 수면을 '낮은 의식 상태'라고 보았습니다. 잠을 잘 때 우리의 의식은 깨어 있지 않고 경계와 근육의 긴장은 풀어집니다.[3]

수면에는 주기가 있습니다. 매일 밤 자는 동안 우리는 3~6회의 주기를 거치고, 수면 주기 1회는 1~2시간 정도입니다. 각 주기에서는 무슨 일이 일어날까요? 한 번의 주기 동안에는 다음 세 가지 유형의 수면이 교차됩니다.

- 얕고 느린 수면
- 깊고 느린 수면
- 역설수면

도식적으로 나눠보자면, 밤 수면의 초반 주기에서는 깊고 느린 수면의 비중이 높고, 뒤쪽 주기로 갈수록 얕고 느린 수면과 역설수면의 비중이 높아집니다. 이렇게 세 가지 유형으로 나누는 이유는 각 수면의 뇌 활동 양상이 다르기 때문입니다.

잠이 드는 순간 떨어지는 것 같은 기분이 드는 이유는?

스르르 잠에 빠질 때 갑자기 떨어지는 기분이 들면서 몸이 움찔거릴 때가 있지 않나요? 이러한 경련을 '수면놀람(영어로는 hypnic jerk)'이라고 합니다. 아직 수면놀람의 원인은 정확히 밝혀지지 않았지만, 유력한 가설은 있답니다.

가벼운 수면에서 깊은 수면으로 넘어갈 때 뇌가 잠드는 시점과 근육이 잠드는 시점에는 조금 차이가 있습니다. 일반적으로 잠이 들 때 근육긴장은 서서히 풀어집니다. 그런데 근육이 뇌보다 훨씬 빨리 잠들어버리는 때가 있어요. 이때 뇌는 근육 이완을 신체의 추락 상태로 인지하고 재빨리 근육을 수축시킵니다. 따라서 경련이 일어나는 거죠. 이 현상은 특히 스트레스에 시달리고 카페인을 많이 섭취할수록 심해집니다.

수면놀람의 기원은 우리의 먼 조상들이 야외에서, 나무 위에서 잠들던 때로 거슬러 올라갈 것입니다. 잠이 들었을 때 나무에서 떨어지지 않도록, 생존을 위한 일종의 반사운동처럼 수면놀람이 발달했을 테지요.

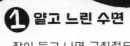

① 얕고 느린 수면

잠이 들고 나면 규칙적으로 이 수면 유형이
돌아옵니다. 누가 소리를 내거나 불을 켜기만 해도
금방 깨는 상태죠.

② 깊고 느린 수면

이 수면 상태에서
뇌는 외부 자극에 점점
무감각해집니다. 가장
깨어나기 힘들고,
몸에 쌓인 피로를
가장 잘 풀어주는
수면이기도
합니다.

수면 주기

한 번의 주기는
…안에서 2시간 정도입니다.

③ 역설수면

(다른 때도 꿈을 꾸긴 하지만) 우리는 대부분 역설수면
단계에서 꿈을 꿉니다. 가장 '구체적이고' 생생한
꿈을 꾸는 단계이기도 하죠. 역설수면 단계의
뇌 활동은 정말 독특합니다! 비슷한 활동을 달리 찾아볼 수
없을 정도죠.

꿈꾸는 뇌가 추는 춤

꿈을 꿀 때 뇌는 어떻게 작동할까요? 2017년 위스콘신대학교의 프란체스카 시클라리가 발표한 연구를 살펴보겠습니다.[4] 연구진은 수면 단계별 뇌파를 연구하기 위해 피험자들이 실험실에서 수면하는 동안 뇌의 다양한 영역에서 일어나는 활동을 정확하게 측정했습니다. 이를 위해 연구진은 피험자들을 규칙적으로 깨워서 "지금 꿈을 꾸는 중입니까, 아닙니까?"라고 물어보았어요(연구진은 정말 별 걸 다 하지요?). 그리고 이러한 방식으로 꿈을 꿀 때의 뇌파 활동과 꿈을 꾸지 않을 때의 뇌파 활동을 비교할 수 있었습니다. 연구진은 다음과 같은 내용을 발견했습니다.

막간 특별편 '뇌파'

뇌파는 뇌의 각성 수준에 따라 대략 다섯 가지로 구분할 수 있습니다.

- 델타파(0.5~4헤르츠)는 깊은 수면 단계에 해당하는 매우 느린 뇌파입니다.
- 세타파(4~7헤르츠)는 아주 편안하게 이완된 각성 상태에 해당하는 뇌파입니다. 오랫동안 명상을 해왔던 사람이라면 이 상태가 익숙할 거예요. 역설수면 단계에서 나타나기도 합니다.
- 알파파(8~12헤르츠)는 차분한 각성 상태, 이를테면 소파에 앉아 눈을 감고 아무것도 하지 않고 있을 때의 뇌파입니다.

- 베타파(13헤르츠 이상)는 일상생활을 하고 있을 때의 뇌파이지만 꿈 수면 단계에서도 관찰됩니다.
- 감마파(40헤르츠 전후)는 고도의 지적 활동에 집중하고 있을 때 나타나는 뇌파입니다.

꿈은 베타파라고 하는 빠른 뇌파를 특징으로 합니다. 베타파는 주로 꿈 수면이라고도 하는 역설수면 단계에 나타나는 뇌파죠. 놀랍게도 연구자들은 델타파의 '느린 수면 단계'에서도 이따금 베타파를 발견할 수 있었습니다. 꿈을 꿀 때의 뇌는 매우 넓은 영역에서 빠른 뇌파가 관찰됩니다. 그러니까 역설수면에서만 꿈을 꾸는 건 아닙니다.

꿈꾸는 뇌를 관찰하던 시클라리와 연구진은 나아가 **꿈의 핵**이라고 할 만한 영역을 찾아냈습니다. 이 핵은 무엇이며 어디에 있는 것일까요? 이 핵이 활성화되기만 하면 꿈이 만들어지는 걸까요? 연구진은 뇌의 뒤쪽 반에 위치한 이 영역을 '후방 핫스폿'이라고 불렀습니다. 그리고 꿈이 만들어지려면 이 영역이 빠른 뇌파로 어느 정도 이상 활성화되어야 한다는 것을 알아냈죠. 실제로 실험을 해보니 수면의 어떤 단계에서든 피험자가 꿈을 꿀 때는 후방 핫스폿이 활성화되는 것을 확인할 수 있었습니다. 우리가 꿈을 꾸지 않을 때는 이 영역에서 뉴런이 서서히 활동하기 때문에 느린 뇌파가 관찰됩니다.

연구자들은 '후방 핫스폿'이 몰입의 세계를 시뮬레이션하는 뇌의 세 영역을 포함하고 있기에 이러한 발견이 논리적으로 타당하다고 보았습니다. 그들은 여기서 꿈이 만들어진다는 것을 확증하기 위해 이 영역의 활동을 실시간으로 관찰하면서 피험자가 꿈을 꾸고 있는지 그렇지 않은지 추측하고, 실제로 피험자를 깨워서 꿈을 꾸었는지 물어보았어요. 그 결과, 뇌파를 바탕으로 한 연구진의 추측은 십중팔구 들어맞았습니다.

결과적으로 후방 핫스폿 뉴런들이 활발하게 활동할 때, 즉 이 영역에서 빠른 뇌파가 관찰될 때 꿈이 생성되는 것으로 보입니다. 뇌의 다른 영역들도 꿈에 관여하긴 하지만, 이 영역들이 꿈을 일으키지는 않습니다.

그렇다면 꿈을 꿀 때 추론 능력과 비판 정신을 관장하는 전전두피질은 어떤 상태일까요? 우리의 이마 바로 뒤에 있는 이 영역은 꿈을 꾸는 동안에는 거의 활동하지 않습니다. 그래서 꿈속에서는 케이크 굽는 실력으로 대통령을 뽑는다든가 하는 얼토당토않은 일도 가능하죠.[5] 논리와 판단의 필터가 없어지기에 꿈에선 불가능한 일이 없습니다.

그밖에도 꿈의 내용에 따라 활성화되거나 해제되는 영역들이 있습니다. 예를 들어 꿈을 꿀 때 감정의 중추인 편도체가 지나치게 활성화되면, 벅차거나 격한 감정을 느끼게 됩니다. 또한 꿈에서 어떤 얼굴을 보았다면 깨어 있을 때 타인의 얼굴을 볼 때처럼 사람의 얼굴을 감지하고 분석하는 영역이 강하게 활성화됩니다.

인간은 왜 꿈을 꿀까?

살면서 한 번쯤 이런 의문을 품게 되죠. 특히 여러분이 종종 악몽을 꾼다면요. 한밤중에 악몽을 꾸다가 땀에 흠뻑 젖어 깨어나는 기분이 얼마나 불쾌한지는 설명할 필요 없겠죠. 어릴 때 무서운 꿈을 꾸면 방 안에 귀신이 있는 건 아닌지 불안해하지 않았나요? 어떤 악몽은 너무 고통스러워서 이렇게 자문하게 되기도 합니다. '도대체 왜 이런 꿈을 꾸는 거야?'

호모 사피엔스가 수십만 년의 진화를 거치고도 꿈꾸는 능력을 간직해왔다면 여기에는 뭔가 이유가 있을 것입니다. 친구와 커피를 마시며 어젯밤 꾸었던 꿈 이야기나 나누라고 이 능력이 있는 건 아닐 테니까요.

과학자들은 대부분 꿈을 꾸는 능력이 우리에게 여러모로 유용했기 때문에 진화 과정을 거친 뒤에도 사라지지 않았을 것으로 생각합니다. 프랑스 국립보건연구원과 파리의 뇌척수 연구소ICM의 연구자 델핀 우디에트는 수면과 꿈이 인지 기능에 상당히 중요한 영향을 미친다고 설명합니다. 꿈은 어떻게 우리의 기억력과 창의성을 증진시키고, 기분과 감정을 관리하는 기제가 되는 걸까요? 꿈의 숨겨진 쓸모를 소개합니다.

┃ 기억력 증진 ┃

일단, 꿈은 일상의 사건을 변형하여 재연함으로써 그것들을 더 잘 기억하게 합니다. 꿈에 등장하는 요소(장소, 사물, 사람)와 하루

동안 경험한 사건 사이의 유사성을 지적한 연구는 매우 많습니다. 예컨대 2003년 하버드 의학전문대학원의 막달레나 포시의 연구에서 피험자들은 2주 동안 꿈의 내용을 기록하고 그날 낮에 실제로 경험한 일과 비교해보았습니다.[6] 그 결과 꿈의 주제, 감정, 인물의 절반 이상이 최근 경험한 일과 관련이 있었습니다. 물론, 꿈이 그날 있었던 일을 똑같이 재연하는 건 아닙니다. 하지만 일상생활의 여러 요소가 파편적으로 꿈에 녹아들어 있지요.

▎ 창의성 증진 ▎

꿈을 꿀 때 우리의 경험이 똑같이 재현되지는 않습니다. 과학자들은 우리가 꿈에서 조정과 변형을 거친 생각들을 마주함으로써, 새로운 아이디어를 떠올리고 창의성을 꽃피우는 데 도움이 된다고 설명합니다. 1993년 심리학자 자크 몽탕제로는 꿈과 인지 능력에 대한 연구를 통해 꿈이 아이디어의 생성과 연상을 돕는다는 것을 보여주었습니다.[7] 또한, 꿈은 문제해결 능력도 높여준다고 합니다.

▎ 학습 효과 증진 ▎

꿈은 학습 효과를 높이기도 합니다. 2010년 하버드대학교의 로버트 스틱골드는 무언가를 학습한 뒤 그 내용과 관계있는 꿈을 꾸면 학습 효과가 더욱 강화된다는 실험 결과를 밝혔습니다.[8] 스틱골드의 실험에서 대학생들은 미로찾기 게임을 한 뒤, 45분간 낮잠을 자고 깨어난 후에 다시 같은 게임을 했습니다. 낮잠을 자는 동안 미로와 관련된 꿈을 꾸었다는 학생들은 그렇지 않은 학생들에 비해 3배나 더 높은 성과를 올렸습니다.

▍ 부정적 감정 관리 ▍

이번에 소개할 가설은 호모 사피엔스가 여전히 꿈을 꾸는 이유를 이해하게 해줍니다. '위험 시뮬레이션 가설'에 따르면 꿈은 우리가 위협적인 상황에 맞설 수 있게 하는 훈련이 되어줍니다. 진화를 거치던 우리 조상들에게는 생존에 톡톡한 도움이 되었을 것입니다. 위협적인 사건을 속으로 재연하면서 최악의 행동은 피하고 최선의 행동은 곱씹어 남길 수 있으니까요. 이런 일종의 '리허설'은 부정적인 감정을 잘 관리하게 해줍니다. 그렇다면 꿈에 긍정적인 감정보다 부정적인 감정이 두 배나 많은 것도 이해할 수 있지요. 이 주제에 관한 연구는 아직 검증되지 않았고 반박도 많으므로 여기까지만 말해두겠습니다. 관련 연구는 지금도 계속 진행 중입니다.

간단히 정리하자면, 꿈은 인간이 진화를 거치는 동안에도 예측, 부정적 감정의 관리, 기억 강화, 새로운 아이디어 생성, 문제 해결, 예측하지 못한 것에 대한 대처와 적응 등에 도움을 주었기 때문에 여전히 남아 있다고 볼 수 있습니다. 하지만 꿈속에 나타나는 다양한 요소를 모두 설명할 수 있는 것은 아니며, 그것들이 다 중요한 역할을 하는 것도 아닙니다.

왜 누구는 꿈을 기억하고, 누구는 기억하지 못할까?

이 질문에 답을 찾기 위해, 리옹 신경과학센터의 페린 뤼비가 진행 중인 프랑스 국립보건연구소의 연구를 살펴봅시다. 연구진은 꿈을 기억하는 사람과 기억하지 못하는 사람의 차이를 이해하기 위해 사람들의 뇌파를 분석해보았습니다.[9]

꿈을 잘 기억하는 사람들을 '큰 꿈쟁이'라고 하고, 꿈을 좀처럼 기억하지 못하는 사람들을 '작은 꿈쟁이'라고 합시다. 큰 꿈쟁이들은 잠자는 동안 측두-두정 연접부의 뇌 활동이 매우 활발한 것으로 나타났습니다. 이 부분은 명칭으로도 알 수 있듯이 측두피질과 두정피질 사이에 위치하고 외부 자극에 주의를 돌리는 데 관여합니다.

결과적으로, 큰 꿈쟁이들의 뇌는 환경 자극에 더 크게 반응하고 더 쉽게 각성했습니다. 실제로 페린 뤼비는 잠자는 동안 큰 꿈쟁이들이 작은 꿈쟁이들보다 세 배나 많이 깨는 것을 확인했습니다. 그러니까 꿈을 기억하려면 나도 모르게 깨어나 어느 정도 꿈에 대해 의식을 해야 합니다. 잠들면 누가 업어 가도 모르고 천둥 벼락이 쳐도 깨지 않는 사람들은, 미안하지만 절대로 꿈을 기억할 수 없을 겁니다. 분명히 하자면, 이 연구들은 큰 꿈쟁이들이 작은 꿈쟁이들보다 꿈을 *더 많이* 꾼다고 설명하는 게 아닙니다. 작은 꿈쟁이들은 꿈을 꾸어도 기억에 남지 않을 뿐이죠.

꿈에서의 시간은 어떻게 흐를까?

꿈에서의 한 시간은 현실에서도 한 시간일까요? 학계에 이 질문이 제기된 지는 60년도 넘었습니다. 그리고 여러 연구는 꿈의 시간이 각성 상태의 시간과 '거의'('거의'라는 점이 중요합니다) 같다는 것을 보여주었습니다.

1958년 미국의 신경과학자 윌리엄 디멘트는 '감각 지표'를 이용한 실험 연구를 진행했습니다.[10] 그는 잠든 피험자들을 소리(노크 소리)와 빛(전등 불빛)에 노출한 뒤 10분 후 깨웠습니다. 그런 다음 어떤 꿈을 꾸었는지 물어보았죠. 그렇게 수집한 꿈들의 4분의 1에는 문 두드리는 소리와 불빛이 포함되어 있었습니다. 피험자들의 꿈 내용은 가령 이런 식이었습니다. "친구들이 찾아와 문을 두드렸어요." 연구진은 꿈에서 누군가 문을 두드리는 소리(감각 자극)를 들은 뒤, 잠을 깨기까지(각성)는 어떤 내용의 꿈이 이어졌는지 물었습니다. 그러면 피험자는 이런 꿈 이야기를 들려주었어요. "친구들에게 차를 대접했어요. 함께 차를 마시면서 얘기를 좀 나누던 중에 당신이 날 깨웠습니다." 꿈속에서 흐른 시간과 현실에서 흐른 시간은 대략 10분 정도로 일치했습니다.

그 후 연구진은 꿈속에서의 시간을 좀 더 정확하게 측정하는 법을 고안했습니다. 꿈의 시간과 현실의 시간이 일치하는지는 오늘날 주로 자각몽과 관련된 연구 주제입니다. 자각몽을 꾸는 사람은 자기가 꿈을 꾸고 있다는 것을 의식하고 꿈속에서 의도적으로 행동할 수 있습니다. 심지어 시간 간격을 체크할 수도 있죠! 우리의 의문에 답하기에는 더없이 좋은 조건입니다.

자각몽의 정체

우리 중 절반은 한 번쯤 자각몽을 꾼 경험이 있습니다. 실제로 자각몽을 경험하면 좀 무섭기도 하지요. 그러니만큼 이 현상에 대해 좀 더 알아봅시다.

자각몽을 꾸는 사람은 꿈을 꾸는 동안도 의식이 있고, 꿈을 통제하며, 꿈에 영향을 미칠 수도 있습니다. 그러니까 수면과 각성의 중간 상태에 있기에 자기가 꿈속에 있는지 그렇지 않은지 알 수 있죠. 자각몽과 비자각몽은 느낌이 다릅니다. 이는 두 꿈의 뇌파 활동이 다르다는 뜻입니다. 일반적인 꿈을 꿀 때는 전두엽이 완전히 잠드는 반면, 자각몽을 꿀 때는 전두엽이 깨어나 활동합니다. 전두엽이 논리적 추론이나 의지적 행동 같은 고도의 인지 기능에 특화되어 있다는 점을 기억하세요. 자각몽과 관련된 자초지종을 알아내기 위해서는 아직 더 많은 연구가 이루어져야 하겠지만, 앞으로 더 놀랍고 멋진 발견이 있을 것으로 기대됩니다.

2014년 스위스 베른대학교의 다니엘 에르라셰는 자각몽을 꾸는 피험자들과 연구를 진행했습니다.[11] 연구진은 피험자들에게 깨어 있는 상태에서 10, 20, 30까지 세어보라고 요청했고 꿈을 꾸고 있을 때도 똑같은 요청을 했습니다. 자각몽을 꾸는 사람은 숫자를 세기 시작한 시점과 전부 다 센 시점을 눈짓으로 알렸습니다. 따라서 연구진은 과제 수행에 얼마나 시간이 걸리는지 알 수 있었죠. 에르라셰는 이 실험으로 꿈속에서의 시간은 현실의 시간보다 약간 더 느리게 흐른다는 것을 보여주었습니다. 그리고 꿈속에서 걷기 같은 신체 활동을 과제로 제시했을 때는 더 유의미한 시간 차이가 있었습니다. 깨어 있는 상태에서 20까지 세는 데는 평균 17초가 걸렸지만, 자각몽 상태에서는 22.4초가 걸렸습니다. 각성 상태에서 30보를 걷는 데는 18.5초가 걸렸지만, 자각몽 상태에서는 28.6초가 걸렸고요.

결과적으로, 신체 활동을 위주로 하는 꿈이 아니라면 꿈의 시간과 현실의 시간은 그렇게까지 다르지 않습니다. 꿈속에서의 시간이 더 느리게 흐르긴 하지만, 이 차이는 영화나 소설 속에서처럼 현실과 극단적인 차이가 있진 않습니다.

최근에 저는 어떤 분께 이런 메일을 받았습니다. "저는 가끔 파리에서 바르셀로나로 가는 비행기에 타는 꿈을 꿉니다. 비행기에 올라서도 여러 일을 해요. 비행시간은 1시간 30분이고, 분명히 저는 탑승했다가 내리기까지 했습니다. 그런데 깨어나서 보면 제가 30분밖에 안 잤더라고요. 어떻게 이런 일이 가능한 거죠?" 우리 모두 비슷한 상황을 한 번쯤 겪어봤을 겁니다. 책을 쓰면 몇 권은 나올 법한 우여곡절을 꿈에서 겪었는데 깨어보니 고작 한두 시간 낮잠을 잤을 뿐이죠. 그렇지만 우리가 꿈에 더 주의를 기울인다면, 그리고 깨어난 후에도 꿈을 기억할 수 있다면, 꿈의 모든 순간이 실제처럼 흘러가지는 않았다는 걸 알 수 있을 겁니다. 꿈속에서 우리는 이 사건에서 저 사건으로 건너뜁니다. 예를 들어 제게 메일을 보내준 분과도 더 대화를 나눠보았는데요. 사실 꿈속에서 1시간 30분짜리 비행을 통으로 경험했다기보다는 탑승과 착륙, 그리고 비행 중에 일어난 일 두세 가지만 꿈으로 꾸었던 거였습니다.

요약하자면,

- 꿈은 밤새 꿀 수 있지만, 주로 수면 주기의 가장 마지막에 해당하는 역설수면 단계에서 꾸게 됩니다.

- 꿈이 만들어지려면 뇌의 뒤쪽 반에 있는 '후방 핫스폿'이 활성화되어 뇌파가 빨라져야 합니다. 이 부분은 감각 영역과 일치하기 때문에 꿈에서는 하나의 세상을 만들 수도 있습니다. 이 영역의 뇌파가 어느 정도 이상 활성화되어야만 꿈이 만들어질 수 있습니다.

- 뇌의 여러 영역이 꿈에 반응하여 활성화됩니다. 감정과 관련된 편도체도 그중 하나입니다.

- 꿈꾸는 능력은 부분적으로 예측, 부정적 감정 관리, 기억 강화, 새로운 아이디어 생성, 문제 해결, 예측하지 못한 일에 대한 적응 기제에 도움을 줍니다. 따라서 호모 사피엔스가 진화를 거치는 동안에도 남아 있게 된 것이죠.

- 하지만 꿈속에서 보이는 다양한 요소들을 모두 설명할 수 있는 것은 아니며, 모두 중요한 역할을 한다고 볼 수는 없습니다.

뇌는
죽을 때까지 배선을 수정한다

뇌 가소성

이 장을 본격적으로 읽기 전에 스마트폰이나 컴퓨터로 인터넷에 접속해보세요. 눈을 크게 뜨고 검색창에 '휴먼 커넥톰 프로젝트'를 검색해보세요. 위키피디아에 실린 화려하고 예쁜 뇌 그림을 보실 수 있을 겁니다. 이것이 신경과학에서 말하는 '커넥톰'입니다. 커넥톰이란 860억 개의 뉴런이 연결된 수십억 개의 시냅스를 보여주는 뇌 지도입니다.

인간 뇌의 뉴런과 시냅스는 어린 시절에 폭발적으로 형성되지만, 사실 그 시작은 '태내'에서부터입니다. 태아가 엄마의 자궁 안에 있을 때부터 수십억 개의 뉴런이 뇌 안에 자리를 잡습니다. 이후 어릴 적 겪는 사회적 환경이나 문화적 경험이 뉴런의 기초 도면을 설계합니다. 이 기초 도면은 걸음마나 문자 습득 같은 중요한 학습을 계기로 차차 조정됩니다. 성장기의 이러한 리모델링 과정을 '발달성 신경 가소성'이라고 합니다.

오랫동안 과학자들은 25세를 지나면 뇌는 완전히 성숙에 이르고 뉴런과 시냅스는 죽을 때까지 거의 변함없이 유지된다고 믿어왔습니다. 하지만 이제 그러한 믿음은 완전히 박살이 났습니다. 30여 년 전, *뇌 가소성이 어린 시절에 국한되지 않고 평생 작동한다는 것이 밝혀졌거든요!* 이는 신경과학에서 매우 근본적인 발견이면서도 비교적 최근에서야 밝혀진 사실입니다.

뇌 가소성이 정확히 뭔데?

뇌 가소성은 생애 동안 뉴런이 자기를 수정하거나 시냅스를 리모델링할 수 있는 능력을 가리킵니다. 우리가 배우고, 지식을 습득하고, 능력을 계발하고, 실행 방법을 개선함으로써 사유하고 행동할 수 있는 이유는 *그렇게 뇌 구조가 변할 수 있기 때문입니다.* 우리는 뇌 가소성 덕분에 자전거 타는 법이나 피아노 치는 법을 익힐 수 있고 고정관념을 해체하거나 외국어를 구사할 수도 있습니다. 뇌가 가소성을 지니고 있다는 것을 보여주는 요소는 크게 두 가지가 있습니다.

- **뉴런의 수** 연구자들은 어느 연령대에서나 뇌는 새로운 뉴런을 만들어낼 수 있고 그러한 능력이 평생을 간다는 점에 주목했

습니다. 기억과 학습에 관여하는 해마의 경우, 매일 700여 개의 뉴런이 생성됩니다! 그리고 뇌실밑구역에서 새로 만들어지는 뉴런들이 후각망울에 추가되는 것도 확인되었죠. 덕분에 우리는 새로운 냄새를 습득하고 기억하며 여러 가지 냄새가 섞여 있더라도 섬세하게 구분할 수 있습니다.

• **뉴런 사이의 연결** 서두에서 언급한 커넥톰은 항상 *역동적으로 배선을 수정합니다.* 특히 우리가 새로운 능력을 계발할 때, 새로운 기억을 만들 때 그렇게 되지요. 가령 독일어를 배울 때 어떤 단어를 처음 습득하는 순간 원래는 연결되어 있지 않던 뉴런들이 전기 신호를 보내는 것을 볼 수 있습니다. 새로 생긴 연결은 약하기 때문에 끊어지고 잊히기 쉽죠. 따라서 어떤 외국어 단어를 딱 한 번 들었다면 얼마 뒤에는 잊어버릴 거예요. 단어를 잘 기억하려면 이 연결을 강화해서 자동으로 떠오르게 해야 합니다. '제한 속도'가 독일어로 뭐냐고 물으면 'Geschwindigkeitsbegrenzung'가 곧바로 튀어나올 수 있도록요. 아주 간단하죠?

뉴런 사이의 연결을 강화하는 비결은 딱히 비밀도 아니에요. 핵심은 반복입니다. 여러분의 커넥톰을 눈 덮인 벌판이라고 상상해보세요. 계속 같은 길로 가다 보면 눈이 밟히고 다져져서 다니기가 편해지겠죠. 뇌에서도 마찬가지입니다. '뉴런 경로'는 쓰면 쓸수록 익숙해지고 자동화됩니다.

뇌 가소성의 한계

뇌 가소성은 최근 들어 각종 매체와 자기계발 전문가들이 즐겨 다루는 주제 중 하나입니다. 그렇지만 (잠재 지능이라든가 과민성처럼) 유행을 타는 주제가 으레 그렇듯 잘못된 신화와 오류가 적지 않게 퍼져 있습니다. 대표적인 것이 뇌 가소성을 순전히 긍정적이고 무한한 것으로만 보는 시각입니다. 그렇지만 다음 세 가지 사실을 기억하세요.

첫째, 뉴런들 사이의 연결이 새로 만들어지거나 강화될 만큼 유연하다는 것은 그러한 연결을 잃을 수도 있다는 뜻입니다. 뇌 가소성은 더 이상 사용하지 않는 연결은 해체되거나, 때로는 뉴런이 죽을 수도 있다는 의미를 포함합니다. 기껏 얻은 능력이라도 유지하기 위해 노력하지 않으면 사라질 수 있습니다.

둘째, 뇌 가소성은 기대하는 것만큼 활발하게 이루어지지 않습니다. 뇌는 안정성과 리모델링 사이의 균형을 추구하기 때문이죠. 가소성이 뇌를 완전히 지배해버리면 구조가 계속 무너져버릴 겁니다. 그러면 우리는 아무 기억도 간직할 수 없겠죠. 기억력이 약해져서 금붕어처럼 방금 전의 일도 돌아서면 까먹을지 모릅니다. 뭐, 금붕어가 귀엽긴 하지만 일상생활에는 문제가 많을 겁니다. 그러니까 뇌는 평생 변화하지만, 안정성을 유지하는 선에서 변화합니다.

셋째, 뇌 가소성은 노화에 영향을 받습니다. 나이가 들면서 새로운 능력을 습득하기가 어려워지고 기억이 빨리 흐려지는 것도 이 때문입니다. 그렇다고 배움을 겁낼 필요는 없어요! 나이가 들더라도 뇌 건강을 유지할 수 있는 방법은 많습니다. 균형잡힌 식단으로 영양을 잘 섭취하고, 인지적으로 자극을 받고, 꾸준히 운동하는 것 등이 있죠. 뇌를 젊고 건강하게 지키는 방법에 대해서는 5부에서 더 자세히 이야기하겠습니다.

우리 뇌의 경이로운 능력

뇌 가소성에 관한 주옥같은 연구를 몇 가지 소개하겠습니다.

▌ 눈이 보이지 않는 사람이 청각이 발달하는 이유 ▌

시력을 잃은 사람이 청력이 비범하게 발달하는 경우가 더러 있습니다. 그는 이제 시각에 의존하는 게 아닌, 주위에서 나는 소리를 듣고 무슨 일이 일어나는지 파악하며 이동 방향을 정해야 하죠. 그러자면 시각에 할애되었던 영역들이 (뇌 가소성에 힘입어) 청각으로 재할당되어야 할 것입니다. 태어날 때부터 시각을 잃은 사람들의 뇌를 살펴보면 실제로 그러한 양상을 볼 수 있습니다. 일반적으로 시각에 할당되는 피질이 출생 이후 소리를 지각할 때 활성화되는 방향으로 바뀐 것이죠. 이러한 뇌의 재배정 덕분에 피질에서 사용되지 않은 채 방치되는 부분은 없습니다.

▌ 환상통 ▌

신체의 일부, 가령 손이 절단되면 손의 움직임을 통제하고 촉각 정보를 받아들이는 뇌 영역은 더 이상 할 일이 없어질 것입니다. 하지만 앞서 말했듯이 뇌의 가소성은 피질의 어떤 부분도 하는 일 없이 놀게 두지 않죠. 그래서 손에 명령을 내리던 뇌 영역은 인근 영역들에 잠식당합니다. 이를테면 팔 위쪽에 명령을 내리는 영역에요. 그래서 손이 절단된 사람은 팔목을 만지는 데도 이제는 있지도 않은 손을 건드린다는 느낌을 받을 수 있습니다. 팔 위쪽 영역이 손의 영역을 부분적으로 합병했기 때문이죠. 팔목을 만졌는데 옛날에 손을 관장하던 영역의 뉴런들이 활성화된 경우입니다.

뇌 가소성은 사지의 일부를 잃은 환자들이 그 사라진 부분에서 여전히 통증을 호소하거나 기분 나쁜 감각을 느끼는 이유를 설명해줍니다. 이러한 현상을 '환상통' 혹은 '환지통'이라고 부르죠.

| 뇌의 절반이 없어도 살 수 있을까? |

우리의 뇌는 두 개의 반구로 이루어져 있습니다. 우뇌는 신체 좌측을 통제하고 좌뇌는 반대로 신체 우측을 통제하죠. 그러니까 신체 좌측에서 오는 감각은 우뇌의 영역이 처리하고 신체 우측에서 오는 감각은 좌뇌의 영역이 처리합니다. 따라서 좌뇌와 우뇌 중 한쪽이 없으면 반대쪽 몸은 전혀 못 쓸거라고 생각하기 쉬운데요, 실제로는 그렇지 않습니다. 한쪽 반구에 손상을 입은 사람의 뇌를 관찰해보니, 남은 뇌 반구의 뉴런의 연결과 구조에 일대 변화가 일어나는 것을 알 수 있었습니다. 손상된 뇌 반구의 기능을 이어받기 위해서 이러한 변화를 겪는 것이었죠. 경이로운 우리의 뇌는 반쪽만 남아 있어도 신체 전체를 통제할 수 있습니다.

- 뇌 가소성은 뉴런이 평생 자기를 수정하고 리모델링할 수 있는 능력입니다. 우리가 배우고, 지식을 습득하고, 능력을 계발하고, 실행 방법을 개선하며 사유하고 행동할 수 있는 이유는 모두 뇌 가소성 덕분입니다.

- 뇌 가소성은 뉴런의 수 증가와 뉴런들을 연결하는 시냅스 수 증가에 달려 있습니다.

- 과거에는 뇌 가소성이 성인이 되어서는 작동하지 않는다고 생각했지만, 사실이 성질은 평생을 가는 것으로 밝혀졌습니다.

- 뇌 가소성은 활발하게 이루어지지 않습니다. 뇌는 항상 안정성과 리모델링 사이의 균형을 추구하기 때문이죠. 가소성이 뇌를 완전히 지배해버리면 구조가 무너져버릴 테니까요.

- 뇌 가소성 덕분에 우리는 뇌의 한쪽 반구만 남아도 살아갈 수 있습니다.

런던의 택시 운전사들은
해마가 더 크다

사람은 두 부류로 나뉩니다. 방향을 척척 잡고 길을 잘 찾으며 내비게이션을 따라가는 게 전혀 어렵지 않은 사람, 아니면 내비게이션이 "500미터 전방에서 좌회전"이라고 했는데 한 5미터쯤 가서 "여기인가?"라고 중얼거리거나, 식당에서 나오면 집에 가는 길이 오른쪽인지 왼쪽인지 한참 헷갈리는 사람.

저는 길을 잘 찾는 뇌가 따로 있는지 궁금했습니다. 뇌의 GPS도 계발하려면 할 수 있는 걸까요? 아니면 방향치는 평생 어쩔 수 없는 걸까요? GPS 장치에만 의존하다 보면 우리 뇌의 타고난 GPS는 퇴화하게 될까요? 지도를 읽을 줄 모르거나 빠져나가야 하는 지점을 번번이 놓쳐서 운전만 하면 타박을 듣는 이들에게 이 장을 바칩니다.

뇌는 어떻게 방향을 잡는가?

우리 뇌는 스마트폰의 GPS 장치처럼 끊임없이 주변 환경, 몸의 자세, 시간의 흐름에 대한 다양한 정보를 취합합니다. 뇌의 이러한 기능은 수천 년 동안 인간의 생존에 필수적이었습니다. 산맥처럼 넓게 이어지거나 울창한 숲처럼 복잡하거나 때로는 허허벌판처럼 광막한 환경에서 자신의 위치를 파악하고 이동할 수 있어야 했으니까요.

방향 잡기라는 이 까다로운 임무에는 우리 뇌의 다양한 구조가 관여합니다. 하지만 공간 이동과 환경에 대한 지도를 파악하는 가장 결정적 역할을 하는 건 측두엽 깊숙이 자리 잡은 해마입니다(45쪽을 참조하세요). '해마' 하면 여러 가지가 '기억'나실 겁니다. 앞서 모든 종류의 기억에 해마가 관여하는 것을 살펴보았으니까요. 해마는 말 그대로 바다에 사는 동물 해마와 비슷하게 생겨서 이러한 이름을 얻었습니다. 해마는 우리가 어디에 있는지, 이곳에 전에 와본 적이 있는지, 다음에는 어디로 가야 하는지 이해하는 데 도움을 줍니다. 해마는 우리의 이동을 돕는 방향으로 진화해왔습니다.

메이브릿 모저, 에드바르 모저, 존 오키프는 연구를 통해 해마가 방향 감각에 결정적 역할을 한다는 사실을 보여주었습니다. 세 사람은 10년에 걸친 연구 끝에 우리 뇌의 GPS 기능을 발견한 공로로 노벨 의학상을 받았죠.[1] 이들은 실험용 쥐를 연구 대상으로 삼아 방향 감각에 꼭 필요한 두 종류의 세포를 확인했는데, 호모 사피엔스에게도 그러한 세포가 존재할 확률이 높았습니다.

그 첫 번째 세포는 해마에 있는 **장소세포**로, 우리가 특정한 곳에 있을 때 활성화됩니다. 뇌는 장소세포 덕분에 등산로 입구에 붙어 있는 약도를 볼 때처럼 머릿속 마인드맵에서 '현재 위치'를 알 수 있습니다. 예를 들어 내가 우리 집 맞은편 빵집에 있을 때면 그 장소와 관련된 장소세포가 활성화됩니다. 만약 우리 집 근처 카페로 자리를 이동한다면 그곳과 관련한 다른 장소세포가 활성화되지요.

방향 감각에 꼭 필요한 두 번째 유형의 세포는 **격자세포**입니다. 해마 바로 옆 내후각피질에 있는 이 세포는 뇌가 어떻게 우리를 목적지까지 인도하는지 설명해줍니다. 격자세포가 활성화되면 자신이 위치한 환경에 대한 육각형 모양의 지도가 만들어집니다. 장소세포의 경우와 달리, 내가 빵집에 있든 카페에 있든 똑같은 격자세포가 활성화됩니다.

연구자들은 이 세포들이 기본적으로 주위의 시각적 요소에 반응하지만, 근육 긴장도나 고개 방향, 혹은 평형감각을 관장하는 내이內耳 같은 신체 내 운동 센서에도 반응한다는 사실에 주목합니다. 격자세포를 활성화하는 정보의 80퍼센트는 우리 몸의 움직임에서 비롯되는 자체 정보이며, 주위 환경에서 보고 접하는 정보가 차지하는 비중은 20퍼센트에 불과하다고 합니다.[2]

청각, 길 찾기의 필수 감각

방향 감각을 발휘하는 데 필요한 감각은 시각만이 아닙니다. 뇌가 마인드맵을 그리기 위해서는 청각도 시각 못지않게 중요하답니다. 아마 인간의 먼 조상들은 포식자를 피하고 먹잇감을 사냥하기 위해, 혹은 물이 있는 곳을 찾기 위해 주변의 소리에 귀를 기울이며 돌아다녔을 것입니다. 우리는 걷고 이동할 때 시각에 의존한다는 것은 생생히 의식하지만, 청각 역시 활발하게 작동 중이라는 점은 덜 의식하죠.

뇌는 격자세포 덕분에 길을 전반적으로 조망하는 마인드맵을 그리며 목적지까지 방향을 잡을 수 있습니다. 마인드맵에는 신체 위치와 방향은 물론, 주위 공간에 대한 정보가 포함됩니다. 마인드맵은 기억에 크게 의존하기 때문에 우리의 경험을 토대로 만들어집니다. 완전히 새로운 환경을 탐험할 때 뇌는 특히 활발하게 작동합니다. 보고 듣고 입력하면서 계속 지도를 만들고 격자세포들을 서로 연결하죠.

예를 들어 어떤 식당에 처음 가면 뇌는 핵심 정보들로 그 환경에 대한 지도를 작성합니다. 우리 집 맞은편 빵집을 지나 좌회전, 농구장을 따라 걷다가 옷가게를 지나 우회전, 이런 식으로요. 그리고 그 식당을 다시 간다면, 격자세포는 지난번에 입력하지 못했던 다른 정보를 추가함으로써 이 지도를 업그레이드할 겁니다.

장소세포와 격자세포는 이렇게 뇌의 GPS처럼 작동합니다. 덕분에 우리는 실시간으로 우리 위치를 파악하고 방향을 잡을 수 있습니다.

알츠하이머병은 뇌의 GPS부터 망가뜨린다

알츠하이머병에 걸리면 맨 먼저 손상되는 것 중 하나가 장소세포와 격자세포입니다. 그래서 알츠하이머 환자는 길을 잃거나 자기 집을 찾지 못하는 경우가 많습니다. 자기가 어디서 왔고 어디로 가야 하는지 알 수 없기 때문입니다. 방향 감각을 상실하는 것이죠. 뇌의 GPS 기능이 밝혀진 후로 알츠하이머병의 초기 징후를 감지하기 위한 테스트가 개발되었습니다. 이 분야의 연구가 앞으로 알츠하이머 환자들에게 큰 도움을 줄 수 있을 겁니다. 아직은 해야 할 연구도 많고 갈 길이 멀지만요.

GPS 장치에 의존하는 습관이 방향 감각을 손상시킬까?

그렇다면 혹시 GPS 장치에 자주 의존하다 보면 해마의 크기가 줄어들고 방향 감각이 떨어지는 건 아닐까요? 충분히 품을 만한 의문입니다. 우리가 어떤 역량을 사용하지 않으면 그 역량에 관여하는 뉴런과 시냅스가 위축되거나 사라지는 게 일반적이니까요 (뇌 가소성을 다룬 장을 참조하세요).

이미 2000년대에 연구자들은 스스로 길을 찾아갈 때보다 GPS를 따라갈 때 해마의 뉴런 활동이 훨씬 적다는 것을 확인했습니다.[3] 신경과학계의 견해는 둘로 나뉩니다. 한쪽에서는 다음과 같은 이유에서 GPS 사용이 우리의 방향 감각을 훼손한다고 주장합니다. 우리가 스마트폰의 지도 어플이 아닌 종이 지도를 참조할 때는 '타자 혹은 환경 중심' 정보, 다시 말해 자신의 위치와 무관한 정보를 얻습니다. 그러니까 지도에 나타난 정보와 자신의 현 위치를 비교해보고 방향을 정하게 되지요. 그러기 위해 해마는 바짝 주의를 기울여 현 상황과 앞으로의 상황을 파악하고 마인드맵에 환경에 대한 정보를 추가합니다. 반면, 우리가 GPS를 따라갈 때는 즉각적으로 내 위치 기반의 '자기중심적' 정보를 알 수 있습니다. GPS가 내 몸 혹은 내 차가 가야 할 길을 알려주므로, 해마는 길을 기억하고 방향을 습득하기 위해 노력을 기울이지 않아도 되죠. 이 과정에서는 인지적 지도가 풍부해지지도 않고 환경에 대해 더 많은 것을 알게 되지도 않습니다. 하지만 그렇다고 해서 아직 해마 자체가 줄어들었다는 관찰 결과는 어디서도 나오지 않았습니다. 왜 그런 것일까요?

그 이유는 다른 가설로 설명할 수 있습니다. GPS 장치는 해마의 활동을 자극하지 못하지만, 그 대신 보완이 이루어집니다. 실생활을 하며 다른 상황이 해마를 자극할 수 있기 때문이죠. 뇌는 호기심이 많습니다. 잠시도 탐색을 멈추지 않고 점점 더 새로운 기술을 활용해 활동하지요. 즉 기술 혁신이 뇌를 위축시킨다기보다는, 전과는 다른 방향으로 작동하게 한다고 할까요. 이제 우리는 길을 직접 찾을 기회는 줄었지만, 가상세계에서 길을 찾는 시간은 훨씬 늘어났죠. 그러니까 이쪽에서 해마의 활동이 줄었어도 다른 쪽으로 보충이 될 것입니다.

야 너도, 길 잘 찾을 수 있어!

모든 능력이 그렇듯이 길을 찾는 실력도 훈련하면 좋아집니다. 방향 감각도 유전이 되는지는 아직 밝혀지지 않았지만, 연습을 통해 좋아질 수 있다는 건 확실히 말씀드릴 수 있습니다. 이 능력은 타고나는 게 아니라 대체로 후천적으로 발달하거든요! 2000년 런던칼리지대학교의 엘리노어 맥과이어가 런던의 택시 운전사들을 대상으로 한 연구가 유명해지면서 다들 이 사실을 알게 됐습니다.[4]

파리나 뉴욕, 베를린의 지도를 잘 보면 거리와 구의 배치에서 일정한 방향성을 볼 수 있습니다. 그런데 런던은 그야말로 혼돈의 극치입니다. 런던이라는 도시는 다섯 살짜리 아이에게 설계를 맡기기라도 한 것처럼 도무지 종잡을 수가 없죠. 그러니까 런던의 택시 운전사는 매일 같이 일관성 없이 이어진 도로를 오가며 손님의 목적지까지 헤매지 않고 당도해야 하는 셈입니다. 그렇기 때문에 런던에서 택시 운전면허를 따려면 3~4년간 스쿠터로 도시를 돌아다니며 도로 파악을 해야만 시험에 응시할 수 있고, 합격률도 50퍼센트밖에 되지 않습니다.

맥과이어는 이처럼 고강도의 길 찾기 훈련을 하는 런던의 택시 운전사들은 해마의 크기가 평균보다 더 발달하지 않을까 생각했습니다. 그래서 런던의 택시 운전사 지망생 79명이 훈련을 거치는 4년 동안 그들의 해마를 MRI로 추적 관찰했습니다. 맥과이어는 택시를 몰아본 적은 없지만 나이, 교육 수준, 지능 지수가 비슷한 31명을 비교군으로 삼아 같은 기간 동안 그들의 뇌도 추적 관찰했죠.

연구 초기에는 두 집단의 해마 크기에 큰 차이가 없었습니다. 그러나 4년 후에는 택시 면허를 취득한 사람들이 비교군에 속한 통제집단 사람들에 비해 해마가 크다는 것을 MRI로 확인할 수 있었습니다. 런던의 도로를 두루 익혀야 하는 까다로운 인지적 요구에 부응하느라 뇌가 변한 것이죠. 새로운 뉴런과 새로운 시냅스를 만들어내느라 해마가 커진 것입니다. 뉴런의 수와 시냅스의 수는 뇌 가소성의 핵심입니다. 런던의 택시 운전사들은 평균보다 크게 발달한 기억 중추를 갖게 되었고, 그 이유는 그들의 집중적인 훈련에 있었습니다.

요약하자면,

- 우리 뇌의 GPS는 매우 복잡한 역학에 따라 작동하며, 여기에는 해마와 내후각피질이 관여합니다.

- 방향 감각은 시각, 청각, 기억, 그리고 자세와 움직임에 대한 정보에 좌우됩니다.

- 길 찾기는 매우 복잡한 두뇌 활동이지만, 여느 능력과 마찬가지로 연습하면 발전시킬 수 있습니다.

- 그러니까 "난 길을 못 찾아" 같은 핑계는 넣어두세요. 흔히 방향 감각이라고 하지만 실은 '감각'이 아니라 습득할 수 있는 능력이랍니다.

- 자, 그러니까 지도를 챙기세요! 준비됐나요? 출발합시다!

외국어를 배울 때 뇌에서 벌어지는 일

저는 2021년과 2022년에 라틴아메리카 횡단 여행을 했습니다. 길에서 만난 사람들과 프랑스어, 영어, 스페인어를 섞어 소통하곤 했죠. 여행하며 만난 분들 중에는 두 언어 이상을 자유롭게 구사하는 사람도 있었고, 외국어로는 인사도 하기 힘들어하는 분도 있었어요. 저 역시 스페인어로 말은 꺼내놓고 마무리는 프랑스어로 하곤 했죠. 더 고약하게는 스페인어를 영어 악센트로 구사하기도 했어요. 제 꼴이 우스운 건 둘째치고, 이런 의문이 떠오르더군요. 왜 어떤 사람은 다른 사람들에 비해 유독 외국어를 빨리 배울까요? 여러 언어를 구사하는 일은 뇌에 어떤 영향을 미칠까요? 한 언어를 쓰다가 다른 언어를 쓰는 일은 뇌에 좋은 일일까요, 불편한 일일까요?

이중언어를 사용한다는 것은 무슨 뜻인가?

두 언어를 자유자재로 구사할 수 있는 사람을 이중언어 사용자라고 하죠. 하지만 이중언어 사용자는 어떤 전형이 있는 게 아니라 두 언어를 사용하는 능력의 수준, 제2언어의 습득 시기, 각 언어의 사용 빈도에 따라 매우 다양한 유형으로 나뉩니다. 크게는 다음과 같이 세 종류로 나눌 수 있어요.

- 동시적 이중언어 사용자: 출생 이후 바로 두 언어에 노출되고 주변 세계를 두 개의 언어로 동시에 접하는 환경에서 성장한 사람.
- 중첩 이중언어 사용자: 집에서 사용하는 언어와 집 밖, 특히 학교에서 사용하는 언어가 다른 사람.
- 순차적 이중언어 사용자: 모국어를 통해서 제2언어를 배우는 사람. 학교에서 외국어를 배워 사용하는 경우.

그러니까 이중언어 사용자라고 해서 다 같은 것은 아닙니다. 따라서 이중언어라는 주제를 다룬 학술 자료도 천차만별이며, 연구 결과들이 상반되기도 하죠. 어떤 유형의 이중언어 사용자를 대상으로 하느냐에 따라 연구 결과는 달라질 수 있습니다. 이 장에서는 주로 동시적 이중언어 사용자, 즉 태어나자마자 두 언어를 습득하는 사람을 다뤄보겠습니다.

아기에게 두 가지 언어를 사용하게 하면 언어 발달에 지장이 있다?

우리 사회에는 아기 때부터 이중언어에 노출하는 것이 최고의 언어 교육이라고 주장하는 쪽이 있는가 하면, 그렇게 하면 아기의 언어 습득이 교란되고 지연되기 때문에 바람직하지 않다고 보는 쪽도 있죠. 안심하세요. 과학은 답을 알고 있습니다.

결론부터 말하면, 아기에게 두 언어를 동시에 가르쳐도 학습에 문제가 생기거나 말을 익히는 게 늦어지지 않습니다. 로스앤젤레스대학교에서 실시한 일련의 연구가 이 사실을 입증했죠.[1] 로라앤 페티토가 이끄는 연구진은 10세 이전에 이중언어에 노출된 아이들과 하나의 언어만 습득한 아이들이 처음 말문이 터지는 시기, 읽기를 배우는 시기 등에 별 차이가 없음을 확인했습니다. 게다가 어려서부터 두 개의 언어를 배운 아이들은 두 언어를 혼동하지 않았어요. 언어에 따라 단어는 달라도 지시 대상이 같으면 뇌에서도 똑같은 대상으로 인식하기 때문입니다. 프랑스어로 'pied(발)'이라고 하거나, 영어로 'foot(발)'이라고 하거나 말이죠.

이중언어에 대한 잘못된 신화

이중언어의 부정적 영향에 대한 신화는 제1차 세계대전과 제2차 세계대전 시기에 영국과 미국에서 실시한 연구들로 거슬러 올라갑니다. 짐작하다시피 이 연구들은 전쟁 때문에 영미권으로 건너온 외국인들의 자녀를 대상으로 삼았습니다. 연구자들은 전쟁 통에 해외로 와야 했던 이 아이들의 언어 능력을 평가했고, 당연히 결과는 그리 좋지 않았습니다. 연구자들은 그 이유를 전쟁의 트라우마가 아닌 이중언어 학습에서 찾았지요. 어떻게 그토록 명백한 착각을 할 수 있었을까요? 1960년대가 되어서야 캐나다 맥길대학교의 엘리자베스 필과 윌리스 램버트가 이중언어에 노출된 아이들은 어떤 학습 지체도 없을뿐더러 오히려 인지적 이점이 있다는 것을 밝혔죠.[2]

이중언어가 아동의 뇌에 끼치는 이점은 무엇인가?

이중언어 사용자는 단일언어 사용자보다 메타언어 능력이 뛰어납니다. 생각해보면 당연한 일이죠. 신경언어학의 권위자인 토론토 요크대학교의 엘렌 비알리스톡은 여러 연구를 통해 이 점을 입증했습니다.[3] 이중언어는 언어에 대한 성찰과 통제 능력을 높여줍니다. 이중언어를 구사하는 아이들은 읽기와 쓰기를 더 빨리 배우고 단어와 의미의 관계에 대한 이해력도 더 높은 것으로 나타났습니다.

게다가 비알리스톡은 이중언어를 사용하면 비언어적 능력, 가령 문제 해결 능력 같은 좀 더 '논리적인' 능력도 발달한다고 밝혔습니다. 비알리스톡은 여러 연구를 통해 이중언어를 사용하는 아이들이 계획을 수립하고 적절한 행동을 취하는 능력이 더 뛰어나

다는 것을 보여주었죠.[4]

이 아이들은 **창의성과 추상 능력**, 그 밖에도 여러 가지 특기를 지니고 있음이 증명되었습니다. 2010년 이스라엘 바르일란대학교의 심리학자 에스더 아디자파는 이중언어를 사용하는 아이들이 '환상적인 꽃'을 그려보라는 과제를 더욱 창의적으로 수행했다고 보고했습니다.[5] 단일언어를 사용하는 아이들은 꽃잎이나 이파리가 없는, 실제 꽃과 다르긴 하되 비슷한 것을 그렸으나, 이중언어를 사용하는 아이들은 '사슴-꽃' 같은 완전히 새로운 상상의 산물을 그렸습니다. 개념을 뒤섞고 추상적인 것을 만들어낼 줄 알았던 것이죠.

이중언어는 성인에게도 이로울까?

이중언어의 긍정적 영향은 성인에게도 나타납니다. 이중언어를 구사하는 사람은 기억력에 중요한 신경 네트워크가 강화된다는 것을 여러 연구가 보여주었죠. 그중에서도 알츠하이머병의 징후와 관련된 연구는 자세히 살펴볼 가치가 있습니다. 몬트리올대학교의 내털리 필립스가 이끄는 연구진은 알츠하이머 초기 단계의 환자 60여 명을 MRI로 관찰했습니다. 피험자 중 절반은 단일언어 사용자였고 나머지 절반은 이중언어 사용자였죠. 그 결과, 이중언어 사용자는 병이 더 '진전된' 상태에서도 훨씬 초기 단계에 있는 단일언어 사용자와 비슷한 징후를 나타냈습니다. 병이 비슷하게 진전된 상태라면 이중언어 사용자의 증상이 훨씬 경미했고요.[6] 이는 어떻게 설명할 수 있을까요?

인지 비축cognitive reserve이란 알츠하이머나 뇌졸중으로 뇌가 손상을 입었을 때도 지적 능력을 유지하는 역량을 말합니다. 흔히 접할 수 있는 용어는 아니죠. 바로 이 역량 덕분에 이중언어 사용자는 알츠하이머 발병 이후에도 증상이 경미했던 것입니다. 인지 비축은 사람마다 다르지만, 노력으로 최적화할 수 있습니다.

충분한 두뇌 활동과 신체 건강을 유지하면 인지 비축에 도움이 됩니다. 외국어 구사는 집중적인 두뇌 활동이기 때문에 인지 능력과 정신의 유연성을 지켜줍니다. 이런 식으로 인지 비축을 강화하는 것이죠.[7]

연구자들은 이중언어 사용자의 뇌에서 언어와 관련된 영역이 평균보다 두껍다는 것을 발견했습니다. 이 영역이 두꺼운 피험자일수록 새로운 정보를 잘 기억했어요. 이중언어를 구사하는 능력이 인지 비축을 강화한 덕분에 뇌가 기억 영역의 쇠퇴를 언어와 관련된 다른 네트워크들로 보상하는 셈이죠.

이중언어 사용자의 뇌 vs 단일언어 사용자의 뇌

우리가 앞서 살펴본 연구 결과들은 외국어 학습이 뇌 구조를 변화시킨다는 증거입니다. 따라서 이중언어나 다국어를 구사하는 사람의 뇌는 단일언어 사용자의 뇌와 다르겠지요.

크리스토스 폴리아치카스는 600명 이상의 이중언어 사용자와 단일언어 사용자의 뇌를 관찰하여 이중언어의 효과를 밝혔습니다.[8] 그가 발견한 차이는 다음과 같았습니다. 이중언어 사용자의 뇌는 세 영역에서 뉴런과 시냅스의 수가 더 많았습니다. 게다가 뇌에서 정보가 전달되는 속도도 훨씬 더 빨랐죠. 그 세 가지 영역의 첫 번째는 언어와 관련된 영역입니다. 이건 말할 필요도 없겠죠. 두 번째는 계획, 문제 해결, 인지적 통제 등 인지 기능이 집중된 전두엽입니다. 세 번째는 좌반구와 우반구를 연결하는 뇌량입니다. 다시 말해, 이중언어 구사자의 뇌는 두 반구 사이의 연결이 더 튼튼합니다. 이 강한 연결은 인지적으로 굉장한 장점으로 작용하는데, 특히 창의성을 발달시킵니다.

그렇지만 이중언어로 인한 뉴런과 시냅스의 증강은 결국 뇌 가소성에서 비롯된다는 점을 잊지 마세요. 앞에서도 말했듯이 뇌 가소성은 뉴런이 평생 자기를 수정하거나 시냅스를 리모델링할 수 있는 능력입니다. 뇌 구조가 변할 수 있으므로 우리는 새로운 외국어를 배울 수 있지만, 외국어를 계속 사용하지 않으면 잊어버릴 수도 있어요.

언어는 어떻게 생각을 만드는가[9]

지구상에는 7000개 이상의 언어가 있고 그 언어들은 각기 고유한 소리, 어휘, 구조를 지닙니다. 1930년대에 미국의 언어학자 에드워드 사피어와 벤저민 리 워프는 처음으로 언어들의 차이를 연구하고,

서로 다른 언어를 구사하는 사람들은 '다르게 생각할' 거라는 가설을 내놓았습니다. 언어가 사유를 형성한다는 실험적 증거가 다수 나와 있습니다. 언어학자 레라 보로디츠키는 TED 강연에서 다음과 같은 예를 들어 설명했죠. 언어가 사물에 부여하는 성에 따라 그 언어 사용자가 사물에 대해 갖는 이미지는 달라집니다. 가령 독일어에서 '다리bridge'는 여성 명사이지만 스페인어에서는 남성 명사죠. 그렇다면 독일어 사용자는 다리를 좀 더 여성적인 것으로 생각할까요? 스페인어 사용자는 좀 더 남성적인 것으로 생각하고요? 네, 그렇습니다! 독일어 사용자는 다리를 '아름답다', '우아하다'(여성에게 전형적으로 따라붙는 표현)라고 묘사하는 경우가 많지만, 스페인어 사용자는 다리를 '튼튼하다', 혹은 '강하다'(남성에게 전형적으로 따라붙는 표현)라고 묘사하는 경우가 많다고 합니다.

- 이중언어 사용자는 두 언어 능력의 수준, 제2 언어의 습득 시기, 각 언어의 사용 빈도에 따라 매우 다양한 유형으로 나뉩니다.

- 아기에게 두 언어를 동시에 가르쳐도 학습에 문제가 생기거나 지연이 발생하지 않습니다.

- 오히려 아이가 이중언어를 사용하면 인지 능력에 긍정적인 효과를 미칩니다 (추상 능력, 작업기억, 메타언어 능력, 창의성, 문제 해결 능력 등).

- 성인도 외국어를 학습하여 여러 언어를 사용하면 기억에 중요한 뇌 영역이 강화되고, 알츠하이머병으로 인한 증상의 발현을 늦출 수 있습니다.

세상에 나쁘기만 한 인지 편향은 없다

인지 편향은 여러분이 여러 매체를 통해 자주 접했던 주제일 겁니다. 수많은 허위 주장 사이에서 진짜 정보를 구분해 내기가 그 어느 때보다 어려운 요즘, 미디어에 떠도는 인지 편향에 대한 정보 또한 부정확한 것이 많습니다. 우리는 인지 편향이 '자기에게 유리한 쪽으로 상황을 합리화하는 방식'이라는 설명에 익숙합니다. 혹은 자기계발 전문가라는 사람들에게서 다음과 같은 헛소리를 들을 때도 있죠. "나는 어떤 인지 편향에도 휘둘리지 않는 법을 알고 있습니다." 이런 말을 들으면 어이가 없고 화가 납니다. 그 '전문가'들이 인지 편향이 뭔지도 모르면서 사람들을 현혹하려 들기 때문이죠. 그들의 호언장담은 결코 실현되지 않습니다. 이제부터 그 이유를 알아보겠습니다.

인지 편향이 항상 우리의 우군이 되어주는 것은 아니죠, 그건 맞습니다. 하지만 오로지 나쁜 면만 있을까요? 뇌가 인지적으로 편향되어 있다면 *때로는 그러한 편향이 우리에게 유용하기 때문은 아닐까요?* 이 의문에 답하기 위해 인지 편향의 기원부터 살펴보려 합니다. 인지 편향은 어디서 비롯될까요? 왜 우리는 인지적으로 편향되기 쉬울까요? 이 장에서는 인지 편향의 정체를 파헤침과 더불어 편향을 잘 관리하는 팁도 이야기하겠습니다. 오늘부터 당장 적용할 수 있는, 간단하면서도 효과적인 팁을 알려드리도록 하죠.

인지 편향의 정체

인지 편향은 논리적으로 당연하다고 생각하지만, 실은 그렇지 않은 **자동적 사고**입니다. 인지 편향은 현실을 비합리적인 추론에 따라 분석하게 합니다. 그래서 자기도 모르게 생각하고 행동해버리게 하죠. 일례로 '착각적 상관'이라는 인지 편향을 생각해봅시다. 착각적 상관은 사실 아무 상관도 없는 두 사건 사이에 인과가 있다고 생각하거나, 아주 희미한 연관성이 있을 뿐인데 확대해서 해석하는 인지 편향입니다.

그렇지만 원래 인지 편향은 우리에게 도움을 주기 위해 존재합니다. 인지 편향은 우리가 그러한 편향을 품게 되는 이유에 따라 크게 네 가지 유형으로 나뉩니다.

- 신속한 반응이 요구되는 상황에 대처하는 데 도움이 되는 편향
- 정보 과잉에서 비롯되는 편향
- 쓸모없는 정보로 기억에 부담을 주지 않기 위해 존재하는 편향
- 상황에 의미를 부여할 수 있게 해주는 편향

보다시피 인지 편향의 주요한 역할은 뇌가 **정신의 지름길**을 계발하여 시간과 노력을 절약하게 하는 것입니다. 그렇지만 복잡한 현대 사회를 사는 우리의 뇌는 정신의 지름길을 택하려다 착각에 빠지거나, 잘못된 방향으로 예측할 가능성도 얼마든지 존재하죠. 이때의 추론과 의사 결정은 타당한 생각과 행동에 도달하기 위해 필요한 방식과는 거리가 멉니다. 예를 들어 '확증 편향'은 기존의 생각을 확증해주는 정보만 받아들이고 그 생각에 반대되는 정보는 무시하는 경향입니다. 이러한 확증 편향은 주변에서 아주 흔히 볼 수 있습니다. 이 편향이 뇌가 써야 하는 에너지를 엄청나게 절약해주기 때문이죠.

인지 편향은 늘 극복해야 하는 것이 아니다

잔잔한 호수에 파문을 일으켜볼까요? 인지 편향과 꼭 맞서 싸울 필요는 없습니다. 인지 편향이 유리하게 작용하느냐 불리하게

작용하느냐는 상황과 맥락에 따라 달라지기 때문이죠. 편향이 이끄는 지름길은 우리에게 더 유리할 수도, 더 고약할 수도 있습니다. 몇 가지 예를 들어보죠.

- **낙관주의 편향**은 나쁜 소식보다 좋은 소식에 더 주목하는 경향입니다. 이 편향은 일상에서 긍정적인 감정을 유발하기 때문에 일반적으로는 좋은 것이지요. 그렇지만 지나친 낙관주의 편향은 최악의 시나리오를 검토하고 예상해야 하는 광범위하고 전문적인 프로젝트에 임할 때는 도움이 되지 않을 수 있습니다.
- 낙관주의 편향과 짝을 이루는 **부정성 편향**도 우리의 일상에 깊이 들어와 있습니다. 사람들은 때로 긍정적 경험보다 부정적 경험에 더 영향을 받고, 부정적 정보를 더 많이 고려하며, 부정적이었던 일을 근거로 결론을 내립니다. 슈퍼마켓에서 "내가 서는 줄이 항상 제일 느려"라고 생각하는 것, 지하철에서 "내가 자리에서 일어나길 기다리는 사람은 늘 나보다 늦게 내려"라고 말하는 것도 부정성 편향이죠.
- **긍정적 착각 편향**은 자기 능력을 과대평가하는 것과 관련이 있는 경향입니다. 자신의 실제 능력으로 감당하기 힘든 프로젝트에 참여할 때는 이러한 편향이 부정적으로 작용할 수 있습니다. 그렇지만 자기 장점을 충분히 보여주어야 하는 면접이나 연봉 협상에서는 긍정적 착각 편향이 내게 유리하게 작용할 수 있습니다.

- **액자 효과 편향**은 말 그대로 좁은 시야로 액자 안에 담긴 것만을 보는 경향을 뜻합니다. 이 편향은 우리가 고려할 수 있는 가능성의 수가 제한적이기 때문에 발생합니다. 쉽고 빠른 결정을 내릴 때는 액자 효과 편향을 통해 시간과 노력을 상당히 절약할 수 있습니다. 간단한 결정이라면 몇 안 되는 가능성만 검토하면 되니까요. 그렇지만 이직이나 이혼처럼 중대한 결정을 내려야 하는 상황에서 액자 효과 편향이 작동한다면, 그로 인해 모든 가능성을 고려하지 못한 채 결정을 내리게 될 수 있습니다.
- **순응 편향**은 남들처럼 생각하고 행동하려는 경향입니다. 부정적인 사고 편향처럼 들릴 수 있지만, 사실 이러한 경향은 호모 사피엔스의 생존에 결정적이었던 감정인 집단 소속감을 고양하고, 사람들의 응집과 협업에 도움이 되기에 자연스럽고 건전한 것입니다. 그렇지만 순응 편향은 부화뇌동과 다양한 집단 사이의 분리주의를 낳으며 부정적으로 번질 수도 있습니다.

편향은 맥락에 따라 긍정적일 수도 있고(이럴 때는 '편향'이라고 부르지 않지요) 부정적일 수도 있습니다. *따라서 우리가 답을 찾아야 할 질문은 이것입니다. "편향이 부정적으로 작용할 때 어떻게 벗어날 수 있을까?"*

부정적 편향을 벗어나는 법

인지 편향이 핸디캡이 되어 논리적 추론을 방해할 때 우리는 무엇을 할 수 있을까요? 주어진 상황에서 인지 편향이 장점으로 작용하는지 약점으로 작용하는지를 어떻게 판단할 수 있을까요?

정확히 짚고 넘어가겠습니다. 인지 편향이 없을 수는 없습니다. 편향은 뿌리 뽑아야 할 결함이 아니라 뇌의 정상 기능입니다. 우리의 삶은 인지 편향으로 점철돼 있다고 해도 과언이 아니죠. 인지 편향에 대한 대중 강연을 하는 신경과학 박사이자 심리학자인 알베르 무케베르는 이렇게 말하더군요. "인지 편향을 연구하고 강연한 지 10년이 넘었는데 여전히 이 주제에 대해 들으러 오는 사람들이 아주 많습니다."[1]

인지 편향에 휘둘리지 않는 방법은 유별나지 않습니다. 더 신중히 생각하고, 자신의 한계를 알고, 자기 생각에 거리를 두는 것입니다. 너무 막연하다고요? 그래요, 저도 그렇게 생각합니다. 그래서 자신의 인지 편향과 거리를 두는 데 도움이 되는 네 가지 팁(문제 제기와 구체적 성찰)을 제시하고자 합니다.

▌ 첫 번째 팁: 인지 편향에 대해서 제대로 알기 ▌

여러분은 이 책을 읽고 있으니 출발이 좋습니다. 그동안 인지 편향에 관해 떠돌아다니는 토막 정보를 자주 접하셨다면, 이번 기회에 편향이 어떻게 작용하는지, 특히 여러분에게 어떤 영향을 미치는지 정확하게 알아두세요.

▌ 두 번째 팁: 내 추론을 되짚어보기 ▌

'내가 어떻게 이런 견해를 갖게 됐지? 어쩌다가 이런 결정을 내리게 됐지?' 사유의 과정, 사실과 행동을 되짚어보는 일은 내 생각이 논리적 추론을 바탕으로 하는지, 그렇지 않다면 어느 단계에서 잘못된 방향으로 빠지게 됐는지 이해하는 데 도움이 됩니다. 예를 들어 여러분이 499유로를 지불하고 최신 스마트폰을 구매하기로 했다 칩시다. 이것이 현명한 구매 결정인지, 판촉 행사 혹은 다른 인지 편향의 함정에 빠진 것인지 판단하려면 결정에 이르기까지의 과정을 되돌아보아야 합니다.

시나리오 A

나의 추론: 나는 합리적인 가격의 스마트폰을 골랐다.

가게에 들어섰을 때 600유로짜리 스마트폰이 눈에 들어왔다. 구경을 좀 더 하다가 700유로짜리 스마트폰을 봤지만 너무 비싸다는 생각이 들었다. 그러다가 이 499유로짜리 스마트폰을 살펴봤는데, 600유로짜리와 모든 면에서 견줄 만하다는 생각이 들었다. 그러니까 잘 산 거다! 101유로를 절약한 셈이다.

시나리오 B

추론 되짚어보기: 정말 합리적일까? 기준이 잘못된 건 아닐까?

처음부터 499유로짜리 스마트폰을 보고 그다음에 좀 더 저렴한 제품을 봤다면 499유로가 비싸게 보였을 것이다. 이 점을 고려한다면 이 스마트폰의 진정한 값어치와 나의 견해를 좀 더 객관적으로 평가할 수 있을 것이다. 나는 과연 이 스마트폰을 잘 산 걸까?

다음에 소개할 두 가지 팁은 무케베르의 말을 인용한 것입니다. 사회생활을 하는 분들이라면 꼭 기억해둘 만한 팁이라고 생각합니다.

시나리오 A에서 구매를 결정하는 사고 패턴

시나리오 B에서 가정한 구매 과정

│ 세 번째 팁: 다른 관점으로 바라보기 │

요즘은 모든 사안에 대해 자기 의견이 있어야 하죠. 국제 정세, 환경 문제, 사회 문제처럼 거시적인 문제들도 그러하고 가족, 애인, 친구 사이에서 발생하는 문제에 대해서도 우리는 옳고 그름을 가르고 토론합니다. 이때 "나는 잘 모르겠다", "그 문제에 대해서 깊게 생각해본 적 없어요"라고 솔직하게 말하려면 굉장한 용기가 필요합니다. 이렇게 대답하면 으레 "잘 모르겠다고? 아니, 이게 얼마나 심각하고 중요한 문제인지 몰라?"라는 반응이 따라오게 되니까요. 하지만 얼렁뚱땅 아는 척 넘어가는 게 아니라 무지를 인정하고, 판단을 유예하고, 그 주제에 관해 더 구체적으로 알기 위해 노력할 때 우리는 인지 편향의 함정에서 벗어날 수 있습니다.

더 구체적인 사례를 들려드리기 위해 제 개인적인 이야기를 해보겠습니다. 최근 과학계에서 여성이 차지하는 위치에 관한 기사를 보았습니다. 저 역시 심리학자이자 신경과학 연구자로서 뇌과학 팟캐스트를 진행하고 있으므로 그 기사에 제 상황을 대입해가며 주의 깊게 읽었습니다. 기사에서 인용한 통계에 따르면 애플 팟캐스트 과학 부문 10위 안에 여성이 진행하는 팟캐스트는 세 개뿐이었습니다. 그리고 뇌과학 관련 팟캐스트를 통틀어 여성이 제작하고 진행하는 건 우리 방송 〈뉴로사피엔스〉뿐이더군요(2022년 2월 시점). 내친김에 〈뉴로사피엔스〉의 청취자 통계를 살펴봤더니, 청취자의 78퍼센트가 여성이었습니다. 인스타그램 통계요? 저를 팔로우한 사람의 90퍼센트는 여성이었습니다.

그래서 확증 편향이 발동하기 시작했습니다. '이것도 성차별이야. 내가 여자라서 남자들은 내 방송을 안 듣는구나. 남자들은 남자가 진행하는 방송을 듣겠지. 나보다는 남자가 과학 얘기를 할 자격이 있다고 생각하는 거지.' 저는 단 두 개의 수치만 보고 저의 여성주의적 견해와 사기꾼 증후군(가면 증후군으로도 불립니다. 자신의 성공과 능력이 우연이며, 자기가 사람들을 속이고 있다고 생각하는 불안 심리)을 확증하는 결론을 끌어냈습니다.

제가 판단을 잠시 중지했다면 좋았을 겁니다. 아니면 이렇게 생각했다면 어땠을까요. '왜 〈뉴로사피엔스〉에 남성 구독자가 더 적

은 걸까? 이유를 좀 더 자세히 알아봐야겠어.'

만약 그랬다면 세계 인구의 절반을 비난하면서 몇 시간이나 억울함을 삭이는 일은 없었을 텐데 말이죠. 다음 팁을 읽어주세요.

▮ 네 번째 팁: 믿을 수 있는 전문가의 의견을 구하기 ▮

우리가 모든 분야의 전문가가 될 수는 없습니다. 하지만 각 분야에서 나보다 유능한 다른 사람들에게 조언을 구할 수는 있죠. 제게는 다행스럽게도 페미니즘에 조예가 깊은 친구 샤를로트가 있었습니다. 샤를로트는 이 주제에 대해 수백 권의 책을 읽었고 강의도 하는 친구죠. 그러니까 우리 사회의 페미니즘에 대해서는 저보다 훨씬 전문가라고 할 수 있어요. 저는 며칠 후 샤를로트를 만나서 물어봤습니다. "샤를로트, 남자들은 왜 내 팟캐스트를 안 듣는 걸까?" 샤를로트는 간단한 논증으로 제 인지 편향을 깨끗이 물리쳐주었습니다.

샤를로트의 논증 1

너의 인스타그램 팔로워의 90퍼센트가 여자라는 건, 네가 처음에 너 같은 심리학자들을 '표적 집단'으로 삼았기 때문이야. 네가 인스타그램에서 팔로우하는 계정도 주로 이쪽 일을 하는 여성들의 계정이잖아. 그러니까 인스타그램 알고리즘이 네가 팔로우하는 사람들과 비슷한 사람들에게 너를 추천해줬을 거야. 심리학, 코칭, 자기계발 분야에 여성이 주로 종사한다는 거 잊지 마.

샤를로트의 논증 2

팟캐스트 청취 플랫폼의 알고리즘도 동일한 방식으로 작동하지. 팟캐스트 플랫폼은 너의 초기 시청자들을 바탕으로 전형적인 시청자 '페르소나'를 구축해. 초기 시청자는 주로 너의 지인들, 심리학과 페미니즘 팟캐스트를 즐겨 듣는 18~35세의 여성들이었어. 그러니까 플랫폼에서 그러한 '페르소나'와 비슷한 사용자들에게 네 팟캐스트를 추천했을 거야.

샤를로트의 논증 3

내 말이 어떻게 들릴지 모르지만, 네가 하는 말은 너와 비슷한 생각을 지닌 사람을 끌어들이게 되어 있어. 즉 너의 인스타그램과 팟캐스트 콘텐츠가 자연스럽게 남성보다는 여성의 관심을 끌 가능성이 크다는 얘기지. 콘텐츠마다 네가 자주 하는 농담, 너의 어린 시절, 네 인생과 일에 대한 언급이 무의식적으로 끼어들었을 거야. 따라서 이를 즐길 수 있고 너와 공통분모가 있는 사람들, 다시 말해 중산층 출신의 백인 여성이 주로 구독자가 되는 거지.

• • • • • • • • • • • • •
비전문가의 직관은 위험하다

잘 알지 못하는 주제에 대한 직관은 믿어봤자 도움이 안 됩니다. 이 책에서 직관에 대해 다뤘던 내용을 생각해보세요. 직관은 과거의 경험, 기억, 이전의 학습에 바탕을 둡니다. 그러니까 충분히 잘 아는 분야가 아니면 직관을 너무 믿지 마세요. 충분한 경험치와 역량이 쌓이지 않은 상태에서의 직관은 사실 정보의 상당 부분을 무시하는 지름길, 성급한 추론일 때가 많습니다. 뇌는 상황을 해결하기에 충분한 사유 도구를 갖지 못할 때는 '판단 휴리스틱'이라고 하는 정신의 지름길에 의지합니다.

결과적으로, 인지 편향에서 자유로운 견해를 수립하려 할 때 누구의 도움을 받을 수 있을까요? 일단 그 분야의 진짜 전문가들을 믿어볼 수 있겠죠. 전문가의 의견만 따라가다 보면 비판적 관점 없이 휩쓸리게 되는 건 아니냐고요? 정확한 지적입니다. 이때 중요한 점은 늘 같은 사람, 한두 사람의 의견만 듣지 않는 것입니다. '책한 권만 읽은 사람이 가장 무섭다'라는 말도 있듯이, 한 사안에 대한 여러 관점을 가진 전문가들의 의견을 종합하고 비교할 수 있을 때, 비로소 가장 타당한 견해가 무엇인지 가려낼 수 있습니다. 무케베르의 표현을 빌리자면, 전문가들은 우리가 활용할 수 있는 방패입니다. 우리 또한 어떤 분야에 능력이 있다면 다른 사람들의 방패가 될 수 있겠죠. 샤를로트는 제가 인지 편향으로 휩쓸리지 않게끔 막아준 현명한 방패였습니다. 저는 심리학과 신경과학 분야에서 다른 사람들의 보호막이 될 테고, 그들은 다른 분야에서 다른 사람들의 보호막이 될 것입니다.

여러분도 다른 사람들의 방패가 되세요. 여러분의 방패가 될 만한 사람들을 선택하고 그들의 의견을 들으세요. 인지 편향이 여러분의 발목을 잡지 않도록 말이죠.

요약하자면,

- 인지 편향은 현실을 비합리적인 추론에 따라 분석하게 하는 정신의 지름길입니다. 즉, 논리적으로 당연하다고 생각하지만 실은 그렇지 않은 자동적 사고인 것이죠.

- 상황과 맥락에 따라 인지 편향은 우리에게 유리하게 혹은 불리하게 작용할 수 있습니다.

- 인지 편향이 없을 수는 없습니다. 편향은 뿌리 뽑아야 할 결함이 아니라 뇌의 정상 기능이에요.

- 인지 편향이 무엇인지 정확히 알고, 자신의 추론과 사고 과정을 되짚어보세요. 모든 것에 정답이나 의견을 제시하려 들기보다는 용기 있게 무지를 인정하고 판단을 유예하는 게 현명할 수 있습니다. 마지막으로 내가 부족한 분야에서 방패가 되어줄 전문가의 의견을 찾아보세요. 이 팁들이 당신이 부정적인 인지 편향에 떠내려가지 않도록 도와줄 겁니다.

2부

뇌가 함정에
빠지는 순간

쇼핑하는 뇌를 사로잡는 뉴로마케팅

온갖 근사한 상품이 줄지어 기다리고 있는 진열대를 구경하는 일, 좋아하시나요? 이번에는 함께 대형마트로 가보려 합니다. 어릴 적 제게 대형마트는 마법의 장소였습니다. 엄마랑 토요일 오전에 장을 보러 가면 높다란 선반을 가득 채운 시리얼 구경도 하고, 엄마에게 과자를 사달라고 조르기도 했죠. 어른이 되어서도 상품 진열대에서 어슬렁거리는 걸 좋아했습니다. 일곱 살 때보다 인지 편향과 마케팅 심리학에 대해서 훨씬 많이 알게 됐는데도 소용없었습니다. 예쁜 박스에 '메이드 인 프랑스'라고 적혀 있으면 번번이 걸려들었습니다. 어릴 때와 유일하게 다른 점이라면 이제 엄마에게 사달라고 조르는 대신 제가 직접 물건값을 계산해야 한다는 것이었죠.

코스트코, 카르푸 같은 세계적인 체인을 지닌 대형마트는 모두 소비자의 구매 욕구를 극대화하기 위해 '뉴로마케팅'을 펼치고 있습니다. 이번 장에서는 '쇼핑하는 뇌'에 대해, 그리고 이를 적극적으로 활용하는 대형마트의 방식에 대해 살펴볼 겁니다. 대형 유통 업체의 광고판은 어떤 인지 편향을 겨냥하며, 어떻게 우리의 구매 행동에 영향을 미칠까요? 더 많은 상품을 사도록 부추기기 위해 대형마트가 꿰뚫고 있는 뇌의 작동 방식은 무엇일까요? 요즘은 상품 진열 방식이나 가격표 색깔에 숨은 마케팅 전략 같은 것들이 대중에게도 많이 알려져 있죠. 오히려 그렇기 때문에 이것이 고객의 소비 심리를 정확히 계산한 기술이라는 사실을 잊기 쉽습니다. 하지만, 마트 안에서는 무엇 하나 우연이 아닙니다. 매장 내 광고부터 점원이 구매를 독려하는 방식까지, 전부 다 설계된 것이죠. 이 장에서는 그러한 실무 기법도 몇 가지 살펴보려 합니다.

그들이 우리의 감성에 호소하는 이유

대형마트가 소비를 부추기기 위해 사용하는 마케팅 기법을 파헤치기 전에, 먼저 우리의 뇌가 구매를 결정하는 방식을 이해할 필요가 있습니다. 뇌의 의사 결정 기제는 대단히 복잡하며, 뇌의 여러 영역이 동원됩니다. 이번 장에서는 의사 결정 중에서도 '구매 결정'에 대한 부분만 다뤄볼 것입니다.

「구매의 신경학적 예측」이라는 제목의 연구 논문을 소개해보겠습니다.[1] 연구진은 다양한 상품을 구매할지, 구매하지 않을지 결정을 내리는 사람들의 뇌를 MRI로 촬영했습니다. 그리고 구매 결정이 다음 두 요소 사이의 균형으로 이뤄진다는 것을 발견했습니다.

- 원하는 상품을 얻는다는 **예측과 관련 있는 감정**
- 가격 지불에 따르는 **금전적 손실**

연구자들은 피험자가 마음에 드는 상품을 만날 때 측좌핵이 활성화되는 것을 관찰했습니다. 측좌핵은 보상 체계 내에 위치하며 도파민, 즉 쾌감의 호르몬 분비와 관련이 있죠. 그렇지만 상품의 가격표를 본 뒤에는 금전적 손실에 대한 생각이 치고 들어옵니다. 만약 예상보다 너무 비싸다면 구매를 하지 않는 쪽으로 생각이 기울겠죠. 하지만 잘 아시다시피, 우리는 언제나 보상의 감정과 경제적 손실 사이의 균형을 깨고 '생각보다 비싼' 상품들을 구매하곤 합니다. 그렇다면 이때 뇌에서는 어떤 일이 일어날까요? 우리는 어떻게 할부금의 위험을 무릅쓰고 비싼 상품의 구매를 결정하게 되는 걸까요?

먼저 구매 결정을 내리기 위해선 긍정적이거나 부정적인 감정을 처리하는 뇌섬엽이 활성화되고, 이득과 손실의 통합에 관여하는 전전두피질의 활동은 해제되어야 합니다. 다시 말해, 비싼 상품을 사는 결정은 주로 이성이 아니라 감정이 좌우한다는 뜻이죠.

이 연구 덕분에 우리는 대형 유통사들이 왜 소비자의 감정을 자극하려고 애쓰는지 이해할 수 있습니다. 기업들은 상품을 갖고 싶게 만들되 치러야 할 비용(손실)은 작아 보이게 하는 데 주력합니다. 그들의 최종 목표는 구매 결정에 대한 생각의 인지 부하를 낮춰 구매가 자동으로 이루어지게 하는 것이죠. 그러기 위해 다양한 수법을 구사합니다. 어떤 것들일까요?

매장에서 제안하는 상품 개수의 의미

바르셀로나대학교의 엘레나 레우츠카야가 진행한 연구에 따르면 대형마트의 베이커리에서 식빵을 4종도 아니고, 6종도 아니고, 8종으로 진열하는 데는 다 그럴 만한 이유가 있다고 합니다.[2] 이 실험에서 연구진은 피험자들을 MRI 기계 안에 들어가게 한 뒤, 다양한 티셔츠와 찻잔 상품을 보여주며 딱 하나만 선택하게 했습니다. 피험자들은 처음에는 6종, 두 번째에는 12종, 세 번째에는 24종의 상품 중에서 하나를 골라야 했죠. 사람들의 뇌 활동을 살펴본 결과, 뇌 영역에서 쾌락을 예측하는 선조체가 가장 활발해진 건 12종 중 하나를 고를 때였습니다. 연구진은 MRI 촬영 실험을 마친 피험자들에게 실험 과정에서 느낀 감정을 물었습니다. 사람들은 상품의 종류가 12개로 제시됐을 때 가장 고르기 편했다고 답했습니다. 6개는 선택지가 충분하지 않다는 생각이 드는 반면, 24개는 너무 많았죠.

연구진은 선택에 대한 만족감이 '인지 부하'와 '자유도' 사이에서 결정된다고 보았습니다. 상품이 24종이나 제시될 때는 자유도가 높지만, 인지 부하도 너무 크죠. 반면 6종만 제시될 때는 고민할 것도 별로 없지만, 선택의 여지도 별로 없습니다. 12종 정도가 상품 비교도 하면서 자유롭게 선택하기에 이상적인 조건이었던 것이죠.

우연히 그 자리에 배치된 상품은 없다

매장의 진열대는 소비자들의 경험이 빚어낸 기대에 부응해야 하고 인지부조화를 유발해서는 안 된다는 원칙에 따라 배치됩니다. 인지부조화는 두 경험이 서로 충돌할 때 발생하는 심리적 불편함이죠. 고객들은 대개 저렴한 상품은 하단에, 평균적인 가격의 상품은 중간에, 비싼 상품은 상단에 있을 거라 기대합니다. 대형마트의 상품 진열대는 이 규칙을 철저히 준수합니다.

• • • • • • •
충동구매의 구역

마트 진열대에는 충동 구매를 부추기는 구역이 따로 있다는 사실, 알고 있었나요? 그 구역은 바로 우리의 눈높이와 일치하는 진열대입니다. 여기에 배치된 상품은 그 아래쪽이나 위쪽에 있는 상품보다 더 편하게 시야에 들어옵니다. 진열대 위쪽에는 주로 조금 더 비싼 상품, 즉 뇌에 금전적 손실 부담을 주는 상품이 배치됩니다. 진열대 아래쪽에는 가격이 저렴한 대신, 쾌락 보상 체계는 덜 활성화하는 상품들이 놓이지요. 따라서 그 중간에 있는 진열대에는 품질을 보나, 가격을 보나, 그럭저럭 만족스러운 상품들이 자리를 잡습니다. 완벽하죠. 이 상품들은 충동 구매를 부추깁니다. 마트에 가면 여러분 눈높이에 적당한 가격의 브랜드 상품이 딱 놓여 있는 이유가 바로 이것입니다. 어른과 아이는 눈높이가 다르죠. 그래서 아이들을 위한 상품은 아이들의 눈높이에 맞게 진열됩니다.

혼을 쏙 빼는 감각적 공략

후각, 청각, 시각, 촉각도 우리의 구매 결정에 한몫합니다.

▌ 청각의 유혹 ▌

음악이 구매 행동에 영향을 미친다는 사실은 아마 일상에서 자주 느끼고 계실 겁니다. 사회심리학자 니콜라 게갱은 이 주제에 관해 230명 이상의 피험자를 대상으로 실험을 했고, 연구 결과를 《유러피언 저널 오브 사이언티픽 리서치》에 게재했습니다.[3] 그의 연구에 따르면 매장에 시끄럽고 빠른 음악을 틀어두면 고객도 빠르게 이동합니다. 반면 72비트 이하의 차분하고 느린 음악을 재생하면 고객이 매장에 더 오랫동안 머물게 된다고 합니다. 즉 고객의 회전율을 높이고 싶다면 빠른 음악을, 고객이 긴 시간 머물며 쇼핑을 즐기게 만들고 싶다면 느린 음악을 틀어야 하겠죠.

| 촉각의 마법 |

촉각은 구매 결정에 어떤 영향을 미칠까요? 이와 관련해서는 미국 오하이오대학교 제임스 울프의 연구를 소개하겠습니다.[4] 울프는 실험의 첫 단계에서 피험자들에게 찻잔을 만져보게 했습니다. 어떤 피험자는 몇 초만 찻잔을 만져보았고 또 다른 피험자들은 30초까지 찻잔을 붙잡고 있기도 했어요. 실험의 다음 단계에서는 피험자들을 대상으로 그 찻잔을 경매에 부쳤습니다. 그 결과 찻잔을 오래 만져본 사람일수록 더 높은 입찰 금액을 부르는 경향을 보였습니다. 촉각을 활용한 마케팅은 소비자에게 물건에 대한 애착과 가치를 높일 수 있기 때문에 구매로 연결되기 쉽습니다. 손만 뻗으면 닿을 수 있는 위치에 상품을 진열해야 할 이유가 하나 더 늘었네요.

| 향과 색의 즐거움 |

후각도 구매 행동에 영향을 미칩니다. 2011년 마이클 모리슨은 단순한 향만으로도 소비자의 쾌락 체계를 자극하고 구매를 촉진할 수 있다는 연구 결과를 발표했습니다.[5] 그렇기 때문에 베이커리에서는 '오븐에서 막 꺼낸 따뜻한 빵 냄새'를 어김없이 퍼뜨리는 것이죠.

원색은 시선을 한데 끌어당기는 역할을 합니다. 그래서 판촉 행사나 세일 표시는 눈이 아플 정도로 선명한 형광 노란색이나 빨간색으로 되어 있는 걸 볼 수 있습니다.

하나 더 사면 반값? 아니 이건 사야 해!

긴말 말고 제대로 말해봅시다. 우리의 인지 편향을 파도 타듯 가볍게 가지고 노는 판촉 기법들에 대해서요.

┃ 기준점 편향 ┃

가장 오랜 전통을 자랑하는, 그러나 여전히 강력한 힘을 지닌 마케팅 전략부터 시작해볼까요. 이 전략은 우리의 기준점 편향을 공략합니다. 결정을 내려야 할 때, 뇌는 관련성이 있는 모든 정보를 공정하게 고려하지 못합니다. 뇌는 정보를 택해야만 하고, 대체로 맨 먼저 제시된 것을 택하죠. 그래서 가장 처음 얻은 정보를 기준으로 다른 정보들을 비교하곤 합니다. 이것을 '기준점 효과(혹은 앵커링 효과)'라고 합니다. 예를 들어, 어떤 상품을 사려고 할 때 첫 번째로 들어간 상점에서 본 가격을 염두에 두고 그 가격을 '기준점' 삼아 다른 상점의 가격과 비교하게 되는 것이죠. 대형마트는 이러한 기준점 편향을 이용하기 위해 정가와 할인가를 함께 제시하는 판촉 기법을 씁니다. 정가 69유로에 빗금을 치고 그 옆에 할인가 45유로를 써놓는 식이죠. 우리는 이걸 보고 정가 69유로를 기준점으로 삼기 때문에 '45유로면 합리적인 가격이잖아?'라고 생각하게 되는 것입니다.

┃ 디스카운트 편향 ┃

디스카운트 편향이란 나중에 얻을 수 있는 이익보다 눈앞의 이

익을 선호하는 경향입니다. 예를 들어, 마트에 채소와 과일을 사러 갔다고 생각해봅시다. 당신은 일요일 아침에 동네에 서는 시장이 마트보다 훨씬 싸다는 걸 알고 있죠. 그렇지만 일요일 아침까지 기다릴 수 없거나, 기다리고 싶지 않아요. 이틀 후에 지출 절감이라는 보상을 받기보다는 장보기를 오늘 마치는 것으로 즉각적인 보상을 받고 싶은 거죠. 그래서 가격이 더 비싼 걸 알면서도 대형마트에서 채소와 과일을 사게 됩니다.

▌ 희소성 편향 ▌

마케팅이 철저하게 이용하는 또 다른 인지 편향은 바로 희소성 편향입니다. 천금 같은 기회를 놓칠지 모른다는 두려움으로 구매를 촉진하는 경우죠. 희소성 편향은 선택의 자유를 잃을 수도 있다는 두려움을 이용합니다(앞에서 구매 결정에 선택의 자유도가 중요하다고 얘기했었죠). 희소성 편향을 활용하는 마케팅에는 두 가지 시나리오가 있습니다. 할인 판매의 **기한**이 정해져 있는 경우, 혹은 준비된 할인 상품의 **물량**이 정해져 있는 경우죠.

물량이 한정되어 있다고 밝히거나, 한 사람당 구매 개수를 한정하는 마케팅 기법은 상품이 빠르게 팔려나간다는 암시를 줍니다. 여기에 할인 판매 기한까지 두면 마음이 급해지고 인지 부하가 걸리죠. 소비자는 그러한 인지 부하를 신속한 구매를 통해 벗어나고 싶어집니다.

심리학자 대니얼 카너먼은 『생각에 관한 생각』에서 오하이오 주의 어느 대형마트에서 이루어졌던 실험을 언급합니다. 연구진은 캠벨 수프 10퍼센트 할인 행사를 하면서 어떤 날은 '구매 수량 제한 없음'이라는 판촉 홍보 문구를 내걸었고 또 어떤 날은 '1인당 12개까지만 구매 가능'이라는 문구를 내걸었어요. 수량 제한이 없을 때는 1인당 평균 3.5개를 사 갔지만, 구매 수량 제한을 두었을 때는 1인당 7개를 샀다고 합니다. 후자의 경우는 **희소성 편향＋기준점 편향**이라는 필승 조합으로 소비자를 공략한 셈이었죠. 12개라는 기준점이 많이 살수록 합리적 소비라는 착각을 불러일으키고, 흔치 않은 기회라는 생각을 심어준 것이었습니다.

왜 내가 서는 계산대 줄이 제일 늦게 빠질까?

누구나 장보기를 마무리하면서 한번쯤 경험했을 신비로운 현상을 이야기해봅시다. "젠장, 내가 서는 줄은 항상 이 모양이야! 저쪽 계산대는 나보다 늦게 온 사람도 벌써 계산하고 나가네!" 이건 그야말로 **부정성 편향**, 긍정적 경험보다 부정적 경험에 더 깊이 영향을 받는 경향을 명백히 보여주는 상황입니다. 실제로 통계를 내보면, 내가 선 줄이 남들이 선 줄보다 빨리 빠지는 경우가 많으면 많았지 적지는 않을 겁니다. 하지만 '와, 내가 줄 선 계산대가 저쪽 계산대보다 진행이 빠르네!'라고 감탄한 적은 많지 않을 겁니다. 그런 유의 경험은 우리가 기억에 잘 남기지 않기 때문이죠.

지금까지 우리의 인지 편향과 뇌 기능을 겨냥한 마케팅 전략을 살펴보았습니다. 이는 대형 유통업체가 우리의 소비 행동을 부추기기 위해 활용하는 기법의 작은 일부일 뿐입니다. 늘 그렇듯 마케팅 전략에 넘어가지 않는 법(여러분의 소비 계획을 지키는 법)의 핵심은 이러한 요소들을 인식하는 데서 시작합니다. 그러니까 걸핏하면 판촉 행사의 함정에 빠지는 지인이 있다면("아니, 단백질 파우더 열 병을 한꺼번에 산 건 진짜 득템이라니까?")이 책을 적극적으로 추천해주세요.

요약하자면,

- 구매 결정은 상품을 사면서 얻게 되는 만족감에 대한 예상과 금전적 손실에 대한 예상 사이의 미묘한 조율로 이루어집니다.

- 우리는 상품의 종류가 너무 많으면 인지 부하를 겪습니다. 반면 고를 수 있는 상품의 종류가 너무 적으면 자유도가 떨어진다는 점에서 만족하지 못하죠. 따라서 적당한 수의 종류를 제시하는 게 소비자의 만족도를 높일 수 있는 하나의 방법입니다.

- 매장 내 상품의 위치와 감각 자극(기분 좋은 냄새, 눈에 확 들어오는 색깔, 만져볼 수 있는 경험)도 구매욕에 영향을 미칩니다.

- 대형마트의 판촉 행사는 우리의 인지 편향을 활용합니다. 비교 착각을 일으키는 기준점 편향, 즉각적 보상을 선호하게 하는 디스카운트 편향, 기회를 놓칠 수 있다는 두려움을 자극하는 희소성 편향 등이 있습니다.

삶을

다정하게

가꾸는

월북의

"나는 이 책에서 '쓸모'의 의미를 논하고 싶지 않지만, 사람들이 이 말을
지나치게 교육이나 자기 계발에 관해서만 사용할 때 슬퍼지곤 한다."

『인생의 언어가 필요한 순간』 중에서

책—들

모든 단어는 이야기를 품고 있다

인생의 언어가 필요한 순간

아침마다 라틴어 문장을 읽으면
바뀌는 것들

니콜라 가르디니 지음 | 전경훈 옮김

옥스퍼드 오늘의 단어책

날마다 찾아와 우리의 하루를
빛나게 하는 단어들

수지 덴트 지음 | 고정아 옮김

걸어 다니는 어원 사전

양파 같은 어원의 세계를 끝없이
탐구하는 아주 특별한 여행

마크 포사이스 지음 | 홍한결 옮김

그림과 함께 걸어 다니는 어원 사전

이 사람의 어원 사랑에 끝이 있을까?
한번 읽으면 빠져나올 수 없는 이야기

마크 포사이스 지음 | 홍한결 옮김

미식가의 어원 사전

모든 메뉴 이름에는 연원이 있다

앨버트 잭 지음 | 정은지 옮김

나를 이해하고 자연을 읽는 방법

과학의 기쁨

두려움과 불안, 무지와 약점을 넘어
더 넓은 세상을 찾는 과학자의 생각법

짐 알칼릴리 지음 | 김성훈 옮김

뛰는 사람

생물학과 달리기와 나이 듦이 어우러진
80년의 러닝 일지

베른트 하인리히 지음 | 조은영 옮김

나를 알고 싶을 때 뇌과학을 공부합니다

마음의 메커니즘을 밝혀낸
심층 보고서

질 볼트 테일러 지음 | 진영인 옮김

새의 언어

하늘을 유영하는 날개 달린 과학자들에게
우리가 배울 수 있는 것들

데이비드 앨런 시블리 지음 | 김율희 옮김

필로소피 랩

세상 모든 질문의 해답을 찾는 곳
옥스퍼드대학 철학 연구소

조니 톰슨 지음 | 최다인 옮김

흔들리는 세상을 바로 보는 창

눈에 보이지 않는 지도책

세상을 읽는 데이터 지리학

제임스 체셔, 올리버 우버티 지음 | 송예슬 옮김

잠자는 죽음을 깨워 길을 물었다

인간성의 기원을 찾아가는 역사 수업

닐 올리버 지음 | 이진옥 옮김

바보의 세계

역사는 자기가 한 일이 뭔지 모르는
멍청이에 의해 쓰인다

장프랑수아 마르미옹 엮음 | 박효은 옮김

인간의 흑역사

인간의 욕심은 끝이 없고
똑같은 실수를 반복한다

톰 필립스 지음 | 홍한결 옮김

진실의 흑역사

가짜뉴스부터 마녀사냥까지
인간은 입만 열면 거짓말을 한다

톰 필립스 지음 | 홍한결 옮김

예측기계 뇌의
뜻밖의 본능

신경과학자들은 오랫동안 지능을 이해하기 위해 뇌를 연구해왔습니다. 그리고 그만큼 오랫동안 뇌를 오해해왔죠. 과학자들은 뇌가 최대한 효율적으로 작동하며, 늘 가장 좋은 답을 내놓을 준비를 한다고 생각했습니다. 요컨대, 우리의 몸을 여러 신체 기관으로 구성된 하나의 교실로 친다면, 뇌는 맨 앞줄에 앉아서 선생님이 뭘 물어볼 때마다 손을 번쩍 드는 모범생, 언제나 예습 복습에 힘쓰는 부지런한 학생이라고 상상했던 것이죠.

하지만 몇 년 전부터 신경과학자들은 우리의 뇌가 생각과는 영 딴판이라는 사실을 인정하기 시작했습니다. 뇌는 사실 교실 맨 뒷줄에 앉아 중간만 가자는 마음으로 꼭 해야 할 것만 하는 학생에 가까웠던 것이죠. 뇌의 최우선 목표가 이성적인 판단을 내리는 게 아닌, 에너지를 최소화하여 우리 몸을 운영하는 일이라면, 뇌는 사실 근본적으로, 절대적으로, 전적으로 게으름뱅이라면, 믿을 수 있으시겠어요?[1] 이번 장에서는 뇌가 지닌 뜻밖의 본능을 탐구해볼 것입니다. 뇌는 어떻게 자신의 한계를 숨기는 걸까요? 어떻게 하면 '덜' 노력할 수 있을지 고민하는 뇌의 실체를 알아보러 함께 가보시죠.

뇌는 노력의 최소화를 지향한다

뇌의 목적은 최대한 에너지를 아끼는 것입니다. 말 그대로 지독한 게으름뱅이라고 할 수 있죠. 뇌는 힘을 쓰는 데 대가가 따른다는 걸 잘 알고 있기 때문에 가급적 애쓰지 않으려고 합니다.

2020년 심리학자 토드 보겔은 한 연구를 통하여 이 사실을 밝혔습니다.[2] 그는 피험자들에게 집중력을 요구하는 과제를 수행하는 것과 팔에 화상을 입는 것 같은 불쾌한 느낌을 감수하는 것 중 하나를 택하라고 했지요. 과제가 어려울수록 피험자들은 차라리 불쾌한 느낌을 경험하는 쪽을 택했습니다. 뇌 입장에서 보면 뭐가 됐든 에너지를 절약하는 게 더 유리하거든요! 앞으로 살펴보겠지만, 뇌의 인지 능력은 다양하게 나뉠지언정(주의력, 의사 결정 능력, 추론 등), 뇌는 어떤 경우에든 그에 따르는 에너지 소비를 가급적 아끼려는 경향을 보입니다.

보이지 않는 고릴라 실험

뇌는 에너지 절감을 위해 주의력을 조절합니다. 시각적 주의력을 예로 들어보겠습니다. '보이지 않는 고릴라' 실험으로 잘 알려진 인지심리학자 대니얼 사이먼스와 크리스토퍼 차브리스의 연구를 소개하겠습니다. 이들은 피험자들에게 흰색 티셔츠를 입은 팀과 검은색 티셔츠를 입은 팀의 농구 경기 영상을 보여주었습니다.[3] 여러분도 유튜브에 'Selective Attention Test'를 검색하면 동영상을 보실 수 있습니다.

연구진은 피험자들에게 영상을 보며 흰색 티셔츠를 입은 팀이 몇 번이나 패스를 주고받는지 세어보라는 미션을 줬습니다. 시청이 끝난 후에는 사람들에게 고릴라를 보았는지 물어보았죠. 경기가 벌어지는 동안 시커먼 고릴라의 탈을 쓴 사람이 선수들 사이로 지나갔거든요. 하지만 피험자의 50퍼센트 이상이 고릴라를 보지 못했다고 답했습니다. 흰색 티셔츠를 입은 선수들에게만 온통 주의를 쏟느라, 시커먼 고릴라가 눈에 들어오지 않았기 때문입니다. 반대로 피험자들에게 검은색 티셔츠 팀의 패스를 세어보게 했을 때는 85퍼센트가 고릴라를 보았다고 답했습니다.

여기서 어떤 결론을 도출할 수 있을까요? 우리가 어떤 과제에 집중할 때 뇌는 필요에 맞춰 정보를 거릅니다. 원하는 정보에만 집중하고 주변적인 정보는 흘려보내는 것이죠. 시각피질은 주의력을 조절하는 전전두피질의 요구에 따라 설정 기준에 맞지 않는 시각적 요소에 대한 활동을 억제합니다.

필요하지 않은 정보의 처리를 생략하는 이 능력은 뇌가 지닌 자발적 장점일까요, 의지와 무관한 한계일까요? 뇌의 이 믿을 수 없는 집중력, 즉 선택 기법은 사실 뇌가 자원을 아끼기 위해 구사하는 전략입니다. 뇌는 한정된 자원을 최대한 아끼기 위해 자신의 목표와 가장 관련성이 높다고 판단되는 것에만 주의를 집중하고 나머지는 무시합니다. 모든 일에 집중력을 쏟는다면 에너지 소모를 감당하기 힘들 것이기 때문입니다. 그러므로 이른바 '선택과 집중'을 해야 하죠.

멀티태스킹이 어려운 이유가 바로 여기에 있습니다. 가령 휴대전화에 여러 정보가 담긴 메시지를 입력하면서 돌이 많은 산을 오르기는 힘든 일입니다. 뇌가 하나의 일에 집중할 때 주위 환경에서 오는 정보는 흐릿해집니다. 그것들은 에너지를 분산시키는 요소일 뿐이기 때문이죠. 즉 문자를 열심히 작성하는 동안에는 코앞에 있는 돌부리를 보지 못할 가능성이 큽니다.

뇌가 예측기계인 진짜 이유

제가 특히 좋아하는 베이지언 뇌 이론을 소개해드릴게요. 신경과학자 칼 프리스턴이 제시한 이 이론은 점점 더 타당성을 인정받고 있습니다. 베이지언 이론은 뇌가 세계를 지각하는 방식을 다룹니다. 뇌는 과거에 있었던 일, 우리의 역사, 신념, 가치관 등을 바탕으로 매 순간 끊임없이 앞으로 일어날 일을 예측합니다. 뇌는 왜 이러는 걸까요? 앞일을 예측하며 우리가 보고 배운 것을 적절히 활용할 수 있게 하기 위해서라는 생각이 가장 먼저 들 겁니다. 짐짓 논리적인 추론이죠. 그러나 실상 뇌는 *이러한 작동 방식을 통해 예측을 벗어나는 것만을 의식합니다.* 그리하여 예측을 벗어나지 않는 상황에서는 딱히 에너지를 쏟지 않고 일상의 루틴을 지속하는 것이죠. 예측에 부합하지 않는 사태를 마주하면 '놀라움'이라는 감정 덕분에 곧바로 주의를 기울이게 됩니다. 놀라움은 의식을 깨우고 현재에 좀 더 집중하라는 일종의 신호입니다. 이때 의식이 해야 할 일이란 놀라움의 요소를 처리하는 것이겠지요.

예를 들어보겠습니다. 여러분은 부모님이 사시는 본가에 오랜만에 돌아가게 됐습니다. 어렸을 때 살았던 집이기 때문에 본가에서의 생활 방식을 잘 알고 있죠. 거실에는 무엇이 있는지, 상은 어떻게 차리는지, 저녁 식사 후 아버지가 늘 담배를 피우러 밖에 나간다는 것도 알고요. 그런데 저녁을 본격적으로 먹기 위해 거실에 들어선 순간, 식탁 위에 늘 걸려 있던 그림이 보이지 않는 겁니다. 이때 의식이 깨어납니다. 예상했던 광경이 그대로 펼쳐지지 않았기 때문이죠. 그렇지만 늘 그 자리에 있는 전자레인지는 의식을 전혀 깨우지 않습니다. '그래, 전자레인지는 항상 여기 있구나, 참 재미있네'라고 생각할 일은 없는 거죠. 굳이 왜 그러겠어요.

뇌는 꼭 쓰지 않아도 되는 자원은 절약하려 하기에 예기치 못한 것만을 코드화합니다. 앞에서 말했듯이 우리의 뇌는 게으름뱅이거든요. 게으름뱅이가 똑같은 정보를 백 번, 천 번 처리할 리 있나요. 그런 정보는 그대로 흡수하고 더 이상 신경 쓰지 않습니다.

최소한의 노력으로 최선의 결과를 원한다!

게으른 뇌는 우리의 의사 결정 방식에도 영향을 미칩니다. 뇌는 결정의 확실성과 불확실성 여부에 따라 다른 방식으로 기능합니다.

'확실한 결정'이란 결과를 정확히 알 수 있어서 어떻게 대응하고 행동해야 하는지를 아는 결정입니다. 따라서 대부분의 확실한 결정은 그리 힘들이지 않고 진행되죠. 마치 결정이 자연스럽게 '주어진' 것처럼요. 예를 들어 2+2의 답을 구하거나, 알파벳을 외우거나, 문을 여는 일을 할 때면 뇌는 자동으로 작동하기 때문에 에너지를 거의 쓰지 않습니다.

하지만 인생은 쉬운 결정으로만 구성되지 않죠. 우리는 살면서 굉장히 어렵고 불확실한 결정을 내려야 합니다. 선택의 결과와 그에 대한 파고를 예측할 수 없는 결정 말이에요. 이런 상황에서라면 최선을 다해 가능한 경우의 수를 예측하고 가늠해야 하겠죠. 이때 우리의 뇌는 어떻게 할까요? 기계적으로 쉽고 빠르게 결정을 내리던 방식을 벗어던지고, 열심히 일하는 모드로 전환될까요? 하지만 놀랍게도…… 그러지 않는답니다!

뇌는 타고난 게으름뱅이답게 자기가 해야만 하는 최소한을 합니다. 불확실한 상황을 대략적으로만 파악하는 것이죠. 결정에 따른 모든 결과를 꼼꼼하고 정확하게 따져보지는 않습니다. 혹시 조금 실망하셨나요? 하지만 사실 이러한 작동 방식은 뇌에게 굉장히 유리할 수 있습니다. 계획을 꼼꼼하게 세우는 것보다, 듬성듬성하게 세우는 것이 당장의 비용(에너지)을 최소화하는 길이기도 하고, 추후 예측하지 못했던 상황이 닥쳤을 때 그에 맞춰 빠르게 계획을 수정하고 적응할 수도 있기 때문입니다. 뇌는 이러한 능력 덕분에 예상치 못한 것, 전혀 모르는 것에도 유연하게 대처할 수 있습니다.

뇌는 소파에 드러눕기를 좋아한다

운동에 대한 우리의 태도 역시 뇌의 게으름을 잘 보여주는 단서입니다. 뇌는 노력을 피하려는 경향이 있습니다. 앞에서 그러한 경향이 인지적인 측면에 어떤 영향을 주는지 보았죠. 그런데 몸을 쓰는 일에서도 뇌는 에너지를 덜 쓰는 방향으로 더 쉽사리, 더 자동으로 기웁니다.

이 책의 5부에서는 운동이 뇌에 미치는 놀라운 영향에 관해서 이야기할 텐데요. 스위스 제네바대학교 보건신경생리학과의 보리스 슈발과 캐나다 브리티시컬럼비아대학교 신경과학 연구자 마티외 부아공티에의 연구에 따르면 인간은 거의 움직이지 않고 앉아서 하는 활동을 자동적으로 선호한다고 합니다.[4] 결과적으로, 운동을 하려면 이러한 자동성과 싸우고 뇌에게 집중적인 에너지 소비를 요구해야 하는 것이죠.

게으른 본능에 주의를 기울여야 하는 이유

그러니까 뇌는 '최대한 적게 일하자'를 굳은 신조로 삼고 살아가는 타협의 귀재입니다. 어떤 것에 쏟는 주의력, 일상에 대한 예측, 환경 분석, 의사 결정, 신체 활동까지 다양한 측면에서 그러한 신념을 바탕으로 활동하죠. 뇌의 게으른 본능에 대해서는 지금도 계속해서 활발한 연구가 이루어지는 중입니다. 그러니 우리는 앞으로 뇌가 또 어떤 방식으로 최소한의 노력을 지향하는지 새롭게 알게 되겠지요.

지금까지는 뇌의 타고난 게으름을 설명하며 그것이 가진 '에너지 절감'과 '유연성'이라는 장점을 주로 강조했습니다. 그렇지만 뇌의 게으름이 우리에게 미치는 부정적인 영향도 있습니다. 예를 들어 평소의 우리는 뇌를 계속 에너지 절감 모드로 작동시킵니다. 예컨대 무언가 생각날 듯 말 듯 할 때, 기억을 끌어내려고 노력하기보다는 그냥 빠르게 포기하고 인터넷에 검색을 해보고 말죠. 운전할 때도 지도와 표지판을 보며 인지 기능을 자극하는 걸 선택하기보다는 GPS를 따라가는 편을 선호하고요. 하지만 이런 생활에 너무 익숙해지다 보면, 세상과 타인을 이해해야 할 때도 복잡성을 소화하고 포용하려 하기보다는 그냥 고정관념에 굴복해버리기 쉽습니다.

최소한의 노력만을 하려 애쓰는 뇌의 본능을 의식하는 건 그래서 중요합니다. 그것이 늘 우리에게 이롭지만은 않기 때문이지요. 단기적으로는 에너지 소모가 큰 행동이 장기적으로는 긍정적 결과를 가져올 때가 많습니다. 조금 전에 말한 상황들을 예로 들자면, 무언가 생각나지 않을 때 검색에 의존하고 싶은 자동성을 이겨내고 기억해내려 노력하면, 뉴런 시냅스가 강화되기 때문에 뇌의 노화를 늦추는 데 도움이 됩니다. 마찬가지로 지금 당장은 옷을 챙겨 입고 일어나 헬스장에 가는 일이 소파에 널브러져 빈둥대는 것보다 큰 에너지가 들지만, 멀리 볼 때는 훨씬 이롭지요. 그러니 적절한 균형점을 찾아야 합니다. 일단 이러한 경향을 의식하고, '이건 잘 생각해보면 기억날 것 같아. 검색하지 말고 일단 기억을 떠올려보자'라는 식으로 시도한다면 이미 좋은 출발입니다. 이러한 행동은 컴포트존을 벗어날 것을 요구하죠. 진짜 삶은 컴포트존 밖에 있다고들 하잖아요?

어쩌면 게으름은 꼭 필요한 재능

뇌를 게으름뱅이로 보는 시각이 참 재미있다고 생각합니다. 하지만 뇌의 팬으로서 이러한 시각이 마냥 좋지만은 않았습니다. 제가 생각하는 뇌는 무엇이든 할 수 있는 존재이자 명석함 그 자체니까요. 그래서 뇌가 최소 노력을 지향하는 데에는 타당한 다른 이유가 있지 않을까 생각했습니다. 게으른 행동이지만 고도로 현명한 행동인 것은 아닐까, 하고요. 뇌는 이렇게 작동하면서 우리 몸이 생산하는 에너지의 20퍼센트를 소비합니다. 몸무게의 2퍼센트만을 차지하는 신체 기관 하나가 차지하는 비율로는 엄청나게 높죠.

그러니 뇌가 매사에 노력을 다하면서 작동하면 어떻게 되겠어요! 진화생물학자들은 일상적으로 에너지를 많이 쓰는 종은 에너지를 절감하는 경향이 있는 종보다 빨리 죽는다고 지적해왔습니다. 그러니까 뇌의 게으름은 우리의 가장 귀한 도구가 지닌 천부적 재능을 보여주는 게 아닐까요?

요약하자면,

- 우리는 매일 6000가지 이상의 생각을 합니다. 그리고 생각에는 비용이 듭니다. 따라서 뇌는 에너지를 최대한 절감하기 위해 노력합니다.

- 뇌는 어떤 과제에 집중할 때, 자기가 찾는 정보에 초점을 맞추고 그 외의 정보는 대충 흘려보냅니다.

- 뇌는 우리의 역사, 신념, 가치관 등을 바탕으로 매 순간 앞일을 예측하는 예측기계입니다. 그리고 에너지를 절감하기 위해 예측을 벗어나는 것만을 의식하죠.

- 단기적으로 보면 지금 당장 일어나 운동하는 것보다 소파에 누워 쉬는 것이 에너지를 덜 쓸 수 있는 길이죠. 하지만 단기적으로 에너지 소모가 큰 일이 장기적으로는 긍정적 결과를 가져올 때가 많다는 점을 명심하세요.

스트레스가 나를
파괴하지 못하게 하는 법

제가 기억하기로, 아주 어릴 때조차도 살면서 스트레스가 아예 없었던 적은 없었습니다. 스트레스는 때로 제 역량을 최대한으로 끌어올리기도 했고 최악으로 끌어내리기도 했죠. 아주 오래 전 일인데도, 학교에서 독일어 구술시험을 볼 때를 생각하면 여전히 식은 땀이 납니다. 독일어 수업을 7년이나 들었는데, 창피하게 영어의 be 동사에 해당하는 sein 동사 변화도 못 외워서 쩔쩔맸지요.

누구나 스트레스를 경험합니다. 다양한 상황이 요인이 될 수 있고, 사람에 따라 다르게 표현하며 무엇보다 대단히 성가시죠. 그렇지만 사실 스트레스는 우리에게 유용하기도 합니다. 이 장에서는 복잡한 스트레스에서 벗어나는 데 도움이 되는 방법뿐만 아니라, 스트레스가 뇌에 미치는 효과를 이해하고 바꿀 수 있는 방법을 이야기하겠습니다. 미리 살짝 공개하자면, 내가 스트레스를 받아들이는 방식이 스트레스가 내게 미치는 영향을 좌우하는 결정적인 요인이 된답니다.

스트레스란 무엇인가?

스트레스는 신체가 실제 혹은 잠재적 위험을 대할 때 일어나는 생리학적 반응입니다. 중요한 발표를 앞두었을 때, 연인과 헤어졌을 때, 귀에 거슬리는 반복적인 소리를 들을 때 등 다양한 상황에서 스트레스 반응이 일어날 수 있습니다.

스트레스를 불안과 혼동하는 경우가 더러 있습니다. 불안은 장차 일어날 위험을 끊임없이 예측하는 상태입니다. 불안은 걱정과 두려움, 근긴장과 경계 상태를 동반합니다. 불안은 정상적인 감정으로, 잠재적 위험을 예방하고 신중한 결정을 내리는 데 도움이 됩니다. 많은 경우 불안은 언제 왔는지 모르게 오고, 언제 갔는지 모르게 사라지죠. 그러나 불안이 지나치면 일상에 지장이 있을 정도로 기력을 앗아가기도 합니다. 이런 경우를 불안장애 혹은 범불안장애라고 합니다. 일상에서 스트레스와 불안을 혼동한다고 해서 무슨 큰일이 나는 건 아닙니다. 그렇지만 정신건강 전문가와 함께 치료를 해야 하는 상황이라면 그 둘의 차이를 잘 아는 것이 중요합니다. 스트레스와 불안은 치료법이 다르기 때문이죠.

1934

이 해에 캐나다의 의사 한스 셀리에(1907-1982)는 스트레스가 '주어진 사건에 적응할 수 있게끔 작동하는 생리적, 심리적 수단들의 총체'라고 정확하게 정의했습니다.

7 센티미터

부신의 평균 길이입니다. 부신은 허리 위쪽에 있는데, 일명 '스트레스 호르몬'으로 불리는 코르티솔의 분비를 담당합니다. 네, 그렇습니다. 코르티솔은 뇌에서 분비되는 게 아닙니다!

24퍼센트 [†]

프랑스 남서부 인구 가운데 현재 스트레스를 받고 있다고 답한 비율입니다. 이 조사에 따르면 남서부는 중부 22퍼센트, 수도권 20퍼센트를 누르고 프랑스에서 가장 스트레스가 심한 지역으로 밝혀졌습니다(출처: The Workforce View).

[†] 대한민국 통계청의 스트레스 인지율 조사에 따르면(2022년 기준), 성인의 44.9퍼센트가 지난 2주간 일상생활에서 스트레스를 '대단히 많이' 또는 '많이' 느낀다고 응답했습니다. 연령별로는 30대와 40대가 각각 51.5퍼센트, 54.9퍼센트로 가장 높았고, 50대는 49.2퍼센트, 20대는 39.5퍼센트로 나타났습니다.
(출처: https://www.index.go.kr/unify/idx-info.do?idxCd=8020)

우리는 힘듦을 표현하는 타인에게 호감을 느낀다?

스트레스는 호모 사피엔스에게 어떤 쓸모가 있을까요? 놀랍게도 아주 구체적인 쓸모가 있습니다. 스트레스의 목적은 혹시 있을지 모르는 위험에 대비할 수 있도록 신체를 경계 상태로 만드는 것입니다. 스트레스는 에너지를 적절한 방식으로 끌어모아 현명한 결정을 내리고 목표를 달성할 수 있게 해주죠.

여기서 짚고 넘어가자면, 진화 과정에서 사라지지 않고 현대인에게 전해진 뇌의 특징들에는 공통점이 있습니다. 바로 다음 세 가지 이유 중 하나 이상을 충족했다는 것이죠.

1. 후손 생산의 목적에 부합한다.
2. 쾌락을 준다.
3. 생존에 도움이 된다.

스트레스는 세 번째 기준에 완전히 들어맞습니다. 스트레스는 우리의 생존에 도움이 되었고 지금도 도움이 되고 있습니다. 게다가 최근 영국 포츠머스대학교의 제이미 화이트하우스가 실시한 연구에 따르면 타인에게 '내가 스트레스를 받고 있다'는 표현을 하는 게 공감과 친절을 얻는 데 유리하다고 합니다.[1] 화이트하우스의 실험에서 피험자들은 평가자가 되어 사람들이 아무 준비 없이 즉석에서 면접을 치르는 모습을 보았습니다. 이때 피험자들은 곤혹스러워하며 스트레스를 경험하는 심정을 태도나 자세, 행동으로 표현하는 사람에게 더 호감을 느꼈다고 밝혔습니다. 이 연구는 3부에서 소개할 '실연'에 대한 연구와도 연결성이 있습니다. 예컨대 우리는 받아들이기 어려운 이별을 겪은 후에 우울감 혹은 우울증을 겪을 수 있는데요. 일부 연구자들에 따르면, 이러한 우울증은 나름의 효용을 지닌다고 합니다. 바로 주변 사람들에게 '이 사람은 보살핌이 필요하다'라는 신호를 준다는 점에서 말이죠. 우울한 사람은 자신의 상태(우울과 무기력)로 타인에게 스트레스 상황을 전달하고, 도움을 받게 됨으로써 조금 더 쉽게 곤경에서 빠져나올 수 있게 될 것입니다. 그러면 건강하게 살아남아 후손을 볼 확률을 높일 수 있겠죠.

화이트하우스의 연구는 스트레스도 우울증과 마찬가지로 비언어적 소통 방법으로 표현될 때 일종의 적응 기제가 될 수 있다는 것을 보여주었습니다. 우리가 잠재적 위험 상황에 있을 때 이 적응 기제가 필요한 도움을 얻게 해주는 것이지요. 어때요, 사피엔스의 생존 메커니즘이란 멋지지 않나요?

스트레스가 미치는 영향은 스트레스에 대한 자각이 좌우한다

스트레스를 받을 때 뇌에서는 어떤 일이 일어날까요? 이를 알아보기 전에 중요하게 짚어둘 사항이 있습니다. 뇌의 핵심 역할을 이해하기 위해 반드시 염두에 두어야 할 사항이죠.

요즘은 스트레스를 인지 편향처럼 무조건 피해야 하는 부정적인 것처럼 말하고들 합니다. 하지만 그렇지 않아요. 스트레스는 우리 신체의 자연스러운 생리적 반응입니다. 적절한 스트레스는 과제를 끝까지 수행하고 위험에 대처하기 위해 필요한 수단을 찾게해줍니다. 신체는 스트레스 자극을 받으면 과잉 각성 상태에 놓입니다. 심장이 빨리 뛰고, 소화계가 활동을 중지하며, 혈관은 수축하여 혈압이 높아지고 숨이 가빠지지요. 맞서 싸우거나 신속하게도망칠 준비를 하는 것입니다.

2012년 미국에서 이루어진 한 연구는 두 가지 자료의 비교 분석을 실시했습니다.[2]

● 첫 번째 자료: 1998년도 국민건강조사 데이터

이 조사에 포함된 여러 항목 중에는 미국인들의 스트레스 수준에 대한 평가가 있었습니다. 조사 대상자들은 다음 두 질문에도 답을 해야 했죠.

> **지난 12개월 동안 스트레스를 얼마나 받았습니까?**
> ① 많이 받았다   ② 적당히 받았다   ③ 비교적 적게 혹은 거의 받지 않았다
>
> **지난 12개월 동안 스트레스가 건강에 얼마나 영향을 주었습니까?**
> ① 많이 줬다   ② 적당히 줬다   ③ 거의 주지 않았다

● 두 번째 자료: 1998년부터 2006년 사이의 사망 신고 데이터

연구진은 3만 명 이상의 데이터를 바탕으로 이 두 자료를 비교

분석했습니다. 연구의 목표는 스트레스에 대한 인식과 사망률 사이의 관계를 파악하는 것이었습니다.

그래서 어떤 결과가 나왔을까요? 전년 12개월 동안 스트레스를 많이 받았다고 응답한 사람의 사망률은 그렇지 않은 사람에 비해 43퍼센트나 더 높았습니다. 하지만 그건 스트레스가 건강에 심각하게 해로운 영향을 미친다고 생각했던 사람들에 한해서였습니다. 스트레스를 많이 받더라도 건강과 연관지어 생각하지 않았던 사람들은 사망률이 높기는커녕 스트레스를 거의 받지 않는다고 답했던 사람들보다도 사망률이 낮았습니다. 즉, *스트레스를 자각하는 방식이 스트레스가 우리에게 미치는 해로움의 정도를 결정한다*고 말할 수 있습니다.

스트레스와 연쇄반응

최근에 밝혀진 새로운 사실은 스트레스가 뇌에서 일으키는 연쇄반응에 대한 이해를 더욱 풍부하게 해주었습니다. 2020년 나고야대학교의 나카무라 가즈히로 연구 팀은 전전두피질에서 스트레스에 가장 먼저 반응하는 뉴런 집단을 찾아냈습니다.[3] 설치류의 뇌에서 이 뉴런 집단을 활성화했더니 신체에 스트레스 연쇄반응이 일어나는 것을 볼 수 있었죠. 그리고 이 뉴런들의 활동을 억제했을 때는 스트레스의 징후들이 나타나지 않았습니다.

이 뉴런 집단은 이마 바로 뒤 중앙배부 전전두피질에 있습니다.

이 영역은 우리가 마주하는 위험들을 처리하고 감정 조절을 좌우하는 것으로 잘 알려져 있죠. 스트레스를 받으면 이 뉴런 집단은 감정 신호와 위험을 함께 고려하여 스트레스의 신체적 반응을 발동할지 말지를 결정합니다. 이 발견은 스트레스 연쇄반응의 정확한 시발점으로 보이는 뉴런 집단을 확인했다는 점에서 아주 중요한 의의가 있습니다.

바로 앞에서 스트레스에 대한 '자각'이 중요하다고 강조했습니다. 우리가 스트레스를 바라보는 시각을 돌아보는 것이야말로 스트레스와 그에 따른 생리적 결과를 조절하는 첫걸음이 되리라 생각합니다.

스트레스 연쇄반응 이야기로 돌아갑시다. 스트레스 상황을 마주하면 전전두피질의 뉴런 집단이 스트레스의 신체 반응을 일으켜야 한다고 결정을 내립니다. 그러면 다음 단계로 뇌의 중심에 있는 시상하부가 활성화되고, 그로 인한 생리적 반응들이 차례로 일어납니다. 전전두피질의 뉴런 집단이 생리 반응 여부를 결정한다면 시상하부는 실제로 그 반응을 일으키는 것이죠.

그 반응은 어떤 걸까요? 시상하부는 교감신경계를 활성화합니다. 교감신경계는 '신체의 액셀러레이터 페달'이라고 볼 수 있는데, 스트레스 호르몬을 분비하고 혈액에 퍼지게 함으로써 신체 기관들을 다음과 같이 반응하게 합니다.

* 심장 박동 촉진
* 근육과 혈관 수축
* 호흡 리듬 촉진
* 소화계 활동 중지

이러한 연쇄반응은 실제 혹은 잠재적으로 위험한 상황에 맞서기 위해 준비 태세를 갖추는 거라고 볼 수 있습니다. 그렇지만 스트레스가 지속된다면, 다시 말해 '만성' 스트레스 상태에 놓인다면 신체에 해로운 결과가 나타납니다. 스트레스는 일종의 염증반응을 일으키기 때문에 만성 스트레스는 소화불량, 심혈관계 질환, 근육 통증 같은 건강 문제를 유발할 수 있습니다.

만성 스트레스는 뇌에 어떤 영향을 미치는가

스트레스 상황이 아닐 때 뇌는 혈액뇌장벽의 보호를 받습니다. 뇌에 혈류를 공급하는 혈관을 둘러싼 이 막은 혈액으로 인한 감염을 막아주지요. 그런데 2016년 카롤린 메나르가 실시한 연구에 따르면 만성 스트레스를 겪는 사람은 이 장벽이 손상되어 염증이 뇌에까지 미칠 수 있습니다.[4] 기억과 학습에 중요한 영역인 해마가 특히 이 염증에 취약하지요. 이 때문에 만성 스트레스 환자는 기억장애, 학습장애, 주의력장애에 빠지기 쉽고 의사 결정에 어려움을 겪거나 인지적 유연성이 떨어집니다. 다시 말해, 새롭거나 불안정하게 변화하는 상황에 우리의 생각과 행동을 적응시키는 능력이 쇠퇴하는 것입니다.

여러분이 겁먹는 모습이 눈에 선하네요. 그렇습니다, 이거야말로 재앙의 시나리오 같지요! 그렇지만 우리에게는 이미 이 무시무시한 연쇄반응을 늦출 수 있는 도구가 있습니다. 바로 교감신경계와 상호보완 작용을 하는 부교감신경계입니다. 부교감신경계가 활성화되면 정반대의 현상이 일어납니다. 심장 박동과 호흡은 느려지고, 혈관은 확장되며, 소화 기능이 활발해지고, 근육은 이완됩니다. 문제도, 해답도 우리 몸에 있는 것이죠. 따라서 두 자율신경계 사이의 균형을 잘 잡는 것이 중요합니다. 수면의 질을 높이고, 스트레스를 관리하며 건강한 생활 습관을 유지하는 것 등이 두 자율신경계 사이의 균형을 잡는 데 기본적인 도움이 됩니다.

스트레스의 원인은 위장에 있을 수도 있다

우리의 소화관에는 '장내 세균'이라고 하는 미생물들이 모여 살고 있습니다. 우리 배 속에만 100조 마리가 넘게 있을 겁니다(박테리아군, 기생충, 바이러스 등). 이 미생물들은 대부분 우리에게 필요한 존재입니다. 그렇지만 개인의 유전자, 영양 상태, 경험에 따라 유독 특정 박테리아가 많기도 하고 아예 없기도 하죠. 이 차이가 스트레스와 불안 수준에 영향을 줍니다. 스트레스와 장내 세균 사이에는 긴밀한 관계가 있습니다.

▌ 장에서 뇌로 ▌

일단 장내 세균의 구성이 스트레스를 유발할 수 있습니다. 장 속의 박테리아가 언제까지나 장 속에만 머무는 게 아니기 때문이죠. 박테리아는 몸속에서 이동하면서 가장 좋아하는 목적지인 뇌로 향합니다! 미생물들은 여러 경로를 이용하지만 가장 주요한 경로는 혈관과 신경, 특히 내장과 뇌를 연결하는 미주신경입니다.

　장내 세균이 뇌에 미치는 영향에 관한 연구는 활발하게 진행 중이지만, 여기서는 메타분석(여러 연구 결과를 종합 분석한 것) 한 편만 소개하고 넘어가겠습니다. 상하이 자오퉁대학교의 연구진은 1500여 명의 피험자가 동원된 21편의 연구를 종합하여 프로바이오틱스가 피험자들의 스트레스 수준에 미치는 효과를 살펴보았습니다.[5] 절반 이상의 연구들이 장내 세균 조절이 스트레스와 불안의 징후들을 낮추는 데 효과가 있다는 결론을 내렸습니다. 피험자가 식습관을 바꾸기만 해도 거의 항상 징후들이 감소했고 프로바이오틱스를 복용했을 때는 더 뚜렷한 효과가 있었지요.

▌ 뇌에서 장으로 ▌

　장과 뇌는 상호적으로 연결되어 있습니다. 다시 말해, 여러분이 겪는 스트레스가 장내 세균을 교란할 수도 있다는 뜻이죠. 만성 스트레스는 면역계를 교란하여 신체 곳곳에 염증을 일으키고 특히 소화계 내의 장내 세균을 변화시킵니다. 스트레스가 장내 세균을 망가뜨리는 기제는 이 밖에도 여러 가지가 있지만 여기서는 다루지 않을게요.

　2020년 파스퇴르 연구소와 프랑스 국립보건연구원, 프랑스 국립과학연구원이 함께한 연구를 소개하겠습니다. 이들은 만성 스트레스 상태에 있는 쥐의 장내 세균총의 균형이 완전히 무너져 있다는 것을 발견했습니다. 이러한 불균형은 '지질 대사물질'의 생성을

저해합니다. *이 물질이 생성되지 않으면 우울증의 징후들이 나타나게 됩니다.*[6]

만성 스트레스 → 장내 세균의 변화 → 지질 대사물질 이상 → 우울 상태

요약하자면,

- 스트레스에는 구체적인 효용이 있습니다. 스트레스의 목적은 위험에 대비할 수 있도록 신체를 경계 상태로 만드는 것이지요. 스트레스는 우리가 적절한 방식으로 신체 에너지를 모아서 좋은 결정을 내리거나 목표에 도달하게 도와줍니다.

- 스트레스를 어떻게 자각하느냐가 스트레스가 우리의 건강과 수명에 미치는 영향을 크게 좌우합니다.

- 스트레스에 대한 생리적 반응을 진정시키고 싶다면 부교감신경계라는 브레이크 페달을 밟아야 합니다. 부교감신경계를 활성화하는 핵심 비법은 호흡을 다스리는 데 있습니다. 심장이 빠르게 뛰고 불안이 밀려들어 온다면, 먼저 크고 천천히 심호흡을 해보세요.

- 식습관과 장내 세균이 스트레스와 정신 건강에 미치는 영향을 간과하지 마세요!

집중력을
통제할 수 있다는 착각

호모 사피엔스는 두 가지 **지배 환상**에 빠져 있습니다.

첫째, 자신의 주의력을 지배한다는 환상입니다. 우리는 자기 의지로 주의력을 통제할 수 있다고 생각하지요. 하지만 주의력은 매우 쉽게 엇나갑니다. 가령 스마트폰이 나와 같은 방에 있기만 해도 (스마트폰이 꺼져 있더라도, 스마트폰을 확인하지 않으려고 마음먹고 노력한다 해도), 우리가 동원할 수 있는 주의력은 감소합니다. 친구들과 가볍게 한잔하는 중에도 문자 메시지가 오면 주의력이 흐트러집니다. 그 문자를 확인하지 않더라도 우리는 이미 내 앞의 사람에게 100퍼센트의 주의력을 쏟고 있지 못합니다.

둘째, 우리는 지각을 지배한다고 생각하지만, 사실 우리의 지각은 현실과 정확히 맞아떨어지지 않습니다. 주위를 둘러보면 세상이 풍부하고 온전한 감각 경험으로 다가오는 듯하죠. 하지만 우리가 보고 듣고 지각하는 능력에는 빈틈이 너무 많아서 대부분 현실과 상상할 수도 없을 만큼 동떨어져 있습니다. 못 믿겠다고요? 그럼, 한번 시험해볼까요.

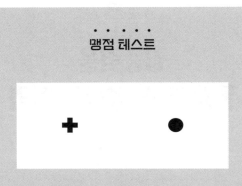

맹점 테스트

위 그림을 정면에 보이게 들고 왼손으로 왼쪽 눈을 가린 채 오른쪽 눈으로 + 부호를 바라보세요. 그림을 천천히 눈앞까지 가까이 이동하면 어느 지점에서 동그라미 도형이 안 보였다가, 몇 밀리미터만 움직여도 다시 보이는 걸 확인할 수 있을 겁니다. 어떻게 이런 일이 일어날까요? 눈 뒤의 시신경은 시각 정보를 뇌에 전달하는 역할을 합니다. 시신경과 눈의 연결 부위를 '시각신경원반'이라고 하는데, 바로 이 부분에는 광수용체가 없기 때문에 상이 전혀 맺히지 않습니다. 이 지점을 흔히 '맹점'이라고 부르지요. 그렇지만 평소 시야에서 빈 곳이 있다고는 전혀 느껴지지 않습니다. 뇌가 시야에서 빠진 조각을 '구성하기' 때문이에요.

2020년 미국의 신경과학자 마이클 코언이 진행했던 연구는 우리 뇌가 지닌 지각의 빈틈과 뇌가 환경을 재구성한다는 사실을 명백히 보여주었습니다.[1] 연구진은 피험자들에게 가상현실 고글을 쓰게 한 뒤 총천연색 풍경을 보여주며 어느 한 곳에 집중하라고 요구했습니다. 그리고 연구진은 피험자들에게 알리지 않은 채 이 이미지를 서서히 변형시켜 그들의 시선이 집중된 부분만 컬러를 유지하고, 나머지는 흑백으로 바꾸었습니다. 결과는 놀라웠습니다. 피험자의 83퍼센트는 자신의 시야에서 색이 없어졌다는 사실을 알아차리지도 못했습니다.

이 같은 인간의 두 가지 지배 환상을 적극적으로 활용하는 분야가 바로 마술입니다. 몇 년 전 마술사들과 과학자들은 함께 협업하여 우리가 빠지기 쉬운 인지적 균열을 함께 연구하기 시작했습니다. 거의 모든 마술이 주의력과 지각의 빈틈을 이용하기 때문이죠. 마술사들은 과학을 기반으로 인지적 책략들을 이해하고, 과학자들은 마술 트릭에 학문적으로 접근하여 인간의 주의력, 기억력, 추론 능력의 작용을 연구했다고 합니다. 그렇게 서로 완전히 다른 두 분야의 전문가 집단은 함께 무엇을 발견했을까요? 마술사는 어떤 주의력의 결함을 활용하여 늘 우리를 속이는 데 성공하는 걸까요? 지각의 오류가 대체 무엇이길래 마술사는 내 손목 위의 시계를 없어지게 하기도 하고, 다시 나타나게 하기도 하는 걸까요?

1초도 안 돼 흔들리는 우리의 취약한 집중력

마술사들이 뻔뻔하게 활용하는 첫 번째 지각의 오류는 이른바 '주의력 스포트라이트'입니다. 우리가 어떤 대상에 주의를 기울이면 마치 그 대상에만 스포트라이트를 비추듯 나머지는 거의 안중에서 사라집니다. 대상에 집중하면 할수록 그 외적인 것에는 주의력이 억제되죠. 이로써 뇌가 처리하는 정보의 양이 제한됩니다. 마술사의 목표는 관객의 주의력을 아무 일도 일어나지 않는 쪽에 집중시키고, 정작 마술은 뇌의 주의력이 억제된 구역에서 진행되게 하는 것입니다.

마술사들은 관객의 주의력을 '틀'이라는 공간에 잡아두려고 합니다. 이 틀은 무대의 중앙이나 특정 사물일 수도 있고, 마술사의 손이나 얼굴일 수도 있습니다. 마술에 참여하기 위해 무대에 올라온 관객일 수도 있죠. 놀라운 소매치기 기술을 선보여 화제가 된 미국의 예술가 아폴로 로빈스는 TEDx 강연에서 '마술사들은 관객에게 선택의 여지를 남기지 않는 법'이라고 말한 바 있습니다.[2] 관객은 주의력의 덫에 걸려들고, 마술사가 정해둔 어느 시점에는 오로지 '틀'만 주목하게 됩니다. 마술사들은 관객의 주의력을 철저히 지배하기 위해 자신의 동작, 무대 조명, 섬세하게 설계한 마술 도구 등을 이용합니다.

우리는 우리 주의력의 주인이자 노예입니다. 우리가 주의력의 노예라는 말은, 외부 환경의 요소들이 우리의 주의력을 속수무책으로 사로잡고, 우리가 하고자 하는 활동을 제대로 수행하지 못하게 방해할 수 있다는 뜻입니다. 신경과학에서는 이를 아래에서 위를 향하는 과정이라 하여 '상향처리'라고 합니다. 여기서 '위'는 우리의 뇌, 우리의 지배력을 가리킵니다. 예컨대 외부에서 오는 빛(자극)이 우리의 눈에 도달하면 전기 활동을 일으키고, 이 전기 활동은 우리 뇌의 시각피질 속 시각 시스템, 사물의 식별에 관여하는 영역, 움직임과 의사 결정에 관여하는 영역에까지 전달됩니다.

그렇지만 우리가 주의력을 지배할 때도 있습니다. 이때는 우리가 주의력의 주인입니다. 우리가 의지로 어떤 일이나 대상에 집중할 때는 '하향처리', 다시 말해 뇌에서부터 처리 과정이 시작됩니다.

일상에서 이러한 '상향처리'와 '하향처리'는 주의력의 통제권을 놓고 끊임없이 다툽니다. 직장에서의 오후 일과를 잠시 떠올려보면 금세 두 과정의 세력다툼을 알아차릴 수 있으실 겁니다. 일을 처리하기 위해 무언가를 검색하다가, 관심 있던 상품의 광고가 뜨는 것을 보고 클릭하고, 다시 정신 차리고 일로 돌아오는 걸 반복한 적 있지 않으신가요?

다른 예를 들어보겠습니다. 결혼 피로연에 참석했다고 상상해보세요. 곳곳에서 삼삼오오 모여 대화를 나누고 있습니다. 저는 샴페인 잔을 손에 들고 막심이라는 친구와 열띤 대화를 나누느라 온통 정신이 팔려 있지요. 그는 〈스타워즈〉 시리즈가 〈해리 포터〉 시리즈와는 비교할 수 없는 걸작이라고 열변을 토합니다. 주위가 시끄러운데도 저는 그와 나누는 대화에만 집중할 수 있습니다(하향처리). 이것을 '칵테일파티 효과'라고 합니다. 그러다 갑자기 왼쪽으로 시선이 돌아갑니다. 누가 그쪽에서 제 이름을 불렀거든요. 외부 요소가 주의력을 빼앗았기 때문에(상향처리) 갑자기 대화에서 빠져나온 것이죠.

우리의 뇌는 어떤 과제에 집중하려고 노력하는 동안에도 끊임없이 시각적, 청각적, 촉각적 자극에 노출됩니다. 장필리프 라쇼와 마르셀라 페론이 프랑스 국립보건연구원에서 진행한 연구 결과에 따르면 뇌는 자극을 받을 때마다 약 4분의 1초 이내에 그 자극에 주의력을 쏟을지 말지를 결정합니다.[3] 다시 말해 우리의 주의력 시스템은 1초에도 여러 개의 결정을 내릴 수 있습니다. 마술사들은 이때를 틈타 우리의 주의력을 사실상 중요하지 않은 쪽으로 끌고 가는 것이지요.

우리의 주의력을 훔치는 범인들

다양한 요소들이 주의력을 순간적으로 앗아갑니다. 이러한 요소들을 '돌출 요소'라고 합니다.

- 폭넓고 빠른 움직임(휙 날아가는 비둘기)
- 사람의 얼굴
- 특정 색상(밀밭 속의 붉은 꽃 한 송이)
- 크기가 크거나 빛나는 물건
- 습관적으로 주의를 기울이게 되는 요소들(불이 켜져 있는 가스

레인지, 신호등의 빨간불)

- 여러 사람이 관심을 쏟는 대상(모두가 고개를 들어 하늘을 보고 있다면 나도 모르게 같은 곳을 올려다보게 될 겁니다)

이러한 요소들은 자동으로 우리의 주의력을 앗아갑니다. 뇌가 애초에 그렇게 설계되어 있기 때문이죠. 주의력이 스포트라이트 처럼 작동한다는 사실, 기억하시나요? 그렇다면 그 스포트라이트 에 들어가지 않는 크고 작은 움직임은 눈에 띄지도 않고 의식으로 지각되지도 않을 거라고 짐작할 수 있습니다.

▌ 단숨에 이목을 빼앗기 ▌

마술사들은 이러한 기제들을 이해하고 '감각 포착'이라는 기법 을 사용합니다. 큰 물건, 처음 보는 물건, 반짝반짝 빛나는 물건을 빠르고 폭넓게 움직이며 관객들의 주의력 스포트라이트를 끌어당 기지요. 예를 들어 관객의 시선을 무대 위로 날아가는 비둘기에게 쏠리게 만든 뒤 그 틈을 타서 자기 주머니 속의 뭔가를 슬쩍 잡는 것이죠. 갑자기 나타난 비둘기는 빠르게 움직이면서 공간을 장악 합니다. 이러한 요소는 너무나 압도적이기 때문에 관객은 주의를 쏟지 않을 수 없고, 결과적으로 상향처리 모드가 작동하게 되지요.

뇌에는 이렇게 피할 수 없는 자극들을 감지하는 데 특화된 뉴 런 집단들이 있습니다. 그중에는 강력한 감정을 일깨우는 자극을 처리하는 편도체의 뉴런들도 있고, 색상과 형태를 분석하는 시각 영역의 뉴런들도 있고, 안면인식에 특화된 방추상회의 뉴런들도 있습니다.

결론적으로, 주의력의 내부 통제력은 언제나 이러한 자극들에 휘둘릴 수 있으므로 썩 믿을 만하다고 할 수 없습니다. 주의력은 매 순간 방해를 받고, 바로 이러한 이유에서 장시간 집중을 유지하기가 그렇게 힘든 것이죠. 아주 짧은 시간 안에도 수백 수천 가지 정보를 접할 수 있는 요즘은 더욱 주의력을 통제하기가 어려워지고 있죠. 아무리 정보가 많아도 우리는 그중 일부에만 주의력을 쏟을 수 있습니다. 그러니 요즘 사람들이 집중력에 대한 통제력을 길러준다는 마음챙김 명상 등에 관심을 보이는 것도 당연한 일입니다.

┃ 적극적 주의 돌리기 ┃

마술사는 관객의 주의력 시스템을 하향처리 방식으로 돌려 사람들의 주의력 스포트라이트를 조종하기도 합니다. 관객에게 주의력이 필요한 과제를 제시하는 것이죠. 예컨대 "이 냉장고 사진을 보며 냉장고 문짝에 마그넷이 몇 개나 붙어 있는지 세어보라"고 합니다. 날아가는 비둘기에 나도 모르게 시선이 쏠릴 때와는 달리, 이 수법은 적극적 주의 돌리기에 해당합니다. 관객은 자기 의지로 열심히 마그넷을 세는 데 몰두하느라 다른 것에는 신경을 쏟지 못하게 됩니다.

웨스턴워싱턴대학교의 연구자들은 다음과 같은 실험을 해보았습니다.[4] 연구진은 피험자들을 네 그룹으로 나눠 모두 같은 코스의 산책길을 걷게 했습니다. 그리고 걷는 도중에 알록달록한 옷을 입고 외발자전거를 타는 어릿광대를 지나치게 했습니다. 각 그룹의 피험자들은 전화 통화를 하거나, 이어폰으로 음악을 듣거나, 친구와 함께 걸으며 수다를 떨거나, 혼자 조용히 걸었습니다. 실험 결과, 전화 통화를 하며 산책을 했던 피험자들은 어릿광대를 보지 못했다고 답한 비율이 높았습니다. 주의력의 빈틈만으로도 이렇게 마술 같은 현상이 일어날 수 있습니다!

마술사들이 우리의 감각을 속이는 방식

주의력은 감각기관이 어떤 변화를 감지할 때도 흐트러질 수 있습니다. 예를 들어, 아무리 대화에 집중하고 있었더라도 갑자기 다리에서 이상한 감각이 느껴진다면 자기도 모르게 다리를 내려다보거나 손으로 짚어보지 않을 수 없겠죠.

마술사가 관객이 차고 있던 손목시계를 그 사람이 눈치채지 못하게 슬쩍하는 마술을 본 적 있나요? 이 마술의 트릭은 관객의 손목을 덥석 잡고 엄지로 손목시계 위를 누르는 겁니다. 그러면 손가락의 압력이 만들어내는 감각 이미지가 일정 시간 지속됩니다. 여러분도 한번 시험해보세요. 압력의 감각 이미지가 지속되는 동안은 피부의 촉각 뉴런이 손목시계가 풀어져도 민감하게 알아차리지 못합니다. 손목의 피부가 여전히 시계를 차고 있다는 느낌을 전달하기 때문에, 능숙한 마술사라면 관객 모르게 잽싸게 손목시계를 풀 수 있죠. 압력 때문에 신체의 감각 변화에 주의력을 쏟지 못하다가, 감각 이미지가 사라지면 그제야 '어? 없어졌네!' 하고 놀란 눈으로 손목을 내려다보게 되죠.

- 우리는 주의력을 지배할 수 있다고 생각하지만, 주의력이 얼마나 쉽게 옆길로 샐 수 있는지는 잘 알지 못합니다.

- 우리는 지각을 지배한다고 생각하지만, 실제로 우리가 지각하는 바는 현실과 거리가 멉니다.

- 뇌는 자극을 받을 때마다 약 4분의 1초 이내에 그 자극에 주의력을 쏟을지 말지를 결정합니다.

- 우리가 어떤 대상에 주의력을 기울일 때는 마치 그 대상에만 스포트라이트를 비추듯 나머지는 거의 무시하게 됩니다.

- 폭넓고 빠른 움직임, 사람의 얼굴, 특정 색상, 두려움과 공포 같은 강렬한 감정을 일으키는 사물 등 다양한 '돌출 요소'들은 우리의 주의력을 순식간에 앗아 갑니다.

- 마술은 주의력과 지각의 빈틈을 이용합니다.

우리의 추억은
저마다 다르게 기억된다

"야, 내가 언제 그런 말을 했어, 안 그랬어!" 친구랑 옛날 일을 이야기하다 보면 이런 말을 하거나 듣게 됩니다. 내가 기억하기로는 내 얘기가 분명히 맞는데 친구는 자기 기억이 틀림없다고 하는 식이죠. 서로 자기 말이 맞다고 하니 진실을 알 길이 없습니다. 과연 기억이란 얼마나 믿음직한 것일까요? 이렇게 사람들 사이에 기억이 자주 엇갈리는 것만 보아도 알 수 있듯, 기억은 생각하는 것보다 훨씬 선택적이며, 왜곡되기 쉽습니다. 기억은 우리의 감정에 따라서도 조금씩 달라집니다. 따라서 자기 기억에 너무 확신을 품어선 안 됩니다. 기억은 과거의 일을 변치 않는 모습으로 새겨놓은 비석이 아니니까요.

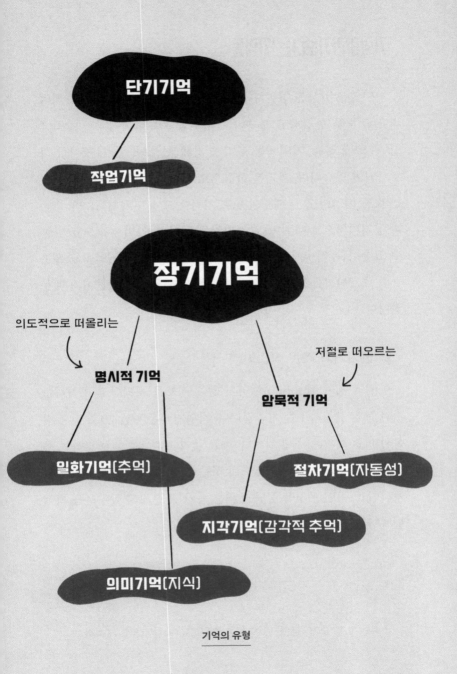

기억의 유형

기억이라기보다는 '기억들'

기억력은 일상을 영위하는 데 없어서는 안 될 기능입니다. 기억력은 정보를 통합하고 보존하고 복원함으로써 환경과 상호작용할 수 있게 하죠. 기억에는 우리의 정체성, 추억, 능력, 지식이 다 포함되어 있습니다. 과거를 바탕으로 미래의 자신을 투사할 수 있는 것도 기억이 있기 때문이지요. 기억은 크게 단기기억(작업기억)과 장기기억으로 나뉘며, 장기기억은 다시 네 가지 유형으로 나눌 수 있습니다. 이렇게 유형을 나누는 이유는 각각의 기억이 고유한 뉴런 네트워크를 형성하며, 각기 다른 뇌 영역을 끌어들이기 때문입니다.

▎ 단기기억 혹은 작업기억 ▎

어떤 과제나 활동을 수행하기 위해 정보를 처리하고 조작하는 시간 동안 붙잡아두는 기억입니다. 작업기억은 평균 20초 정도 지속되며 쉴 새 없이 동원됩니다. 예를 들어 전화번호를 메모하는 동안은 그 번호를 기억하고 있어야 하는데, 이때 동원되는 것이 작업기억이죠. 어떤 문장을 끝까지 읽는 동안 그 문장의 앞부분을 기억할 수 있는 것도 작업기억 덕분입니다.

.
7

우리는 보통 숫자, 문자, 단어 등을 7개까지는 순서대로 기억하고 바로 제시할 수 있습니다. 그렇지만 음성학적으로 연관이 있는 짧은 단어라든가, 어떤 의미가 있는 숫자열이라면 더 많이 기억할 수도 있습니다.[1] 작업기억을 주제로 한 연구들에 따르면, 우리가 머릿속에서 동시에 다룰 수 있는 정보는 4개 전후라고 보는 편입니다.

| 일화기억 |

이 장에서 특별히 집중적으로 다뤄볼 기억입니다. 일화기억은 자전적 기억이죠. 개인적으로 겪었던 순간들을 규합해서 우리가 시공간 속에서 위치를 잡을 수 있게끔 도와주는 기억이에요. 이 기억은 지속 기한이 있고, 상당 부분 우리의 감정에 기대어 수립됩니다.

| 의미기억 |

의미기억은 세상과 자기 자신에 대한 지식과 언어에 대한 기억입니다. 백과사전적 기억이라고 할 수 있죠. 우리가 독일의 수도, 우리나라의 독립 기념일, 자기 생년월일, 친한 친구가 좋아하는 색깔 등을 알고 있는 것도 의미기억 덕분이고요. 의미기억은 학습을 통하여 평생 구성되고 재조직됩니다.

| 절차기억 |

절차기억은 자동으로 나오는 행동에 대한 기억입니다. 우리가 주의를 완전히 기울이지 않아도, 혹은 수시로 다시 배우지 않아도 잘 걸어 다니고, 신발 끈을 매고, 자전거를 타고, 운전을 할 수 있는 것은 절차기억 덕분이지요. 절차기억은 암묵적 기억, 다시 말해 무의식적 기억에 해당합니다. 따라서 우리가 어떻게 넘어지지 않고 걸을 수 있는지, 어떻게 계단을 내려가면서 다리가 꼬이지 않는지 일일이 설명하기는 어렵죠.

▌ 지각기억 ▌

지각기억은 대체로 자기도 모르는 사이에 감각을 바탕으로 작동합니다. 그러므로 이 또한 암묵적 기억입니다. 지각기억 덕분에 계단에 울리는 발소리만 듣고도 옆집 사람이라는 걸 안다든가, 할머니의 얼굴이나 어릴 적 살았던 집을 알아볼 수 있지요. 구운 닭고기 냄새는 가족과 한자리에 모이는 일요일 점심 식사를 떠오르게 하고요. 유행가를 듣다가 잊지 못할 추억의 한 장면을 떠올리기도 합니다. 이 기억 덕분에 우리는 특별히 경로에 신경 쓰지 않고도 직장에서 집까지 돌아올 수 있습니다.

지각기억은 때로 오랫동안 완전히 잊고 있던 추억을 떠오르게 하는 힘이 있습니다. 심지어 알츠하이머병 환자들에게도 이 오래된 감각적 기억은 잘 기능한답니다.

이상의 네 가지 장기기억은 서로 완전히 독립적이지 않습니다. 물론 이 기억들은 각기 다른 뉴런 네트워크를 활용합니다. 그렇지만 지각기억은 일화기억과 연결되어 있을 때가 많습니다. 게다가 뇌는 추억이라는 일화기억을 형성하기 위해서 우리 자신과 세상에 대한 앎이라는 의미기억에 기대곤 합니다.

기억은 어떻게 만들어지는가?

모든 것은 우리의 감각기관에서 시작됩니다. 눈, 귀, 코, 입, 피부 말이죠. 감각으로 포착된 정보는 신경 메시지로 변환되어 뇌 중심부에 있는 시상으로 전달됩니다. 시상은 모든 감각 정보의 출입문 역할을 하지요. 그 후 시상은 이 정보를 그에 걸맞은 관리 영역으로 분배합니다. 이를테면 시각 정보는 후두엽으로 보내고 청각 정보는 측두엽으로 보내는 식이죠.

추억은 해마로도 향합니다(45쪽 그림을 보세요). 해마는 추억의 파수꾼이기 때문에 일화기억에서 중요한 역할을 합니다. 우리는 흔히 해마를 하나인 것처럼 말하지만 사실 정확히는 '해마들'이라고 해야 합니다. 해마는 뇌의 좌반구와 우반구에 하나씩 있거든요.

해마는 추억의 교차로이며 시공간에 대한 정보를 통합하는 뉴런들을 지니고 있기 때문에 일화기억에 특히 중요합니다. 이 뉴런들이 특정 장소와 시간에 대해서 활성화되기 때문이죠. 달리 말하자면, '어디' 그리고 '언제'와 관련된 데이터가 바로 이곳에 코드화된다고 할 수 있습니다.

그렇지만 해마의 저장 공간에도 한계가 있습니다. 따라서 모든 추억을 저장할 수는 없습니다. 그래서 우리의 뇌는 추억을 조각내어 각각의 감각 정보를 감각피질의 영역으로 보내는 수법을 씁니다. 추억이 뇌의 구석구석으로 흩어지게 되는 거죠. 그러니까 추억은 결코 서랍 속에 잘 정리된 파일 형태 같은 것이 아닙니다. 그보다는 오히려 뇌 전체에 펼쳐져 있는 거미줄에 가깝습니다.

우리는 무엇을 기억하는가

앞서 살펴보았듯이 우리가 경험한 모든 것이 해마나 뇌에 저장되진 않습니다. 과잉기억증후군의 경우는 예외입니다만, 이건 뒤에서 다시 살펴보겠습니다. 어떤 기억은 해마에 보존되는데, 왜 어떤 기억은 사라지는 걸까요? 기억은 코드화, 저장, 불러내기라는 세 단계가 제대로 구현될 때 장기적으로 뿌리를 내립니다.

▍기억 1단계: 감정에 따라 코드화 ▍

코드화는 새로 지각된 정보가 해마에 입력되는 것을 말합니다. 다만 모든 정보가 입력되지는 않습니다. 긍정적이거나 부정적인 감정이 담겨 있는 정보일수록 확실하게 입력이 되지요. 기억과 감정은 강하게 연결돼 있습니다. 기억의 파수꾼인 해마는 감정의 중추인 편도체 바로 옆에 붙어 있습니다. 강렬한 감정일수록 편도체를 활성화하고 해마를 자극하기 때문에 코드화가 더 잘 이루어집니다. 그래서 뚜렷한 감정을 수반하는 사건일수록 더 오래, 더 자세하게 기억에 남습니다.

결론적으로 감정이란 생존의 문제 혹은 자신의 안녕을 유지하기 위해 우리가 신속히 내리는 신체 반응입니다. 즉 강렬한 감정을 불러일으켰던 경험을 기억해두는 것이 생존과 적응에 유리하겠죠. 기억은 사건에 대한 주관적 지각과 그로 인해 빚어진 주관적 감정으로 구성되므로, *말 그대로 매우 주관적입니다.*

물론 강렬한 감정을 수반하지 않는 일도 해마에 정보를 코드화해 기억으로 남길 수 있습니다. 기억하고자 하는 정보에 주의를 쏟는 것이 그 방법이죠. 우리가 한 요소에 주의를 집중하면, 뇌도 그 요소를 중요한 것으로 평가하고 더 잘 기억하려 합니다.

┃ 기억 2단계: 반복하여 저장하기 ┃

일단 코드화된 정보를 상황과 필요에 따라 불러낼 수 있으려면, 잘 정리해두고 장기적으로 관리해야 합니다. 요컨대 2단계는 사건이나 정보를 장기기억으로 전환하는 과정이죠. 이 과정은 전적으로 우리의 노력에 달려 있습니다.

① 반복

어떤 기억을 속으로 계속 곱씹거나 자주 말하고 다닐수록(지인과의 대화나 SNS 등에서) 그 기억과 관련된 뉴런 네트워크는 더욱 활성화됩니다. 마치 뇌가 그 일을 반복적으로 경험하는 것처럼요. 전기 신호가 해당 신경회로를 다시 가로지르면서 뉴런들 사이의 연결을 강화하지요. 기억의 자취는 그만큼 뚜렷해집니다.

눈이 두툼하게 쌓인 벌판을 상상해보세요. 처음에는 그 눈밭을 걸어서 지나기가 힘듭니다. 발이 푹푹 빠져서 한 걸음 한 걸음 떼

기조차 어렵겠죠. 하지만 몇 번을 왔다 갔다 하면 발자국을 따라 길이 생깁니다. 이후 그 길로 다니면 훨씬 수월하고 빠르게 눈밭을 지나갈 수 있지요. 기억도 마찬가지입니다. 기억은 반복할수록 더 빨리, 더 쉽게, 더 확실하게 떠올릴 수 있습니다.

② 손에서 스마트폰 놓고 힘 빼기

저장 과정에서 가장 중요한 부분은 아무것도 하지 않을 때 이루어집니다! 해마의 기억 반복은 대부분 뇌가 멍하니 공상에 잠겨 있을 때, '디폴트 모드'에 들어갈 때 일어납니다. '디폴트' 네트워크는 동시적으로 활성화되는 여러 영역으로 구성됩니다. 느긋하게 빈둥거리며 생각이 떠오르는 대로 둘 때 디폴트 모드는 그날 하루를 되돌아보고 곱씹으면서 기억의 자취를 강화합니다. *뇌를 디폴트 모드로 두는 일은 실제로 원활한 기억에 영향을 미칩니다.* 어떤 단어가 생각날 듯 말 듯 하다가 잠시 후에, 혹은 잠들기 전에 딱 떠오를 때가 있지요? 장담하건대 잠시 긴장을 풀고 멍하니 딴생각을 했을 겁니다! 그러니까 손 놓고 힘 빼는 법을 배우세요. 심심한 시간을 가지세요. 잠깐 쉴 틈이 나면 스마트폰부터 붙잡는 습관을 버리세요. 그러면 뇌가 고맙게 생각할 겁니다.

③ 충분한 수면

기억과 수면은 밀접한 관련이 있습니다. 해마는 공상에 잠길 때뿐만 아니라 수면을 취하는 동안에도 그날 있었던 일을 돌려봅니다. 비록 기억의 강화는 우리가 꿈을 꾸지 않는 시간에 이뤄지지만, 꿈에 우리가 실제로 경험한 일들이 (변형된 형태로) 나타난다면 그 일을 기억하는 데 도움이 됩니다. 꿈에 대한 장에서 이야기했듯이, 우리가 보고 겪은 일들이 꿈의 구성 요소(장소, 사물, 인물)로 나타날 수 있다는 사실은 여러 연구를 통해 밝혀진 바 있습니다. 하버드 의학전문대학원의 마그달레나 포시는 사람들이 꾸는 꿈의 주제, 꿈속에서 느낀 감정, 등장하는 인물 등의 절반 이상이 실제로 경험한 일과 관련이 있다는 사실을 연구를 통해 밝혔습니다.[2]

따라서 잠이 부족하면 해마에서 일어나는 기억의 강화가 제대로 이뤄지지 않습니다. 양질의 수면을 하고, 스마트폰을 손에서 내려놓고 느긋한 공상에 빠지고, 반복해서 말하거나 곱씹는다면, 기억을 잘 저장할 수 있습니다. 며칠 지나면 저장 단계를 거친 기억이 장기기억으로 옮겨가고 일화기억의 일부가 될 겁니다.

│ 기억 3단계: 불러내기 │

'불러내기'는 기억을 불러내 재구성하는 단계입니다. 이 단계는 앞선 두 단계인 코드화와 저장이 막힘없이 이루어졌을 때만 가능합니다. '불러내기'는 자동으로, 애쓰지 않고 이뤄집니다. 예컨대 어떤 요소를 보고 저절로 떠오른 기억을 말하고자 할 때처럼요. 일반적으로 그 요소는 내가 지닌 기억의 실마리입니다. 그 실마리를 따라가면 나머지 기억들도 전부 살아날 겁니다. 반대로, 기억이 잘 떠오르지 않을 때도 이 시스템을 활용할 수 있습니다. 기억의 거미줄을 끌어당길 수 있는 실마리 하나를 찾으면, 나머지 기억들에도 접근할 수 있을 테니까요.

'불러내기'를 한 기억은 다시 '활성화'됩니다. 장기기억으로 다시 저장되기 위해 앞서 거쳤던 코드화와 저장을 또 거치는 것이죠. 문제는, 이렇게 기억을 다시 활성화하면서 기억의 유연성 또한 활성화된다는 겁니다. 그래서 기억을 타인에게 들려주다 보면 기억의 내용이 다소 달라질 수 있습니다. 예컨대, 타인에게 기억의 요점만을 전달했는지, 혹은 충분한 시간을 들여 세세한 부분까지 이야기했는지가 기억의 구체성과 내용에 영향을 미칠 수 있습니다.

비슷한 맥락에서 이야기를 듣는 상대의 반응과 공감도 영향을 줍니다. 상대가 내 이야기를 듣는 둥 마는 둥 할 때보다, 내 이야기에 공감하고 이것저것 물어보며 더 자세히 듣고 싶어 할 때 기억이 더 활성화되겠죠.

마지막으로 이야기를 들려주는 나의 감정 상태 또한 기억에 영향을 미칠 수 있습니다. 기억을 떠올리며 슬픔을 느꼈다면, 편도체가 슬픔의 감정을 그 기억과 연결할 겁니다. 디즈니 영화 〈인사이드 아웃〉을 보면, '슬픔'이라는 캐릭터가 (기억을 저장해둔) 추억의 풍선을 건드리기만 해도 풍선의 색깔이 우울함을 상징하는 푸른 색으로 변해버립니다.[3] 그 기억에 슬픔이라는 프레임이 씌워지는 것이죠. 이는 결코 애니메이션 영화의 과장된 표현이 아닙니다. 우리는 현재의 감정을 프레임 삼아 추억을 회고합니다. 그리고 이 감정이 기억과 함께 코드화되죠.

결론적으로, 다시 불러내어 코드화하고 저장한 기억은 더 이상 과거의 기억과 완전히 똑같지 않습니다. 기억을 다시 떠올릴 때 발생하는 차이는 원래의 기억과 통합되어 분리할 수 없는 것이 됩니다. 이제 기억의 버전 1은 존재하지 않고 버전 2만 남습니다.

그러니까 어떤 추억을 한 번 이상 이야기했다면 그 추억은 처음과 완전히 같지 않습니다. 실제로 일어났던 사건과 전적으로 부합하지는 않는다는 의미죠. 그러니 자신의 기억을 너무 확신하지 마세요! 친구와 어떤 추억을 함께 했더라도 벌써 며칠 후면 서로 이야기가 달라지는 부분이 생길 수 있습니다. 사람마다 기억을 자기 나름대로 수정하기 때문이에요.

거짓 기억을 만들어낼 수 있을까?

실제로 일어나지도 않은 일을 기억하는 심리 현상을 거짓 기억이라고 합니다. 2015년에 연구진은 실험에 참여한 피험자들에게 그들이 경범죄를 저질렀다는 거짓 기억을 심었습니다(아주 오래전, 청소년기에 가벼운 절도를 저질렀다는 식으로요).[4] 그 후 피험자들은 암시를 통해 심어진 거짓 기억을 자세히 이야기해야 했습니다. 그 결과는 어땠을까요? 그들은 이 거짓 기억을 자신의 일화기억에 통합해 무의식적으로 자기 것으로 삼았습니다.

거짓 기억이 범죄와 연루된다면 큰 문제가 될 수 있습니다. 실제로 사람들을 세뇌하고 고립시키기 위해 거짓 기억을 심으려 하는 사이비 종교 집단도 존재하고요.

또 다른 중요한 질문을 제기할 수 있습니다. 어떻게 범죄 사건에 대한 왜곡 없는 증언을 수집할 수 있을까요? 이 분야를 개척한 미국의 심리학자 엘리자베스 로프터스는 '오정보 효과'라는 개념을 발표했습니다. 오정보 효과는 일화기억에서 유래한 기억의 정확성이 이후의 정보에 의해 변질되는 것을 뜻합니다. 로프터스와 다른 연구자들이 실시한 여러 연구에서 실제로 이러한 효과가 존재함을 입증했습니다. 로프터스는 이 개념에 힘입어 범죄 수사에서 목격자들의 기억이 부정확한 정보나 수사관의 유도심문에 의해 왜곡될 수 있다고 주장했습니다. 이처럼 기억은 암시에 매우 취약합니다.

왜 원하는 대로 망각할 수 없을까

우리 모두 알다시피, 기억이 없으면 일상을 영위하기가 무척 힘듭니다. 하지만 망각하는 능력이 사라져도 그만큼 인생이 힘들어질 거라는 생각은 잘 해보지 않죠. 망각은 으레 장애나 인지 기능 저하와 연관되지만, 굉장한 힘이 있습니다. 망각이 없다면 우리는 현재를 살 수 없습니다. 기억을 하려면 잊을 줄도 알아야 하죠. 그런데 안타깝게도 망각은 우리 마음대로 되지 않습니다. 잊고 싶다고 잊을 수 있다면 얼마나 쉬울까요. 망각은 무의식적으로 일어나고, 우리는 어떤 것을 기억으로 남기고 어떤 것을 잊어버릴지 선택할 수 없습니다.

눈이 잔뜩 쌓인 벌판의 비유를 다시 들어보겠습니다. 장기기억 저장이 눈밭에 길을 내는 일이라면 망각은 이미 발자국이 찍힌 자리를 조금씩 눈으로 뒤덮어 지나간 흔적을 지우는 일입니다. 오랫동안 기억을 다시 떠올리지 않으면 결국은 그런 일이 있었나 싶게 잊힙니다.

무언가를 장기기억으로 남기는 데에 단계가 있듯이 망각도 네 단계에 걸쳐 일어납니다.

┃ 망각 1단계: 자동 분류 ┃

우리의 뇌는 전부 기억할 수 없을 만큼 풍부한 자극과 정보에 일상적으로 노출됩니다. 그래서 뇌는 자기가 중요하다고 생각한 것 외에는 신경을 쓰지 않고 기억에 담아두지도 않습니다. 집중력에 대한 장에서 돌출 정보일수록 우리의 주의력을 끌어당긴다는 것을 배웠습니다. 그런 정보일수록 잊히지 않을 확률이 높죠. 우리가 하루 동안 있었던 일을 시시콜콜한 부분까지 기억한다면 머릿속은 거대한 시장바닥이 되고 말 것입니다. 그래서 뇌는 분류를 합니다. 이 첫 번째 필터는 돌출 정보(중요한 정보, 감정이 실린 정보, 새로운 요소 등)만 남기지요.

┃ 망각 2단계: 코드화 생략 ┃

앞서 말했듯이 해마의 저장공간은 제한되어 있습니다. 그러므로 선별을 해야만 합니다. 기억의 일부만 남기고 나머지는 치워버리는 것이죠. 감정이 실리지 않은 일, 충분히 주의를 기울이지 않은 일은 기억을 강화하는 이 단계에서 잊히게 됩니다.

어젯밤 필름이 끊겼다. 그때 기억은 다 어디로 갔을까?[5]

술을 마시고 필름이 끊겼다는 말을 종종 합니다. 이러한 현상을 '블랙 아웃'이라고도 하죠. 술에 취했다가 정신이 들었는데 어젯밤 일이 하나도 생각이 안 나거나 드문드문 몇 장면만 생각이 나는 상황입니다. 그렇다면 그때의 기억은 다 어디로 갔을까요? 어젯밤으로 되돌아가 봅시다.

일반적으로 술에 취한 상태에서 경험한 일이나 대화는 전전두엽이 단기기억(작업기억)으로 저장합니다. 술에 취하지 않은 상황이라면 이 단기기억은 해마에서 장기기억으로 전환되는데, 술에 취하면 바로 여기서 문제가 발생하지요. 술은 단기기억을 장기기억으로 전환하는데 필요한 특정 신경전달물질의 작용을 방해합니다. 따라서 해마에서 코드화가 이루어지지 않기 때문에 일시적인 기억상실 상태가 되는 거예요. 하지만 단기기억은 술에 영향을 받지 않습니다. 그렇기 때문에 (비록 나중에 기억은 못하더라도) 술에 취해도 혀가 좀 꼬일지언정 멀쩡하게 대화를 주고받을 수 있고 적절한 농담을 날릴 수도 있어요. 블랙 아웃 현상은 누구에게나 일어날 수 있습니다. 블랙 아웃 현상을 부추기는 요인들이 몇 가지 있습니다.

* 다량의 술을 빠르게 마실 때
* 여성인 경우
* 부모 중 한쪽이 술을 많이 마시는 편일 때
* 파티나 모임을 좋아하고 음주에 대한 제한이 별로 없는 편일 때

하지만 이중 어떤 경우에도 해당하지 않더라도 술 마시고 필름이 끊기는 일이 없으란 법은 없습니다. 과음은 건강에 해롭다는 사실을 잊지 마세요!

| 망각 3단계: 기억 청소 |

수면은 기억의 강화를 도울 뿐 아니라 망각도 돕습니다. 기억을 남기거나 버리는 선택은 부분적으로 개인의 성격, 그 당시의 기분, 희망, 가치관, 고정관념과 관련이 있습니다. 뇌는 항상 우리의 신념을 강화하는 것을 우선시합니다. 이게 바로 '확증 편향'이고요.

뇌에는 밤새 기억을 청소하고 분류하는 팀이 있습니다. 나고야대학교 연구진이 매일 밤 기억을 정리하는 이 뉴런 집단을 확인했죠.[6] 이 뉴런은 'MCH' 혹은 '다이슨 뉴런'이라고 불립니다. 다이슨 뉴런들은 뇌 깊숙한 곳에 위치한 시상하부에 있습니다. 연구진은 쥐들 앞에 다양한 사물을 늘어놓고 그것을 관찰하거나 냄새를 맡으면서 하루를 보내게 했습니다. 그리고 밤에는 쥐들의 다이슨 뉴런을 강하게 활성화했지요. 다음 날 아침, 쥐들에게 전날과 똑같은 사물들을 보여주었습니다. 하지만 놀랍게도 쥐들은 그 사물들을 전혀 기억하지 못하고 처음 보는 것처럼 빤히 바라보거나 냄새를 맡았어요. 밤새 청소가 완벽하게 이루어졌던 것이죠. 완전하게 말이에요. 반면, 쥐들의 다이슨 뉴런을 밤새 잠재우자, 전날 보았던 사물들을 전부 기억했습니다.

나고야대학교 연구진은 이러한 기억 청소가 역설수면 단계에서만 일어난다는 것도 발견했습니다. 다시 말해, 우리가 꿈을 가장 활발하게 꾸는 동안 기억은 지워집니다. 뇌가 영화를 틀어주는 동안, 청소부들은 뒤에서 쉬지 않고 일하는 것이죠.

▎ 망각 4단계: 불러내기를 멈추기 ▎

앞서 보았듯이 기억을 다시 활성화한다는 것은 기억을 유연하게 만드는 것입니다. 기억의 내용은 이야기하는 방식에 따라 달라집니다. 서너 번, 별로 자세하지 않게 이야기하고 넘어간 기억은 서서히 지워지고 어느 순간 더 이상 불러낼 수 없을 겁니다. 그러니까 소중한 추억도 여러분이 이야기하기를 멈춘다면 지워질 거예요.

● ● ● ● ● ● ● 과잉기억증후군: 아무것도 잊지 못하는 사람들

우리는 오늘 있었던 일은 기억합니다. 하지만 2017년 9월 7일 목요일에 무엇을 했는지 기억할 수 있나요? 그날이 내 생일이면 또 모를까, 대답하기가 어렵겠죠. 하지만 이런 질문에 대답하는 게 식은 죽먹기인 사람들이 있습니다. 자전적 기억이 초인적으로 뛰어나서 어느 정도 성장한 후로는 그날그날 무슨 일이 있었는지 완벽하게 기억하는 사람들이지요. 이 사람들은 유명인들의 생년월일을 줄줄 외우고 2015년 1월 2일 저녁 8시 뉴스에 어떤 소식이 나왔는지 전부기억할 겁니다. 이러한 현상을 '과잉기억증후군'이라고 하는데요. 전 세계를 통틀어 과잉기억증후군으로 보고된 사람은 50여 명에 불과하기 때문에 아직 그리 많은 것이 알려져 있진 않습니다. 그저 당사자 증언에 의존할 수밖에 없죠. 프랑스에서는 코미디 작가 아나고드프루아가 시몬 메디아와의 인터뷰에서 자신이 과잉기억증후군을 지닌 소수의 사람 중 한 명이라고 고백했지요.

과잉기억증후군을 지닌 사람들은 분류와 망각이 다양한 단계에서 이루어지지 않는 듯합니다. 망각 없는 일상은 행운이라기보다는 무거운 짐에 가깝습니다. 별것 아닌 일로도 모든 기억이 살아나는 게 과연 좋기만한 일일까요. 냄새, 광경, 날짜, 색깔, 얼굴…… 아주 작은 단서가 오만 가지 기억을 떠오르게 하는데 본인의 의지로 통제할 수 없으니 일을 제대로 할 수도 없죠.

캘리포니아대학교의 오로라 리포트 연구진은 과잉기억증후군이 있는 사람의 뇌와 보통 사람의 뇌를 비교하여 차이를 나타내는 9개 영역을 확인했습니다.[7] 대부분의 차이는 측두엽에 있었는데, 과잉기억증후군이 있는 사람은 측두엽의 갈고리다발이 특히 발달해 있었지요. 갈고리다발은 전두엽과 측두엽을 연결하는 신경 섬유들의 총체인데, 자전적 기억에 특히 결정적 기능을 합니다.

2살 때를 기억하지 못하는 이유는 무엇인가?

'유년기 기억상실'이라는 이름으로 알려진 이 현상은 오래전부터 과학자들을 괴롭혀왔고 아직도 밝혀지지 않은 부분이 많습니다. 자신의 가장 오래된 기억이 언제인지 떠올려보세요. 아마 3세에서 6세 사이일 것입니다. 3세 이전은 아닐 겁니다.[8]

과학자들은 유년기 기억상실을 연구하면서 2세 이전 일을 기억한다는 사람들도 실은 부모님의 이야기나 사진을 바탕으로 추억을 재구성했다는 것을 확인했습니다. 생애 초기와 관련된 기억은 사실상 사라진 겁니다. 왜 그럴까요? 세 가지 요소로 설명할 수 있습니다.

▎ 신생 뉴런들이 전격적으로 발달한다 ▎

어린 시절의 뇌는 신경발생 상태에 있습니다. 자궁에서의 배아 단계부터 유아기에 이르기까지 뇌에서 수십억 개의 뉴런이 발달하기 때문에 시냅스가 매우 불안정하지요. 특히 3세 이전에는 뉴런의 수가 폭발적으로 늘어나므로 기억의 신경회로가 변하게 마련이고 그로 인해 기존의 기억은 흔들리게 됩니다. 뇌가 이렇게 재구성되면서 정보를 저장했던 곳을 잊어버리기 때문에 생애 초기의 기억은 남지 않습니다. 해마가 완전히 발달하지 않은 한, 일화기억은 자리 잡을 수 없습니다.

▎ 3세부터는 기억의 방식이 변한다 ▎

3세 무렵 아이들은 수천 개의 단어를 배웁니다. 그래서 3세 이전의 아이들은 자기에게 있었던 일을 이미지나 몸짓으로 기억하지만, 그 이후부터는 단어의 형태로 기억하지요. 결과적으로, 이제 아이들은 자기에게 있었던 일을 말로 표현할 수 있게 됩니다.

앞에서 말했듯이 다른 사람에게 기억을 이야기하면 그 기억은 잘 남게 되죠. 그래서 비언어적 형태로 입력된 3세 이전 기억은 더 불러내기가 어렵습니다.

| 3세 전에는 시공간 개념이 없다 |

어른이 기억을 떠올릴 때는 '언제, 누가, 어디서, 무엇을, 어떻게, 왜'라는 의문에 부응하는 이야기를 합니다. 그런데 아이의 기억에는 이러한 요소가 빠져 있곤 하죠. 3세가 안 된 아이가 오늘 있었던 일을 육하원칙에 맞게 이야기하지는 않을 겁니다. 시간적, 공간적 틀이 없는 기억들은 희미하고 서로 연결이 잘 되지 않습니다. 그래서 이 기억을 떠올리기는 상대적으로 힘들어지죠. 시공간에 대한 정보를 통합하는 뉴런이 있는 해마는 3~6세가 지나야 완전히 발달하게 됩니다.

- 기억은 생각보다 훨씬 더 유연하고 선택적입니다. 감정에 따라서도 기억은 조금씩 변합니다.

- 해마는 추억의 교차로입니다. 하지만 해마의 저장 공간이 충분하지 않기 때문에 뇌는 기억을 조각내어 각각의 감각 정보를 감각피질의 해당 구역으로 보냅니다. 그래서 기억은 서랍 속에 잘 넣어둔 메모보다는 뇌 전체에 뻗어 있는 거미줄에 더 가깝습니다.

- 코드화, 저장, 불러내기라는 세 단계가 제대로 이루어진다면, 그 일은 장기기억으로 자리잡습니다.

- 기억은 사건에 대한 지각과 감정이 배어 있기 때문에 대단히 주관적입니다.

- 기억은 상기하다 보면 계속 변합니다. 그러니까 자신의 기억을 너무 철석같이 믿지 마세요!

- 망각할 줄 알아야 기억도 할 수 있습니다.

- 생후 24개월까지는 뇌가 다 발달하지 않은 데다가, 언어 능력과 시공간 개념이 갖춰지지 않았기 때문에 기억이 사라지고 맙니다.

3부

뇌가 매혹되는 순간

나는 왜
너를 사랑하는가

전 세계 어느 곳에서나 인간은 항상 사랑을 하고 사랑을 갈망했습니다. 사랑이라는 주제를 둘러싼 신화와 전설은 셀 수 없이 많죠. 플라톤은 에로스를 가장 위대한 신으로 여겼습니다. 힌두교에서는 바크티, 즉 사랑을 통한 해방이 인식이나 의례의 길보다 상위의 길이라고 보았고요. 켈트 전통에서는 트리스탄과 이졸데가 사랑의 묘약으로 맺어졌습니다. 초현실주의 예술가들은 미친 사랑을 노래했죠. 넷플릭스의 수많은 드라마와 영화의 주요 소재는 무엇이던가요? 사랑의 우여곡절은 모든 지구인이 가장 즐기는 이야기라 해도 과언이 아닙니다.

식욕만큼 강한 충동

낭만적인 연애처럼 강렬한 느낌을 주는 건 별로 없습니다. 여기서 말하는 낭만적 연애는 끌림 그리고 애착, 두 단계의 감정을 거치는 사랑을 뜻합니다.

사랑이라는 주제를 연구해온 세계적인 인류학자 헬렌 피셔는 사랑이 감정이라기보다는 식욕만큼 강한 충동이라고 말합니다.[1] 누군가를 좋아하게 되면 그 사람이 자꾸만 생각나고 그러한 생각을 멈출 수가 없습니다. 마치 그 사람이 허락도 구하지 않고 내 머릿속에 텐트를 치고 들어앉기라도 한 것처럼 말이에요. 사랑은 다짜고짜, 생각할 겨를 없이 찾아옵니다. 선택의 여지를 주지 않아요. 그래서 사랑에 '빠진다'고 표현하죠.

사랑의 상처가 없는 사람은 거의 없습니다. 그런데도 우리는 다시 사랑에 빠집니다. 왜 그럴까요? 불에 심하게 덴 적이 있는 사람은 불에 가까이 가지 않습니다. 상처 준 것을 겁내게 마련이니까요. 그런데 왜 우리는 불과 몇 달 전에 호된 아픔을 겪고도 다시 마음을 끄는 상대에게 불나방처럼 뛰어드는 걸까요? 사랑이 뇌 기능을 변화시키기라도 하는 걸까요?

사랑에 빠진 뇌에서는 무슨 일이 일어날까?

좋아하는 사람을 마주하고 그 사람과 한 공간에 있을 때는 다양한 신체적 '징후들'이 일어납니다. 심장이 빨리 뛰고, 갑자기 열이 오르는 것 같기도 하고, 손이 축축해지고, 배 속이 간질간질하죠. 한눈에 반한 상대 앞에서 '초연해' 보이고 싶어 하는 모든 이를 위해 분명히 말해두자면, 이러한 반응은 통제할 수 없는 것입니다.

이러한 행복한 흥분 다음으로 이어지는 깊은 애착 상태는 우리 몸에서 분비되는 다채로운 화학적 혼합물의 결과입니다. 애정 어린 관계를 구성하는 두 가지 주요 성분은, '애착 호르몬'이라고도 알려진 옥시토신, 그리고 바소프레신입니다.

1992년 미국의 신경과학자 토머스 인셀은 이 두 호르몬이 애착에 중요한 역할을 한다는 것을 처음으로 밝혀냈습니다. 애착 관계의 생물학적 특성에 관한 그의 연구를 살펴볼까요.[2]

▌ 일부일처제 들쥐 이야기 ▌

인셀과 그의 연구진은 초원 들쥐와 산악 들쥐의 암컷과 수컷이 맺는 관계를 연구했습니다. 이 두 종의 들쥐는 유전적으로 99퍼센트 일치했지만, 나머지 1퍼센트가 애착 관계에서 중대한 차이를 만들어냈죠.

초원 들쥐는 일부일처제를 유지합니다. 평생 한 개체와만 짝을 짓고 떨어지지 않고 살아가죠. 암컷과 수컷 모두 새끼를 잘 보살핍니다. 반면 산악 들쥐는 혼자 살면서 상대를 바꿔가며 교미를 합니다. 암컷과 수컷 모두 새끼를 낳기 위해 잠시 교미할 뿐이죠. 수컷은 새끼에게 전혀 관심이 없습니다. 연구진은 이 두 쥐의 뇌에서 일어나는 화학적 현상을 관찰하면서 교미 중에 옥시토신과 바소프레신이 분비되는지 아닌지가 애착 관계를 결정적으로 좌우한다는 것을 발견했습니다.

옥시토신은 모든 포유류에게서 분비되는 호르몬으로 출산과 유즙 분비에 관여합니다. 그리고 바소프레신은 포유류 수컷의 가부장적 행동, 예컨대 암컷과 새끼를 보호하기 위한 공격적 행동과 관련이 있습니다.

인셀은 이 두 호르몬의 중요성을 확인하기 위해 초원 들쥐 암컷의 옥시토신 분비와 수컷의 바소프레신 분비를 억제해보았습니다. 초원 들쥐는 일부일처제를 유지하는 종이지만, 호르몬을 차단하자 암컷과 수컷은 교미 후에 애착 관계를 형성하지 않았어요. 그래서 연구진은 상대를 가리지 않고 교미하는 산악 들쥐에게 이 호르몬을 주입해보았습니다. 그러자 산악 들쥐 암컷과 수컷이 이례적으로 교미 후에 관계를 계속 유지하는 것을 볼 수 있었습니다.

인셀은 초원 들쥐의 옥시토신과 바소프레신 수용체가 보상과 행동 강화에 중요한 회로에 위치한다는 것도 발견했습니다. 보상 체계에서 이 호르몬이 분비되기 때문에 초원 들쥐는 자신이 교미한 상대에게 일종의 중독 혹은 의존증이 생깁니다. 그래서 늘 그 상대를 다시 원하게 되는 것이죠.

인셀은 이로써 옥시토신과 바소프레신이 커플의 애착을 활성화하거나 해제하는 놀라운 힘을 지닌 호르몬이라는 확고부동한 결론을 얻었습니다. 그 후 이 호르몬들이 인간에게도 마찬가지로 작용하며, 우리의 애착 관계에 중요한 역할을 한다는 것이 확인되었습니다.

사랑의 기원

사랑은 무척 복잡한 것이죠. 따라서 사랑은 섬세하고 미묘한 요소를 관리하는 대뇌피질을 주로 동원할 것 같지 않나요? 실은 완전히 그 반대랍니다.

대뇌피질은 호모 사피엔스의 역사에서 비교적 늦게 발달한 뇌 영역입니다. 하지만 사랑의 감정은 뇌에서 가장 오래전부터 존재해온, 깊숙이 위치한 부분들이 일으키는 것으로 보입니다. 그래서 우리는 예기치 않게, 추론이나 심사숙고를 거치지 않고 불현듯 사랑에 빠지게 되는 것이죠.

바텔스와 제키는 뇌의 심층 구조가 애정 관계에 중요한 역할을 한다는 점을 밝혔습니다.[4] 이들은 연구를 위해 금슬이 매우 좋은 이성애자 커플 17쌍을 선별했습니다. 커플 중 한 사람을 MRI 촬영기에 들어가게 한 후 낯선 이성의 사진들을 무작위로 보여주면서 중간중간 파트너의 사진도 보여주었죠. 그때 뇌에서 일어나는 반응을 관찰한 결과, 자기 파트너의 사진을 볼 때만 **뇌섬엽**과 **기저핵**이 강하게 활성화되는 것을 확인할 수 있었습니다.

기저핵은 피질의 아래쪽, 좌우 반구 깊숙이 위치한 구조들의 총체입니다. 여기에는 다양한 하위구조가 있는데 특히 선조체와 흑질이 활발하게 작용합니다. 이 하위구조들은 자동적이고 충동적인 행동에 관여하며, 뇌의 나머지 부분에 많은 양의 도파민을 분비하는 것으로도 알려져 있어요. 도파민은 쾌락을 예측하고 동기를 부여하는 호르몬이죠. 도파민은 특히 중독의 핵심입니다.

뇌섬엽의 역할은 뚜렷하게 밝혀지지 않았습니다. 측두엽과 전두엽 사이 변연피질 중심에 있는 뇌섬엽은 음식이나 약물을 적극적으로 찾는다든가 하는 의식적 욕망에 크게 관여하는 것으로 보입니다. 이 구조는 또한 감정 경험이 신체에 미치는 영향에도 일정한 역할을 합니다(예를 들어, 슬플 때는 목이 메고 스트레스가 심하면 속이 답답하죠). 사랑에 빠진 상대를 볼 때 배 속에서 나비가 춤추듯 간질간질한 기분이 드는 것도, 심장이 미친 듯이 두방망이질하는 것도 다 이 때문입니다.

사랑은 이렇게 뇌의 심층부에 있는 구조들을 활성화합니다. 따라서 사랑은 급작스럽고 중독적이며 충동적인 성격을 띨 뿐 아니라, 우리의 *마음 깊이 파고들 수 있는 것입니다.*

사랑의 유효기간은 3년?

아뇨, 사랑의 유효기간은 3년이 아닙니다! 2012년 심리학자 아서 에런은 20년 이상 결혼 생활을 한 부부 10여 명을 대상으로 배우자의 사진을 보여주고 그때 일어나는 뇌 반응을 MRI로 관찰해보았습니다.[5] 그러자 피험자의 뇌에서 낭만적 연애의 첫 단계에서처럼 보상 회로와 도파민이 풍부한 뇌 기저부가 활성화되는 것을 볼 수 있었습니다. 20년 넘게 같이 산 부부도 얼마든지 열렬한 사랑과 결부된 뇌 영역을 활성화할 수 있는 것이죠.

왜 나는 너를 사랑하는가

바텔스와 제키는 앞서 소개한 실험에서 피험자들을 MRI 촬영기에 넣고 파트너의 사진뿐 아니라 친구들의 사진도 보여주었습니다. 그 결과, 인간의 뇌는 사랑과 우정을 구분하는 것으로 확인되었습니다.

어째서 특정한 대상만이 낭만적 연애 회로를 각성시키는 걸까요? 왜 하필 다른 사람이 아닌 그 사람이 이토록 좋은 걸까요? 수많은 연구자가 이 의문에 답하고자 했습니다. 사실, 이유는 한둘이 아닌 듯합니다. 일부 심리학자들은 우리가 사회·경제적 환경, 지적 수준, 매력, 종교적 가치관이 비슷한 상대에게 더 쉽게 끌린다고 주장합니다(재미있는 사실 하나, 틴더 같은 데이트앱의 파트너 추천 알고리즘도 이러한 요소를 활용합니다). 또한 어린 시절의 기억도 작용하는 듯하나, 아무도 이 메커니즘을 완벽하게 설명할 순 없었습니다. 신경과학자들은 뇌의 기능과 호르몬 분비가 우리가 특정 사람에게 사랑을 느끼는 이유를 부분적으로 설명해준다고 봅니다. 일례로 신경과학을 연구하는 정신과 의사이자 심리학자 세르주 스톨레뤼는 『욕망이라는 이름의 뇌Un Cerveau nommé désir』에서 사랑하는 사람과의 첫 만남이 어떻게 이루어지는지 기술했습니다.[6] 일단 시각이 중요합니다. 뇌에서 감정이 피어오르느냐 마느냐에는 시각피질의 활동이 결정적입니다. 처음 본 순간 왠지 기분이 좋고 긍정적인 감정이 들었다면 사랑으로 발전할 가능성이 있는 겁니다(우리 책 243쪽을 참조하세요. 우리 뇌는 익숙하게 보아왔던 것을 아름답다고 판단하는 경향이 있습니다).

앞서 언급한 인류학자 헬렌 피셔는 우리가 누군가에게 끌리는 데에는 생물학적 이유가 있다고 보았습니다. 피셔는 자신의 이론에 근거해 케미스트리닷컴이라는 만남 사이트를 만들었어요. 이 사이트에 가입하려면 도파민, 세로토닌, 에스트로겐, 테스토스테론 분비 수준을 평가하기 위한 일련의 설문에 답을 해야 했습니다. 피셔는 뇌에서 분비되는 이 네 가지 화학 성분을 근거로 사람들을 네 유형으로 나누었습니다. 설문을 마친 사용자는 사이트를 통해 누군가를 만나고 연애를 시작할 수도 있었는데, 피셔는 이 모든 과정을 추적 조사했습니다. 커플로 맺어지게 된 사람들을 대상으로 어떤 사람이 어떤 사람을 좋아하게 됐는지 파악하고 그들의 호르몬 수치를 비교했습니다. 그 결과, 도파민 수치가 높은 사람은 자기와 비슷한 사람에게 끌리는 반면, 에스트로겐 수치가 높은 사람은 테스토스테론 수치가 높은 사람에게 더 끌리는 것으로 나타났습니다.

물론 이 모든 데이터에는 신중하게 접근해야 합니다. 피셔의 연구가 이미 수만 명을 대상으로 한 것이긴 하지만, 완전히 검증하려면 다른 연구자가 다른 맥락에서도 이를 증명할 수 있어야 하죠.

그러니 실망스러울지도 모르지만 "왜 하필 그 사람을 사랑하게 됐을까?"라는 우리의 영원한 화두는 아직 정확한 답을 찾지 못했다고 봐야 합니다. 어쩌면 몇 년 후에는 이 주제에 관한 연구 성과가 있을지도 모릅니다. 5년 정도 후에 다시 얘기해봅시다!

요약하자면,

- 사랑은 애착 관계를 빚어내는 옥시토신과 바소프레신을 주성분으로 하는 화학적 칵테일입니다.

- 사랑은 자동적이고 충동적인 행동에 관여하는 뇌의 가장 오래된 심층부를 활성화합니다. 이 부분은 쾌락을 예측하고 동기를 부여하는 호르몬인 도파민을 뇌의 나머지 부분에 분비하기도 합니다.

- 사랑의 유효기간이 3년이라는 말은 터무니없는 낭설입니다.

- 우리가 누군가를 좋아하게 되는 이유는 심리학, 생물학, 사회학, 신경과학에 속하는 다양한 요인들로 설명할 수 있습니다.

낭만적 사랑의
실패와 우울

"싸움에서 졌을 때 난 고개를 숙였어. 하늘은 완벽한 폭우 때처럼 시커멓게 변했지. …… 물이 나의 폐를 가득 채웠고 나는 아주 크게 소리를 질렀지만 아무도 내 목소리를 듣지 못했어." 테일러 스위프트는 〈클린Clean〉에서 이렇게 노래했죠. 이 가사는 연인 사이의 이별을 표현하고 있습니다. 실연의 아픔을 겪어본 사람이라면 누구나 공감하지 않을 수 없는 가사죠.

사랑은 강렬한 감정입니다. 깊이 사랑하는 사람과 이별한 후에는 그 충격으로 심각한 우울에 빠져들 수 있습니다. 세상이 끝났다고 느껴지고, 밥맛이 없고, 다시는 예전으로 돌아갈 수 없을 것 같다고 믿게 됩니다. 마음이 너무 괴로운 나머지 육체가 시들어가는 걸 느낄 수 있죠. 시인 알퐁스 드 라마르틴은 이 터무니없고 압도적인 감정을 이렇게 노래했습니다. "단 한 사람이 없을 뿐인데 모든 것이 텅 비어버렸네."

인간이 진화해온 수백만 년 동안, 얼마나 많은 이가 이 같은 시련을 마주했을까요? 실연한 후에는 외로움과 공허함으로 컴컴한 방에 틀어박혀 울고만 싶어지기도 합니다. 이럴 때 주위 사람들은 위로를 한답시고 이렇게 말하곤 하죠. "힘내, 이러고 있지 말고 우리랑 나가자. 기운 내서 다른 일로 넘어갈 때야." 하지만 이게 어디 말처럼 쉽게 되는 일이던가요? 실연 후의 행동이나 마음은 내 마음대로 조절하기 어렵습니다. 왜 이렇게 태연하게 지나갈 수가 없는 걸까요? 그 이유는 바로 '뇌의 신경 배선'과 '진화'에 있습니다. 깨달음을 선사한 다윈에게 감사를 전하고 싶네요.

뇌 신경 배선의 결함

실연 후에 우리가 비참한 상태를 겪는 이유는 뇌 활동의 변화에서 찾을 수 있습니다. 이번 장에서 소개하는 실험의 대부분은 세계적인 인류학자 헬렌 피셔의 연구입니다. 평생 사랑과 성의 문제를 다룬 그는 '사랑의 석학'으로 불립니다. 피셔는 '썩 유쾌하지 않은' 실험들로도 유명한 학자인데요. 판단은 여러분에게 맡기겠습니다. 예컨대 피셔는 이별을 경험한 피험자들을 MRI 촬영 기계와 연결한 뒤 헤어진 전 애인의 사진을 보게 했습니다.[1] 그 결과는 어떻게 나타났을까요?

┃ 이별 후에도 사랑의 열정은 여전히 남아 있다 ┃

헤어진 후에도 사랑의 열정과 결부된 뇌 영역은 여전히 활성화 되는 것을 볼 수 있었습니다. 안타깝게도 이별하긴 했으나 그 사람을 잊지는 못한 것이죠. 아니, 그 사람을 더욱더 원하게 됐는지도 모릅니다. 이것이 이별 직후의 일반적인 '좌절-끌림' 단계입니다. 나를 떠난 그 사람을 원망하는 동시에 여전히 온 마음과 뇌를 다해 사랑하는 단계에 있는 것이죠.

┃ 뇌는 여전히 그 사람에게 중독되어 있다 ┃

이별은 뇌의 보상 체계 또한 강하게 활성화합니다. 약물 중독과 결부된 바로 그 체계이지요. 이는 실연 후 우리의 행동에 어떤 영향을 미칠까요? *보상 체계는 우리가 원하는 것을 얻지 못할 때 더 활발히 작동한다*는 점을 알아두세요. 그리하여 우리는 이별을 받아들이지 못하고 그 사람을 더욱 그리워하게 됩니다.

금단 현상을 겪는 약물 중독자가 가진 모든 걸 팔아서라도 약을 구하려 드는 것처럼 이별을 경험한 사람은 공허를 채워줄 수 있는 것을 간절히 찾게 됩니다. 그 사람이 나에게 되돌아오는 궁극의 보상을 얻을 수만 있다면 뭐라도 하겠다는 의욕과 의지가 불타오르게 되죠. 그래서 헤어진 연인에게 편지를 보내거나 집에 찾아가서 만나달라고 읍소하는 바보 같은 짓을 하기도 합니다.

보상이 결코 주어지지 않을 거라는 걸 보상 체계가 깨달을 때까지 금단 현상은 길고 고통스럽게 이어질 것입니다. 그 과정에서 그 사람과 관련된 어떤 요소가 아픔을 들쑤시기도 하겠죠. 사진, 산책

하던 길모퉁이, 그가 앉던 의자, 받았던 선물 같은 것을 마주할 때마다요.

❙ 실연과 우울증의 흐릿한 경계 ❙

그 사람이 다시 돌아오지 않을 거라고 일단 받아들이고 나면 슬픔과 우울의 단계가 필연적으로 따라옵니다. 이 단계에서는 하염없이 눈물이 나고 침대에서 일어나고 싶지도 않을 수 있죠. '우울증'이라고 표현하면 너무 지나칠까요?

임상적으로 우울증의 징후는 슬픔, 눈물, 모든 활동에 대한 의욕 상실입니다. 특히 수면에는 거의 반드시 영향이 있어서 불면증이나 과다수면장애가 일어납니다. 체중의 급격한 변화, 기력 상실, 운동 및 인지 능력의 저하도 우울증의 지표가 될 수 있습니다. 우울증에 빠진 사람은 지나간 일을 자주 곱씹는데, 특히 죄의식을 자극하거나 자기를 비하하는 생각을 많이 하죠. 어쩐지 가슴 아픈 이별을 겪은 후의 모습과 비슷하다고요? 그렇습니다. 실제로 실연 이후의 상태는 우울증과 아주 비슷합니다.

• • • •
이별의 병

로스앤젤레스대학교의 잭 먼스가 실시한 연구에 따르면 조사대상자의 40퍼센트가 사랑하는 사람과 헤어진 다음 주에 임상적 우울증을 겪었다고 답했습니다.[2] 그중에서도 12퍼센트는 중증 우울증이라고 할 만한 증상을 겪었습니다.

신경과학자들은 이별 후에 우울증과 비슷한 상태를 겪었다고 말한 사람들의 뇌 기능을 살펴보았습니다.[3] 그리고 그들의 뇌 기능이 실제 우울증에서 관찰되는 것과 일치하는 것을 발견했죠. 특히 뇌의 두 영역의 활동이 위축된 것을 확인할 수 있었습니다.

- 관자놀이 뒤에 있는 뇌섬엽
- 두 반구 안쪽 면에 있는 대상피질

이 두 영역이 특별한 이유는 VEN(폰 에코노모 뉴런)이라고 하는 특수한 유형의 뉴런이 여기에만 있기 때문입니다. 유인원도 VEN을 지니고 있지만, 인간은 특히 많습니다. VEN은 뇌의 다양한 부분들과 연결돼 있어요. 이 뉴런은 모든 외부 자극을 매우 빠르게 처리하여 우리가 감정적으로, 혹은 행동을 통해 신체적으로, 혹은 인지적으로 반응하게 합니다. 이별의 슬픔을 겪을 때 두 영역의 활동이 위축되면 긍정적인 일에도 아무것도 느끼지 못하거나(쾌감의 결여), 부정적 감정을 통제하지 못하게 될 수 있습니다. 마치 마비된 것 같은 상태를 보이거나, 울음을 주체하지 못하게 될 수도 있죠.

다수의 뇌 영상 촬영 연구에 따르면 사랑하는 사람에게 거절당한 괴로움은 우울증과 비슷할 뿐 아니라 뇌 활동의 양상에서 신체적 고통과도 비슷하다고 합니다.[4] 실제로 그 두 경우에서 활성화되는 뇌 영역은 많이 겹칩니다. 미시건대학교의 데이비드 수는 뇌가 '심리적' 고통에 대처하기 위하여 천연 진통제를 분비한다는 사실을 밝혔습니다.[5] 그 천연 진통제의 성분은 신체적 고통이 있을 때 분비하는 성분과 완전히 일치합니다. *그러니까 뇌는 실연의 아픔과 발목이 삐었을 때의 아픔을 같은 것으로 취급하는 것이죠.*

실연한 직후에 우리는 이제 다시는 사랑할 수 없고, 행복할 수도 없으며 이렇게 살다 죽을 거라는 비관적인 생각에 빠져들곤 하죠. 이 시기에는 매사를 비극적으로 보게 되는 경향이 있습니다. 하지만 그렇게 두려워할 필요 없습니다. 늘 그렇듯 인간은 결국 배우고 적응하고 살아가게 되니까요. 우리의 뇌가 그렇게 설계되어 있습니다. 피셔는 앞서 소개한 연구에서 실연을 겪은 사람들이 뇌 한복판의 중뇌변연계 경로가 매우 활성화되는 것을 발견했습니다. 이 경로는 학습, 기억, 특정 행동의 강화에 아주 중요한 역할을 합니다. 즉 실연과 이별은 삶에서 누구나 겪게 되는 하나의 과정이며, 어쨌든 그 경험을 통해 우리는 무언가를 '배우게' 된다고 할까요. 덧붙이자면, 시간이 약이라는 말이 맞습니다.

다윈의 과오

사랑하는 사람과 헤어졌을 때 우리가 하는 행동들의 첫 번째 원인은 뇌가 기능하는 방식에서 찾을 수 있다는 걸 살펴보았습니다. 그렇다면 두 번째 원인은 무엇일까요?

연구자들은 우리가 이별 후에 거치는 단계들이 진화의 산물이라는 이론을 수립했습니다. 진화는 사피엔스에게 이득이 되는 방향으로 이루어졌으니, 이별 후에 겪는 비참한 마음과 우울에도 어떠한 쓸모가 있는 것일까요? 그렇다면 왜 그럴까요? 휘트니 휴스턴이 부르는 사랑 노래를 들으면서 질질 짜는 것과 인간의 생존을 위한 진화가 무슨 상관이 있는 걸까요?

우리는 처음에는 이별을 받아들이지 못하다가, 결국 항복하고 드러눕게 됩니다. 무엇에도 흥미가 생기지 않고, 외출하기도 싫고, 한없이 우울해지곤 하죠. 그런데 이런 우울에도 효용이 있습니다. 우울의 징후들이 주위 사람들에게 '도움이 필요하다'는 신호로 작용하기 때문이죠. 그리하여 우울에 빠진 사람은 타인의 도움을 받아 조금씩 회복하고 장차 후손을 볼 확률을 높일 수 있습니다. 이러한 관점에서 본다면 우울증은 일종의 적응 기제입니다.

이러한 생존 행동은 인간 아닌 다른 종, 특히 새끼를 낳고 얼마 안 되어 어미가 떠나는 종들에게서도 나타납니다. 새끼는 어미가 자기를 두고 떠나는 걸 자각하면 일단 항의의 몸짓을 합니다. 그다음에는 분노와 공황 상태에 빠지죠. 그러다 체념하고 삶에 대한 의욕을 잃습니다. 이것이 우울 단계로, 이때 신체 기능도 변합니다. 어미에게 버림받은 새끼는 희망을 잃으면서 도파민 분비가 줄고 무감각하며 침울한 상태가 됩니다. 생물학자들은 이 상태가 주위의 다른 개체에게 위험을 알리는 신호 역할을 한다고 설명합니다. 어떤 동물이 꿈쩍도 하지 않고 있으면 다른 동물들이 와서 들여다보고 엄마 노릇을 할 다른 동물을 데려온다든가 하는 식으로 도움을 준다는 것이죠.

즉, 결과적으로 뇌가 이별에 대하여 우울 반응을 하게끔 설계된 이유는 우리 조상들, 그리고 우리의 생존과 번식 욕구 때문이라고 설명할 수 있습니다.

· · · · · · · · · · ·
실연의 아픔을 완화하는 약?

콜로라도 볼더대학교의 신경과학자 레오니 코번은 최근 6개월 사이에 연인과 이별한 사람 40명을 모집해 흥미로운 실험을 했습니다.[6] 실험의 첫 단계는 전 연인의 사진을 보여주면서 뇌 반응을 분석하는 것이었죠. 피험자는 사진을 한 장 볼 때마다 행복감의 수준을 측정하는 설문에 응했습니다. 결과가 썩 유쾌하지 않았다는 말은 굳이 안 해도 되겠죠? 그런데 코번은 실험 중간 단계에서 피험자들에게 생리식염수 스프레이를 코에 분사하게 했습니다. 인체에 무해할 뿐 아니라 달리 아무런 효과도 없는 스프레이였죠.

피험자를 두 집단으로 나눠 A 집단에게는 "뇌 스캐너 영상을 좀 더 선명하게 보기 위해 분사하는 식염수입니다. 다른 효과는 없어요" 라고 말했고, B 집단에게는 "괴로운 감정이나 부정적 기분을 완화하는 강력한 진통 성분이 있는 스프레이입니다"라고 말했어요. 그다음에 전 연인 사진을 보여주면서 피험자의 행복감이나 불안감 수준을 측정해보았지요. 그러자 놀랍게도 식염수 스프레이를 진통제라고 믿었던 B 집단에서는 실제로 고통이 완화된 결과가 나왔습니다. 물론 A 집단에서는 아무 차이도 없었죠. 플라세보 효과는 이별의 아픔에도 통한답니다.

- 이별 후의 고통은 뇌 상태 변화에 따른 것으로 개인의 의지로 조절할 수 있는 게 아닙니다.

- 연애 감정에 관여하는 뇌 영역들과 보상 체계는 이별 후에도 그대로 작동합니다. 이별을 그렇게 빨리 훌훌 털고 일어날 순 없어요.

- 이별 후의 뇌는 우울증 환자의 뇌와 무척 비슷하게 작동합니다. 또한, 뇌는 심리적 고통을 느낄 때 육체적 고통을 느낄 때와 똑같은 '천연 진통제'를 분비합니다. 즉 뇌는 실연의 아픔을 발목이 부러졌을 때의 아픔과 같은 것으로 취급하는 셈입니다.

- 우리의 뇌는 애초부터 이별에 우울감으로 반응하게끔 설계돼 있습니다. 진화론적 관점에서 본다면 그래야 타인들에게서 지지와 위로, 공감을 얻을 수 있고, 그래야 생존과 번식에 유리하니까요.

오르가슴은
그렇게 오지 않는다

이번 장에서는 남성과 여성의 오르가슴을 다뤄볼 겁니다. 현재 시점에서 남성 오르가슴은 40년 이상 연구가 되어왔기 때문에 정보가 차고 넘치는 반면, 여성 오르가슴은 사정이 완전히 다릅니다. 여성 오르가슴이 진지한 연구 주제가 된 것은 2005년부터이고, 아직도 상당 부분은 미스터리로 남아 있죠. 학계 전반에서 남성의 성은 오랫동안 연구 주제였지만, 여성의 성을 다루는 것은 최근까지도 금기시되었습니다.

여성 오르가슴은 사피엔스 진화의 미스터리?

여성 오르가슴의 존재 이유는 오랫동안 모호하게 여겨졌습니다. 남성의 오르가슴은 사정, 다시 말해 생식과 직결되지만 여성은 오르가슴을 경험해야만 임신을 하는 게 아니니까요. 그래서 진화론자 엘리자베스 로이드는 어째서 여성이 진화하는 동안 생식에 도움이 되지 않는 이 특성이 남을 수 있었는지에 대해 의문을 제기했습니다.[1] 혹자는 오르가슴이 여성에게 성관계에 대한 의욕을 불러일으킴으로써 수태의 확률을 높일 수 있지 않냐고 말할지도 모릅니다. 하지만 여성의 50퍼센트는 성관계에서 반드시 오르가슴을 경험하지는 않는다고 합니다. 그래도 여성들은 계속 성관계를 하는걸요! 그러니까 여성 오르가슴을 생식 욕구와 꼭 결부시킬 수는 없습니다. 여성 오르가슴은 이유는 알 수 없지만(종족 보존과 무관하므로) 호모 사피엔스가 오랫동안 간직해온 속성 중 하나라고 할까요.

오르가슴을 느낄 때 뇌에서 일어나는 일

궁금하지 않나요? 뇌에서 어떤 기제들이 작동하기에 우리는 오르가슴에 도달하고 쾌감을 느낄 수 있는 걸까요?

성관계를 하는 동안 욕망은 점점 고조되고 신체와 뇌의 리듬도 계속 빨라집니다. 호흡이 거칠어지고, 심장이 더 빠르고 거세게 뛰고, 땀이 나기 시작하죠. 이때 뇌는 몸에게 이런 신호를 보냅니다. '거기 정신 바짝 차리고 행동할 준비 해!'

성관계를 할 때는 시각, 청각, 촉각 등 어떤 자극이 주어지느냐에 따라 감각 정보를 처리하는 서로 다른 피질들이 활성화됩니다. 상대의 의도를 파악하고 예측하는 복잡한 사유 기제에 관여하는 뇌 영역들도 강하게 활성화되지요('저 사람이 원하는 게 뭘까? 저 사람이 다음에는 뭘 할까?'). 또한, 기억과 감정에 관련된 영역도 활성화됩니다. 우리가 흔히 생각하는 바와 달리 섹스는 동물적이고 원초적인 본능과는 거리가 멉니다. 섹스라는 기능은 복잡한 두뇌 활동을 요구하죠.

남성과 여성의 오르가슴은, 적어도 뇌에서 일어나는 활동만 봤을 때는 유사점이 많습니다. 남성의 오르가슴은 평균 10초간 지속하고, 여성의 오르가슴은 그보다 길게 20초까지 지속됩니다. 그렇지만 오르가슴은 오르가슴이죠. 남성이든 여성이든 오르가슴을 느낄 때면 뇌의 특정 영역들이 반드시 활성화됩니다.

노스웨스턴대학교의 애덤 새프런과 여러 연구자들은 오르가슴을 '뇌 활동의 거의 전면적 동시화'라고 설명합니다.[2] 오르가슴을 느낄 때 뇌에서는 30개 이상의 영역이 한꺼번에 활성화됩니다. 이건 오르가슴의 중추가 따로 있는 게 아니라는 뜻이죠. 오르가슴에는 뇌의 거의 모든 곳이 관여합니다.

여기서 그 영역들을 일일이 다루지는 않겠습니다. 다만 남성과 여성이 공통으로 활성화되는 영역은 어디이며, 차이를 보이는 지점은 무엇인지를 짚어보겠습니다. 뇌의 작동 방식에서 여성과 남성의 오르가슴은 비슷한 점이 많지만, 분명한 차이도 존재합니다. 그리고 그 차이가 각자의 경험에 커다란 영향을 미치지요.

오르가슴은 뇌파가 주는 춤

오르가슴에 도달할 때 우리 몸과 뇌에는 수백 가지 감각이 넘쳐흐릅니다. 호르몬 수치가 높아지면 호흡과 심장 박동이 빨라지고 구름에 휩싸인 듯 기분이 좋아지지요. 새프런 같은 신경과학자들은 오르가슴을 꿈이나 환각, 약물에 의한 도취처럼 의식이 수정된 상태라고 설명합니다. 의식이 수정된 상태라는 건 정상적 의식 상태와 다르다는 뜻이죠. 신경과학자들에 따르면 오르가슴은 세상과 우리 자신에 대한 의식을 바꿔놓습니다. 어떻게 그럴 수 있냐고요? 리듬의 힘입니다! 오르가슴은 음악이나 춤에 완전히 취할 때처럼 우리 뇌의 감각 통로들을 규칙적이면서도 강렬한 리듬의 뇌파로 채웁니다. 다시 말해 음악이나 춤도 의식이 수정된 상태를 끌어낼 수 있다는 뜻이죠.

우리가 오르가슴을 느낄 때

| 고통에 대한 내성의 증가 |

오르가슴을 느낄 때는 고통을 두 배나 더 참을 수 있어요! 왜일까요? 단순합니다. 뇌에서 엔도르핀이 많이 분비되면서 진통 작용이 일어나기 때문이죠. 미국의 연구자 배리 코미사루크는 일상적인 상태에 있을 때와 자위행위를 할 때 여성의 손가락을 세게 꼬집는 비교 실험을 해보았습니다.[3] 그 결과 오르가슴을 느낄 때는 통증에 대한 내성이 50퍼센트 늘어나는 것을 확인할 수 있었습니다. 가벼운 두통이나 복통에 오르가슴을 추천한다 해도 아주 이상한 일은 아닙니다.

▎ 자기 판단과 통제력의 감소 ▎

오르가슴을 느끼는 동안 뇌의 앞쪽에 있는 좌측 측면 안와전두 피질은 완전히 활동을 중지합니다. 이 뇌 영역은 자기 판단에 관여하며 충동 조절을 돕습니다. 그러면 이 영역이 활동을 중지할 땐 어떤 일이 일어날까요? 추론의 비약이 심해지고, 더 이상 억제가 안 됩니다. 그리고 자신이 하는 일을 판단하지 않게 됩니다.

▎ 애착의 촉진 ▎

오르가슴을 느낄 땐 남성과 여성 모두 시상하부가 강하게 활성화됩니다. 시상하부는 뇌 중앙에 박혀 있는 아주 복잡한 구조입니다. 특히 호르몬 분비를 제어하는 주요 구조 중 하나라는 걸 기억해두세요. 오르가슴에 도달할 때 시상하부는 사랑과 애착의 호르몬으로 알려진 옥시토신을 대량 분비합니다. 옥시토신은 여성뿐만 아니라 남성에게도 마찬가지로 분비되죠. 오래된 통념과는 달리, 남성과 여성 모두 성관계를 통해 애착을 발전시킬 수 있습니다.

▎ 다시 경험하고 싶은 강렬한 쾌감! ▎

예상할 수 있겠지만, 오르가슴을 느낄 때는 보상 회로가 강하게 활성화됩니다. 쾌감과 만족의 기원인 보상 회로(47쪽 그림 참조)는 크게 두 영역으로 구성되어 있습니다. 먼저, 오르가슴에서 느끼는 만족의 수준은 뇌의 중심에 있는 배쪽 피개부에서 처리합니다. 배쪽 피개부는 다음과 같은 질문을 제기하죠. *지금 나의 경험은 나의 욕구에 부응하는가?* 만약 그렇다면 배쪽 피개부는 뇌의 여러 부분으로, 특히 그리 멀지 않은 곳에 있는 기저핵에 도파민을 잔뜩 분비할 겁니다. 기저핵에 도파민이 분비되면 강렬한 쾌감이 일어나죠. 그리고 이 쾌감에 대한 기억이 우리에게 언제든지 욕구가 일어날 때면 다시 이걸 하고 싶다는 동기를 부여합니다.

오르가슴을 느낄 때 우리 각자의 뇌에서 벌어지는 일

이렇게 공통점이 많긴 해도 남성과 여성 사이의 차이는 분명히 존재합니다. 어떤 과정은 여성의 뇌에서만 일어나고 남성에게서는 볼 수 없는가 하면, 또 어떤 과정은 반대로 남성의 뇌에서만 일어나죠. 이러한 차이가 많지는 않지만, 매우 의미심장합니다.

┃ 여성의 경우 ┃

앞서 성별과 상관없이 오르가슴을 느낄 때는 좌측 측면 안와전두피질이 비활성화되고, 그러면 자신에 대한 판단력이 흐려진다고 지적했었죠.[4] 그런데, 여성이 오르가슴을 느낄 때면 중앙배부 전전두피질의 활동도 완전히 정지됩니다. 뇌의 앞쪽에 있는 이 영역은 사회적 판단과 도덕적 감정에 관여하는 곳이죠. 이게 무슨 뜻일까요? 여성이 오르가슴에 도달하려면 다음 두 가지 장애물을 철폐해야 한다는 의미입니다.

1. 자기 행동에 대한 판단
2. 타인의 시선이나 사회적 판단에 대한 두려움

요컨대, 여성을 바라보는 사회의 시선이 내밀한 성생활에까지 영향을 준다는 겁니다.

그렇다면 자기 판단을 관장하는 전두엽, 좌측 측면 안와전두피질, 사회적·도덕적 판단을 관장하는 중앙배부 전전두피질이 비활성화되지 않으면 무슨 일이 일어날까요? 오르가슴을 느낄 수 없습니다! 여성 열 명 중 한 명은 오르가슴을 느끼지 못한다고 합니다. 남성도 불감증을 겪을 수 있지만, 여성만큼 많지 않고 대부분 고질병이 원인이죠. 반면, 여성의 불감증은 전두피질의 활성화 여부에 원인이 있는 경우가 상당수입니다. 지금 일어나는 일에 완전히 몰입하지 못하고 상황을 통제하거나 판단하려 하기 때문에 오르가슴에 도달할 수가 없죠. 관계에 대해, 자신이 하는 행위에 대해 생각이 많아지고, 행위 자체를 느껴야 하는데 파트너를 평가하기도 하고요. 여성 두 명 중 한 명꼴로 파트너와의 성관계보다 자위행위에서 오르가슴을 더 잘 느낀다고 말하는 이유도 이로써 부분적으로 설명이 됩니다. 혼자 자위를 할 때는 타인의 시선과 사회적 판단에 신경 쓰지 않아도 되니까요.

클리토리스와 뇌

이 장 초반부에서 말했듯이 여성 오르가슴에 관한 연구는 뒤늦게 시작됐습니다. 그리고 속보가 있었죠. 클리토리스와 연결된 뇌 영역을 알아낸 겁니다.

2021년 베를린대학교의 안드레아스 크노프는 클리토리스가 자극받을 때 활성화되는 뇌 영역에 관한 연구를 발표했습니다.[5] 그 전의 연구들에서는 체성 감각 피질을 확인하긴 했지만 정확한 위치는 파악하지 못하고 있었거든요. 아, 체성 감각 피질은 신체 표면에서 오는 정보를 받아들이는 뇌의 부분이에요. 이 피질에는 신체의 각 부분에 따른 고유한 영역이 있고, 해당 부분의 감수성에 따라 영역의 크기가 다릅니다. 과학자들은 신체의 각 부분이 이 피질에서 차지하는 비중을 나타내기 위해 '감각 호문쿨루스'라고 하는 기이한 인간 그림을 만들었습니다.

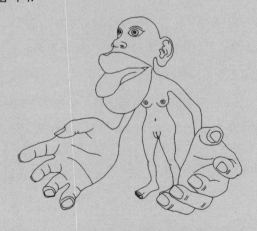

감각 호문쿨루스, 신체 부위의 감수성을 기준으로 그린 인간의 모습

그림에서 크게 그려진 부분일수록 감각이 예민하고 체성 감각 피질에서 큰 비중을 차지합니다. 이걸 보면 허벅지보다 손이 민감하다는 걸 알 수 있죠. 말이 되지 않는 것 같나요?

그럼, 이 질문이 나와야지요. *그놈의 클리토리스는 여기서 어디 있는 거죠?*

이 질문에 답하기 위해 또 다른 연구를 소개하겠습니다. 이 연구에서는 18~45세 사이의 여성 20명을 대상으로 동그랗고 작은 물체로 클리토리스를 자극하면서 뇌 MRI를 촬영했습니다. 결론적으로, 남성이든 여성이든 생식기에 해당하는 뇌 영역은 허리에 해당하는 뇌 영역과 붙어 있는 것으로 확인됐습니다.

이 연구에서 또 하나 발견한 사실이 있습니다. 실험을 진행한 그 해에 성생활을 활발히 하고 있던 여성일수록 클리토리스와 연결된 뇌 영역이 더 넓게 나타났습니다. 이것도 뇌 가소성의 증거일까요? 아직은 모릅니다. 지금으로서는 어떤 의미 있는 인과 관계가 관찰되지는 않았습니다. 성생활을 많이 해서 그 영역이 커진 걸까요, 아니면 원래 그 영역이 큰 여성일수록 성생활을 왕성하게 하는 것일까요? 앞으로 연구를 통해 밝혀지겠죠!

어쨌든 이 연구는 클리토리스에 대한 지식의 진일보였습니다. 생식기 손상에 따른 성적 장애를 치료하는 데 도움이 될 수 있을 테니까요.

┃ 남성의 경우 ┃

남성에게서 특히 활발한 영역은 바로 시각피질입니다. 네덜란드 흐로닝언대학교의 신경생물학자 게르트 홀스테게는 남성 오르가슴에서는 시각이 여성 오르가슴에서보다 훨씬 큰 역할을 한다고 강조했습니다.[6] 첫째, 남성은 시각에서 오는 감각 정보에서 더 큰 흥분을 얻습니다. 둘째, 남성은 성관계를 하는 동안에도 시각적 기억 영역의 뇌 활동이 특히 활발합니다. 그래서 남성은 성관계에 관한 기억을 나중에 머릿속으로 더 쉽게 돌려볼 수 있어요.

세르주 스톨레뤼는 성욕 감퇴에 시달리는 남성들이 정상적인 성생활을 하는 남성들과는 뇌 신경 활동이 다르다는 것을 발견했습니다.[7] 성욕이 저하된 남성들에게 성애 영화를 보여주자 이마 뒤 전전두피질의 특정 부분이 엄청나게 활발하게 작동하는 것을 볼 수 있었죠. 그런데 이 영역이 지나치게 활발하면 시각 자극에서 흥분이 제거되기 때문에 오르가슴에 도달하기 힘들어집니다. 요컨대 남성 오르가슴은 시각과 긴밀히 연결돼 있는 것이죠.

절정, 그 이후

드디어 쾌감의 끝에 도달했습니다. 오르가슴에 도달하자 뇌가 도파민을 차단하면서 쾌감은 서서히 가시고 충족감이 자리를 잡습니다. 성욕을 느끼게 하는 도파민은 프로락틴, 일명 수면 호르몬으로 대체되지요. 프로락틴이 전하는 메시지는 분명합니다. 잘했

남성은 시각피질과
시각 기억 영역이 강하게
자극을 받아야만
오르가슴에 도달한다.

시각피질

사회적 판단과 도덕감에
관계된 영역으로 여성은
이곳의 활동이 멈춰야만
오르가슴에 도달할 수 있다.

중앙배부 전전두피질

측면 안와전두피질

자기에 대한 판단과
통제에 관여하는
영역으로 남성과 여성
모두 오르가슴을 느낄
때는 기능이 멈춘다.

배쪽 피개부

남성과 여성 모두
여기서 분비된 도파민이
기저핵으로 전달된다.

기저핵

배쪽 피개부에서 분비한
도파민을 받아 남성과 여성
모두에게 강렬한 쾌감을
일으킨다.

시상하부

남성과 여성 모두 여기서
분비되는 엔돌핀이
고통에 대한 내성을
높이고 애착을 강화한다.

● 활성화되는 구역 ● 비활성화되는 구역

우리의 뇌가 오르가슴을 느낄 때

어, 그런데 에너지를 엄청나게 썼으니 이제 충전을 할 때야. 뇌는 자위행위에서보다 둘이 하는 섹스에서 오르가슴을 얻을 때 4배나 더 많은 프로락틴을 분비합니다. 그러니까 파트너가 섹스 후에 금세 잠들어버리더라도 미워하진 마세요.

요약하자면,

- 오르가슴의 중추가 따로 있는 건 아닙니다. 오르가슴은 뇌 전체가 폭죽을 터뜨리는 것과 같습니다. 어떤 영역은 그 어느 때보다 강하게 활성화되고 어떤 영역은 완전히 기능이 멈춥니다. 오르가슴을 느끼는 뇌의 반응에는 중간이 없답니다.

- 뇌 활동이라는 면에서 여성 오르가슴과 남성 오르가슴은 꽤 흡사합니다. 뇌에서 활성화되거나 비활성화되는 영역이 많이 겹치죠.

- 그래도 둘 사이에 차이는 존재하고 이 약간의 차이가 쾌감에 큰 영향을 미칩니다.

- 이 책에서는 오르가슴을 경험할 때 뇌에서 일어나는 현상의 극히 일부만 소개했습니다. 오르가슴에는 뇌 전체가 관여합니다!

아름답지 않아도
사랑할 수 있을까?

친구와 영화배우 갤 가돗이 얼마나 미인인지에 대해 얘기하느라 한참 열을 올렸던 적이 있습니다. 우리는 〈원더우먼 1984〉를 함께 봤고, 저는 영화를 보고 나도 모르게 이렇게 감탄했죠. "갤 가돗 진짜 너무 예뻐." 그랬더니 친구가 (무엄하게도) 이렇게 대꾸하는 것 아니겠어요? "갤 가돗이 그 정돈가? 그냥 그렇던데." 순간 피가 거꾸로 솟았죠. "뭐?!"

이후 5분간 그 친구를 붙잡고 갤 가돗이 얼마나 빼어난 미인인지 이해시키려 애썼습니다. 어째서 누군가의 아름다움에 대해 이렇게 의견이 갈리는 걸까요? 아름다움에 대한 지각은 보편적일까요, 아니면 개인과 문화에 따라 달라질까요? 어떤 요소가 미에 대한 우리의 판단에 영향을 미치는 걸까요?

우리가 어떤 사람을 아름답다고 느끼는가를 다룬 연구들은 대체로 다음 두 가지 사실을 바탕으로 합니다.

첫째, 아름다움에는 보편적인 면이 있습니다. 세계적으로 아름답다고 칭송받는 모델들만 봐도 알 수 있죠. 둘째, 아름다움에 대한 지각은 개인적 경험에서 비롯되기도 합니다. 그래서 사람마다 미에 대한 견해가 늘 일치하지는 않는 것이죠. 요컨대, 심미안은 보편적이면서도 개인적입니다.

아름다움의 보편성

1만 5000명 이상이 참여한 919개 연구를 종합한 결과, 어떤 얼굴이 매력적인가 아닌가에 대해서는 문화, 나이, 성별과 관계없이 대체로 의견이 일치한다는 것을 발견할 수 있었습니다.[1] 영국 엑서터대학교의 심리학 교수 앨런 슬레이터는 생후 6개월 된 아기들조차 성인들이 잘생기고 예쁘다고 판단한 얼굴을 그렇지 않은 얼굴보다 오래 바라본다는 사실을 밝혔습니다.[2] 이러한 연구는 외모의 아름다움에 관한 판단이 태어날 때부터 뇌에 심겨 있으며, 우리 조상들에게 물려받은 것이라는 사실을 강하게 시사합니다.

그렇다면 보편적으로 아름답다고 여겨지는 얼굴의 조건에는 무엇이 있을까요?

첫째가는 요소는 '대칭'입니다. 성인들은 일반적으로 대칭에 가까운 얼굴을 그렇지 않은 얼굴보다 매력적이라고 봅니다. 좌우 대

칭이 잘 맞는 얼굴은 두 눈의 크기가 거의 같고 코에서부터의 거리
도 같습니다. 아주 어린 아기들도 짝눈보다는 두 눈이 대칭인 얼굴
을 더 오래 바라봅니다. 다양한 연구들에서 안면 대칭이 건강의 신
호이기 때문에 자연선택으로 선호된다는 것을 밝히기도 했죠.

얼굴의 매력에 보편적으로 작용하는 두 번째 요소는 '호르몬'입
니다. 에스트로겐과 테스토스테론은 '매력적' 특징에 중요하게 작
용하죠. 캘리포니아대학교의 제임스 R. 로니는 테스토스테론 수치
가 높을수록 남성의 신체와 얼굴이 매력적으로 보인다는 점을 입
증했습니다.[3] 또한 여성의 외모가 아름답게 보이는 데에도 에스트
로겐이 미치는 영향이 큽니다. 2005년 M. J. 로 스미스는 에스트로
겐 수치와 여성의 외모에 대한 지각 사이의 상관관계를 연구를 했
습니다.[4] 에스트로겐 수치는 월경 주기에 따라 변하며 배란 직전
이틀 동안 최대치를 기록합니다. 스미스의 연구에서는 몇몇 여성
들의 월경 주기를 쭉 따라가면서 그날그날 그들의 외모가 어떻게
보이는지 여러 남녀에게 물어보았습니다. 결과적으로, 여성들은
에스트로겐 수치가 높을 때 더욱 매력적이며 건강해보인다는 평
가를 받는 것으로 나타났죠. 연구자들은 여성의 얼굴에 생식 능력
과 건강 상태를 알려주는 지표가 있고, 그 지표가 긍정적일수록 타
인들에게 매력적으로 인식된다는 결론을 내렸습니다.

즉 '아름다운 외모'에는 보편성이 있습니다. 대칭에 가까우며,
성 호르몬 수치가 높을 때의 얼굴을 아름답다고 인식한다는 점에
서요. 그러나 최근의 연구들은 아름다움의 보편성보다는 개인적
심미안의 차이에 더욱 주목하는 경향이 있습니다.

아름다움은 보는 이의 눈에 있는 것!

아름다움에 관한 연구의 한 갈래에서는 인간이 '대칭' 같은 미의 보편적 속성을 선호하는 경향이 수백만 년 전부터 이어진 진화적 결과라고 보았습니다. 인류의 삶이 녹록지 않던 시절에는 질병의 후유증이나 부상의 흔적이 얼굴에 남곤 했어요. 그러므로 대칭은 후손을 함께 낳을 파트너의 건강함을 드러내는 결정적인 표시였습니다. 하지만 이러한 미의 기준들이 지금까지도 꼭 유효한 건 아닙니다. 이제 그렇게까지 생존이 절박하진 않잖아요! 혹은 적어도 수천 년 전과 똑같은 방식으로 적용되진 않는다고 할까요. 이러한 관점에서 보면 우리의 심미안은 더 이상 보편적이지 않으며, 개인에 달려 있다고 할 수 있습니다.

로라 저민은 이러한 생각을 증명하기 위해 547쌍의 일란성 쌍둥이와 214쌍의 이란성 동성 쌍둥이에게 200장의 얼굴 사진을 보여주고 매력 여부를 평가하게 했습니다.[5] 만약 유전자가 지금도 강력한 영향력을 떨친다면 일란성 쌍둥이들은 이러한 평가에서 의견 일치를 보아야 할 테지요. 하지만 결과를 보니 그렇지 않았습니다. 쌍둥이들의 아름다움에 대한 인식은 유전자보다 개인의 경험에 더 많이 좌우되었어요.

어떤 얼굴이 매력적이라는 지각은 우리 자신의 경험에 달려 있습니다. 매체에서 많이 봤던 얼굴, 매일 하는 사회적 상호작용, 혹은 최초의 이성 친구에 대한 기억이 작용하기도 하죠.

2008년 필립 쿠퍼의 연구는 최근의 경험이 아름다움에 대한 평가에 미치는 영향을 잘 보여줍니다.[6] 피험자들은 8분 동안 여러 여성의 얼굴 사진을 보았습니다. 첫 번째 집단은 얼굴의 윗부분에 생김새의 특징이 있는 얼굴을 보았고, 두 번째 집단은 얼굴의 아랫부분에 생김새의 특징이 있는 얼굴을 보았으며, 세 번째 집단은 평균적인 얼굴을 보았지요.

그러고 나서 몇 시간 뒤 연구진은 이 세 집단에 또 다른 실험을 하겠다고 했습니다. 실은 똑같은 실험의 두 번째 단계였지만 피험자들은 알지 못했죠! 연구진의 의도는 조금 전에 본 얼굴들이 피험자에게 어떤 영향을 미치는지 살펴보려는 것이었어요.

실험의 두 번째 단계에서 연구진은 피험자들에게 컴퓨터로 자신이 가장 매력적이라고 생각하는 얼굴을 구성하게 했습니다. 그 결과, 첫 단계에서 보았던 얼굴에 영향을 받았음을 알 수 있었습니다. 몇 분 동안 계속 얼굴의 위쪽에 생김새의 특징이 있던 여성을 보았던 집단은 이상형으로 생각하는 얼굴의 특징을 그와 비슷하게 설정했어요. 따라서 매력에 대한 지각이 최근의 경험에 영향을 받는다는 결론을 내릴 수 있었죠.

우리가 평균적인 얼굴을 매력적이라고 생각하는 이유도 이로써 설명할 수 있습니다. 우리는 일상에서 대단히 다양한 얼굴을 마주칩니다. 이목구비가 뚜렷하거나 오밀조밀하거나, 눈 사이가 좁거나 멀거나, 입이 작거나 크지요. 우리 뇌는 그 가운데 평균 얼굴을 상정하고 경험에 따라 그 얼굴을 계속 업데이트해나갑니다.

아름다움의 기준은 동네마다 다른 것!

스코틀랜드 세인트앤드루스대학교에서는 거주하는 나라에 따라 선호하는 외모가 어떻게 달라지는지 살펴보는 연구를 진행했습니다.[7] 그 결과 사람들은 자주 보는 친근한 얼굴의 특징을 아름답다고 생각한다는 것을 확인했지요. 그러니까 내가 프랑스에서 나고 자랐다면 내 뇌에는 프랑스인의 평균 얼굴 원형이 있고, 이 원형이 아름다움에 대한 판단을 좌우하는 기준이 됩니다. 그런데 미국에 가서 몇 년을 살다 보면 그 원형은 미국인의 얼굴에 가깝게 변하고, 심미안 역시 변할 확률이 높습니다.

우리는 아름다움이 대체로 보편적이라고 생각해왔습니다. 그러다가 "아름다움은 보는 이의 눈에 달려 있다"고 생각하게 됐고요. 그리고 이제는 "아름다움은 우리를 둘러싼 얼굴들에 달려 있다"고도 할 수 있겠네요.

아름다우니까 사랑한다

깜짝 놀랄 이야기 하나 할까요? 흔히 생각하는 바와 달리, 사람의 외모는 물론, 예술작품의 아름다움을 평가하는 데도 그리 오랜 시간이 필요하지 않다고 합니다. 아엘 브리엘만의 연구에 따르면, 뇌가 아름답다는 판단을 내리는 데는 '찰나의 순간'으로 충분하다고 하죠.[8]

아름답다고 생각하는 얼굴을 마주할 때 우리의 시각피질은 일단 '방추상회'라는 영역과 상호작용합니다. 머리 옆쪽 측두피질에 위치하는 이 영역은 얼굴을 인식하게끔 프로그래밍 되어 있지요. 그다음에는 보상 및 쾌락과 관련된 영역이 활성화되면서 미에 대한 경험이 강조되고 가치를 부여받게 됩니다. 그래서 누군가가 아름답다고 생각되면 눈을 떼기 힘들죠(뇌에 보상이 주어지니까요). 개인적으로 전혀 알지 못하는 모델이나 아이돌의 인스타그램 피드를 계속 보게 되는 이유도 바로 이 때문이고요!

요약하자면,

- 성별, 나이, 문화에 상관없이 사람들은 대칭적인 얼굴을 선호합니다. 이런 면에서 아름다움에는 보편성이 있다고 할 수 있습니다.

- 그렇지만 최근의 연구는 우리가 주위의 친숙한 얼굴들을 아름다움의 기준으로 삼는다는 걸 보여주었죠. 우리는 주변에서 볼 수 있는 얼굴들을 조합하고, 친숙한 얼굴들의 평균을 상정하여 심미안의 토대로 삼습니다.

- 아름다움의 보편적인 면이 우리가 어떤 사람의 아름다움에 동의하게 되는 이유를 설명한다면, 개인적인 면은 우리의 심미안이 서로 엇갈리는 이유를 설명해줍니다.

4부

우리 뇌의
신비로운 오류

머릿속에서
들려오는 노래

오전 8시, 직장에 출근하기 위해 운전대를 잡았습니다. 라디오에서 유명한 곡이 흘러 나오는군요. 샹송 〈Paroles, paroles〉입니다. 프랑스어로 '파롤, 파롤'이지만 뮤지션 달리다Dalida가 멋들어지게 '파롤레 파롤레'라고 발음하는 그 곡이죠.

다시 말해줘.	Une parole encore.
말, 말, 말.	Paroles, paroles, paroles
내 말을 들어줘.	Ecoute-moi.
말, 말, 말.	Paroles, paroles, paroles
제발.	Je t´en prie.
말, 말, 말.	Paroles, paroles, paroles

첫 음이 귀에 꽂히는 순간, 저는 직감했습니다. 이 노래가 머릿속에 콕 박혀 온종일 시도 때도 없이 맴돌 거라는 걸요. 실제로 〈파롤레, 파롤레〉는 시험 공부나 작업에 방해가 될 만큼 자꾸 생각나는 노래로 유명한 곡이죠. 때로 어떤 노래는 30분 내내 생각나기도 하고, 온종일 생각나기도 하고, 심지어 일주일 이상 머릿속을 맴돌기도 합니다. 게다가 그 노래를 온종일 흥얼거리기까지 한다면 주위 사람들의 시선이 곱지 않겠죠. 하지만 그만 좀 하라는 핀잔을 듣고 멈추려 해도 소용이 없을 겁니다. 왜냐고요? 자신을 너무 몰아세우지 마세요. 다 우리의 우수한 뇌가 저지르는 일이니까요.

· · · · · · · · ·
써먹기 좋은 잡학 지식

머릿속에서 음악이 맴도는 현상을 '이어웜earworm'이라고 하는데요, 전문 용어로는 '비자발적 음악 형상화INMI, Involuntary Musical Imagery'라고 합니다.

음악이 나를 관통하는 과정

노래를 듣는 건 사실 음파가 우리 귀를 통과하는 것입니다. 이 진동은 전기 펄스로 변환됩니다. 음악을 처리하는 뇌의 뉴런이 화학 전기 신호를 통해서만 소통하기 때문이죠.

음악적 정보는 '시상'이라고 하는 구조에 도달합니다. 시상은 피질의 입구라고 할 수 있어요. 음악적 정보가 그 문을 두드리면 시상은 (마치 클럽 입구를 지키는 경비원처럼) 어떤 정보는 들여보내고 어떤 정보는 들여보내지 않습니다. 그래서 음악에서 가사나 드럼 연주 같은 특정 소리에만 집중할 수 있는 것이죠. 시상은 그 후 음악적 정보를 여러 회로에 전달하고 각 회로는 음악의 특정한 구성 요소를 책임집니다. 즉 노래는 다음과 같이 나뉘어 전달됩니다. 선율은 뇌의 우반구에 전달되고, 음정은 좌반구로 전달되며, 이마 뒤 전두피질과 정수리에서 약간 뒤에 있는 두정피질은 리듬을 분석합니다(44쪽 그림을 참조하세요). 그렇지만 음악적 정보의 대부분은 우리의 귀 뒤, 측두엽 위쪽에 있는 청각피질로 직접 들어갑니다.

우리 몸의 오른쪽에서 들어오는 정보는 좌반구에서 처리하고 왼쪽의 정보는 우반구가 처리한다고 했던 것(43쪽을 보세요) 기억하시나요? 청각 정보가 그 좋은 예입니다. 즉 오른쪽 귀가 들은 소리는 좌반구로 들어가고, 왼쪽 귀가 들은 소리는 우반구로 들어갑니다.

어째서 귀에 들리지도 않는 음악이 머릿속에서 들리는 걸까?

오후 1시가 됐습니다. 라디오는 꺼진 지 오래지만 저는 점심을 먹으러 가는 길에도 여전히 〈파롤레, 파롤레〉를 흥얼거리고, 이제 직장 동료들까지 그 노래를 흥얼거리고 있습니다. 이런 일은 어떻게 일어나는 걸까요? 뇌의 이러한 희한한 능력을 이해하는 데 도움이 될 만한 재미있는 실험을 소개하겠습니다.

2005년 데이비드 크래머가 이끄는 연구진은 피험자들에게 노래를 들려주며 MRI로 청각피질의 활동을 기록했습니다.[1] 노래 중에는 피험자들이 아는 것도 있었고, 처음 듣는 것도 있었죠. 연구진은 노래를 들려주다가 어느 순간 예고 없이 탁 끊어버렸습니다.

그 결과, 노래가 끊겨도 우리의 청각피질은 계속 '노래를 이어 부른다'는 것을 발견했습니다. 처음 들어본 노래가 끊긴 경우, 피험자들은 노래가 다시 계속되길 기다리거나, 다음 가락을 예측해서 머릿속으로 멜로디를 지어 부르거나 둘 중 하나로 대응했습니다.

결론은 이렇습니다. 귀에 소리가 들려오지 않아도, 음악을 상상하는 것만으로도 청각피질은 작동할 수 있습니다. 운동하는 상상을 하기만 해도 운동피질이 활성화되는 것과 마찬가지죠. 즉 노래가 들리지 않아도 청각피질은 작동하므로, 머릿속으로 노래가 들리는 현상은 얼마든지 가능한 일입니다.

음악을 들으면 기분이 좋거든요

오후 4시, 저는 여전히 그 곡조를 휘파람으로 흥얼거리고 있습니다. 아니, 좋아하는 노래도 아닌데 이렇게까지 한다고? 우리 뇌는 왜 이러는 걸까요? 왜 호모 사피엔스에게는 이런 잠재적 기능이 있는 걸까요? 답은 간단합니다. 기분이 좋아지거든요.

노래를 들을 때 우리 뇌는 쾌락에 관여하는 성분인 도파민과 긍정적 기분을 불러오는 세로토닌을 분비합니다. 다시 말해, 노래를 들으면 맛있는 음식을 먹거나 마약을 하거나 섹스를 할 때처럼 쾌락과 보상 회로가 활성화되는 것이죠(232쪽 내용을 참조하세요).[2]

그러니까 뇌가 (도파민과 세로토닌 분비를 촉진하는) 노래에 중독된다고 할까요. 스스로 쾌감을 얻기 위해 자기 마음에 드는 노래를 계속 트는 겁니다. 음악은 약물처럼 작용하고, 이러한 쾌락과 보상 회로는 무의식적으로 작동합니다. 의지로 차단하려고 해봤자 별 소용이 없단 뜻이죠. 뇌에서 가장 '비판적인' 영역은 때때로 이걸 지겨워하기도 합니다. 우리도 '나 이 노래 싫어하는데 왜 자꾸 떠오르지?'라고 생각할 때가 있잖아요. 그래도 쾌락의 체계는 금세 기세를 회복하고 우리는 되풀이되는 노래에서 좀처럼 빠져나오지 못하죠.

게다가 이러한 쾌락 체계는 여차하면 돌아갑니다. 다음날, 드디어 머릿속 이어웜을 잊었는데, 직장 동료가 애인이 화가 나서 자기랑 '말'을 안 한다며 투덜댑니다. 아, 안 돼, 또 시작이야! "다시 한번 말을, 말을, 말을 들어주세요"라는 노래가 다시 머릿속에서 맴돌기 시작합니다. 어쩔 수가 없네요. 어떤 추억, 단어, 문장, 순간을 환기하기만 해도 노래는 다시 떠오를 수 있습니다. 혹은 짧은 멜로디가 뇌를 자극하기만 해도 노래 전체가 생각나기도 합니다.

쾌감 상실

쾌감 상실이란 음악을 들어도 아무런 즐거움을 느끼지 못하는 걸 말합니다. 지금까지 쾌락 체계가 작동하기 때문에 머릿속에서 노래가 되풀이된다고 이야기했지요. 그러니까 음악을 들어도 쾌감이 없다면 머릿속에서 노래가 맴돌 일도 없겠죠. 에르네스트 마스 헤레로와 바르셀로나대학교 연구진은 쾌감 상실 증상이 있는 사람들의 뇌를 관찰해보았습니다. 그 결과 이들은 소리를 처리하는 청각피질과 쾌감을 느끼게 하는 기저핵의 연결이 매우 부실하다는 것을 알 수 있었습니다. 이들은 음악을 들어도 심장 박동이 빨라지거나 땀이 나거나 전율을 느끼지 않았습니다. 소리를 듣는 뇌와 감정을 느끼는 뇌가 따로 노는 것처럼 말이죠. 즉, 이들에겐 음악에 따라오는 감정도 없고, 쾌감도 없고, 중독도 없고, 머릿속을 맴도는 노래도 없을 것입니다.

유난히 머릿속에서 노래가 자주 맴도는 사람

제 직장 동료는 머릿속에서 노래가 맴도는 경우가 별로 없다는데, 왜 저는 한 주에도 몇 번씩 비욘세나 트로이 시반의 노래를 온종일 흥얼거리게 될까요? 물론, 음악에 유독 민감한 사람들이 있습니다. 음악을 업으로 하는 사람들, 특히 악기 연주자나 가수가

그럴 가능성이 큽니다.[3]

하지만 음악 분야에서 일하지 않더라도 신경학적 특성 때문에 강박적으로 선율을 떠올리는 사람들도 있습니다. 쾌락 회로가 일으키는 현상 때문에 뇌가 일종의 음악 중독 상태가 될 수 있다는 이론을 따르자면, 이런 사람들은 유독 그 회로가 발달했고, 즉각적 쾌락에 저항하지 못하는 편이라고 볼 수 있겠죠. 하지만 이건 어디까지나 하나의 가설이며, 아직 100퍼센트 검증된 사실은 아닙니다.

한편, 신경과학자로서 청각과 음악 인식에 관해 연구하는 니콜라스 페루자는 인간이 똑같은 뇌 구조를 지녔지만, 사람마다 내부적으로 다양한 차이를 보이며, 이것이 그러한 개인차를 설명하는 요인이 된다고 밝혔습니다.[4] 예를 들어 그의 연구에 따르면 전두엽과 측두엽의 특정 영역들의 피질 두께가 얇은 사람일수록 머릿속에서 노래가 맴도는 현상을 많이 겪었습니다. 이 영역들은 감정과 억제에 관여한다는 특징이 있죠. 그러므로 노랫말에 감정적으로 깊이 동요되거나, 머릿속에서 노래가 맴도는 경험에 대한 부정적 감정을 억제하기 힘들수록 더 자주, 더 오래 그러한 현상에 시달리게 됩니다. 이것은 머릿속에서 노래가 떠오를 때의 뉴런 활동을 관찰한 최초의 연구였습니다. 지금은 이 결과를 확증하고 뇌 구조의 차이가 미치는 영향을 좀 더 상세하게 설명하는 또 다른 연구들을 기다리는 중이죠.

한번 들으면 잊을 수 없는 노래의 비결

작곡 방식에 따라 노래는 또렷이 기억에 남을 수도 있고, 그렇지 않을 수도 있습니다. 이는 음악 프로듀서들이 오랫동안 간직해 온 비밀이죠.

몇 년 전 영국의 연구자 켈리 자쿠보스키는 기억에 확실히 남는 노래를 만드는 비법을 분석했습니다.[5] 그런 노래들이 모두 뇌를 속일 수 있는 특성을 지녔다거나 한 것은 아닙니다. 기억에 쉽게 남는 노래는 대개 템포가 빠르고 음의 높낮이가 매우 규칙적으로 변합니다. 악보를 보면 선율이 아치형을 그리는 경우가 많죠. 이따금 이 순환적 선율 중간에 예상 밖의 전개가 들어가기도 합니다. 가령 4분의 3박자 팝 음악 중간에 랩이 한 소절 들어가는 식으로요. 그래서 가수 아리아나 그란데와 래퍼 니키 미나즈, 혹은 리한나와 에미넴이 함께 부르는 곡이 그렇게 성공한거죠.

- 노래를 실제로 듣지 않고 상상하는 것만으로도 우리의 청각피질은 활성화됩니다. 머릿속에서 어떤 노래가 계속해서 맴도는 이유를 이것으로 설명할 수 있습니다.

- 호모 사피엔스가 청각피질을 이렇게 사용하는 이유는 보상 회로를 각성시켜 쾌감을 얻기 때문입니다. 뇌가 음악에 중독된다고 할까요.

- 사람마다 음악을 들을 때 느끼는 쾌감의 차이는 다릅니다. 그건 뇌의 내부 구조가 다르기 때문이에요. 유독 머릿속에서 음악이 자주 맴도는 사람이 있고, 그렇지 않은 사람이 있는 이유도 이러한 구조적 차이 때문이죠.

불현듯
데자뷔를 느끼는 순간

이번에 들려드릴 이야기의 주인공 이름은 아가트입니다. 아가트는 가족들과 함께 모르비앙의 라 가실리라는 작은 마을에서 여름 휴가를 보내는 중이죠. 이쪽 지역은 태양이 무척 뜨겁게 내리쬡니다. 그래서 아가트의 가족은 야외 전시를 보고 나서 아이스크림을 사 먹기로 했습니다. 가족들은 딱 하나 비어 있는 공원 벤치에 앉았고 아가트 혼자 맞은편 가게로 딸기와 초콜릿 아이스크림콘을 사러 갔습니다. 돈을 내고 콘을 받았어요. 그러고는 가족들에게 가려고 돌아서는데, 갑자기 전에도 분명히 이런 순간이 있었다는 느낌이 들었습니다. 벤치에 앉아 있는 가족들, 얼른 오라고 손짓하는 엄마. 하지만 아가트는 난생처음 이 마을에 왔고 이 거리에서 아이스크림을 먹는 것도 처음입니다. 그럼, 무슨 일이 있었던 걸까요?

이러한 기시감이 드는 걸 프랑스어로 '데자뷔déjà-vu'라고 합니다. 다들 한 번쯤 겪어보셨을 겁니다. 기시감이 들 때 뇌에서는 무슨 일이 일어날까요? 복잡하게 설명하지 않을게요. 데자뷔는 까다로운 과정을 수행하는 중에 스텝이 꼬여버려 발생한 버그 같은 거랍니다. 최고의 두뇌를 지닌 사람들에게도 얼마든지 있을 수 있는 일이고요.

기시감은 젊은 사람일수록, 피곤하거나 스트레스를 받는 상황일수록 나타나기 쉽습니다. 노인들이 기시감을 느끼는 경우는 드물죠. 기시감은 뇌의 단순 버그일 뿐, 노화나 인지 능력 쇠퇴와는 무관합니다.

기시감의 원인

안타깝지만 기시감의 원인은 완벽하게 규명할 수 없다고 말해야겠습니다. 사실 이 현상은 자발적이고 일시적이기 때문에 실험실에서 재현해서 뇌를 관찰하기가 상당히 어렵습니다.

그럼에도 신경과학자들은 기시감을 설명하는 이론을 여러 가지(실은 한 40가지 정도) 제시해왔습니다. 하지만 최근 뇌 영상 촬영의 발전으로 가능한 이론들이 많이 좁혀졌답니다. 여기서는 기시감의 원인으로 가장 유력하게 꼽히는 세 가지 이론만 소개해보겠습니다.

기시감의 첫 번째 용의자: 정보 처리 능력

아가트의 이야기로 돌아갑시다. 아가트는 아이스크림콘을 사
들고 가족들에게 가고 있습니다. 기시감에 대한 첫 번째 이론은 감
각이 제공하는 정보 처리에 버그, 즉 에러가 일어나기 때문이라는
것입니다. 가족들에게 돌아가는 동안 아가트의 뇌는 수십 가지 정
보를 받아들이고 처리합니다. 자리 잡은 벤치를 알려주기 위해 손
짓하는 엄마를 눈으로 찾고, 북적이는 사람들과 아이스크림이 부
딪히지 않게 조심하면서, 한 손으로는 신용카드를 가방에 도로 넣
어야 하죠. 큰소리로 아코디언을 연주하는 악사를 지나치며, 고르
지 못한 길바닥의 포석을 잘 피해 걸어야 합니다. 아가트가 이 모
든 것을 의식하진 않지만, 뇌는 찰나의 순간에도 이런 정보들을 처
리하고 있습니다.

이는 사실 드문 상황이 아닙니다. 우리의 뇌는 휴가지가 아닌
일상에서도 온갖 종류의 정보를 동시에 처리해야 합니다. 뇌의 정

보 처리 영역들은 우리의 눈 바로 뒤에 있지 않습니다. 오히려 머리의 뒤쪽에 붙어 있죠. 그래서 몇 가지 단계를 거쳐야 합니다. 게다가 모든 정보가 하나의 뉴런 경로를 거쳐 처리되는 것도 아닙니다. 색감의 경로, 형체 인식의 경로, 공간적 위치 파악 경로, 주위의 움직임을 분석하는 경로가 모두 다릅니다. 그러니까 각각의 정보는 현장에서 처리되기 위해서 자기에게 주어진 경로를 전속력으로, 그리고 무엇보다 '동시에' 주파해야만 하죠. 많은 경우엔 모든 정보가 동시에, 문제없이 처리 영역에 도달합니다. 그렇지만 어느 한 경로의 정보가 약간 지연되기도 하는데, 바로 그때 기시감이 발생합니다. 정보가 도착하는 시간의 차이가 발생하면, 뇌는 늦게 도착한 정보를 별개의 사건으로 해석하게 됩니다. 그래서 조금 전에 입력된 순간을 다시 돌려보게 되고, 과거나 꿈속에서 이미 경험한 것 같은 기분이 드는 것이죠.

기시감의 두 번째 용의자: 주의력

기시감의 원인을 설명하는 두 번째 이론에서는 우리의 주의력을 용의자로 꼽습니다. 우리의 뇌는 돌출 요소를 마주하면 그 대상에만 집중하느라 주변의 다른 상황에는 주의를 쏟지 못하죠. 이 이론에서는 우리가 어떤 대상에 집중하느라 주변 상황을 의식하지 못할 때, 사실 머릿속에는 그 상황이 저장되기 때문에 기시감이 일어난다고 설명하고 있습니다. 집중하던 대상에서 벗어나 다시 주변 상황을 살피는 순간, '내'가 의식하지 못했을 뿐 이미 뇌에는 정보가 저장이 되어 있으므로 그 상황을 경험했던 것 같은 느낌이 든다는 것이죠. 사실은 뇌가 그 상황을 두 번 처리한 셈입니다. 한 번은 다른 대상에 집중해 있을 때 의식하지 못한 상태로, 두 번째는 의식하면서 말이에요.

아가트의 사례를 들어보겠습니다. 아가트는 아이스크림콘 두 개를 받아 들고 가족들에게로 돌아서면서, 온통 아이스크림에만 주의를 집중했습니다. 줄 선 인파를 뚫고 걸어가는 도중에 아이스크림이 떨어지면 안 되니까요. 하지만 그동안에도 뇌는 무의식적으로 주위에 보이는 광경을 처리하고 있었습니다. 멀리서 손짓하는 엄마, 벤치 뒤 보석 상점 벽에 세워져 있던 자전거, 아코디언을 연주하는 수염이 긴 남자 등을요. 그런데 가족이 앉은 벤치에 가까워지며 여유를 찾고 주위 광경을 의식하기 시작하자, 기시감이 들었습니다. '이 장면 어디서 본 것 같은데'라고 생각하지만, 사실 **정말로** 바로 조금 전에 봤던 것이죠. 다만 조금 전에는 주의를 기울이지 않았을 뿐입니다.

최근 듀크대학교의 앨런 브라운과 엘리자베스 마시는 이 이론과 관련된 실험을 했습니다.[1] 이들은 피험자들에게 화면으로 10여 개의 상징을 보여주었습니다. 어떤 상징은 충분히 오래 볼 수 있었지만, 또 다른 상징은 의식하기도 전에 지나가 버려서 잠재의식으로만 남았죠. 실험의 다음 단계에서는 그러한 잠재의식적 이미지를 충분히 오랜 시간 보여주었습니다. 피험자들은 조금 전에 얼핏 보았지만 의식하지 못했던 상징들에 대해서 기시감을 느꼈습니다.

기시감의 세 번째 용의자: 기억력

신경과학자들에게 광범위한 지지를 얻고 있는 세 번째 이론을 소개하겠습니다. 이 이론은 우리의 취약한 기억력에 주목합니다. 기시감을 현재의 '에러'라기보다는 과거와의 혼동으로 보는 이론이죠. 즉 현재의 감각 정보(아이스크림의 모양, 콘 과자 냄새 등)와 기억의 각성이 뒤엉켜버린 거라고 설명합니다. 예를 들어 아가트가 아이스크림을 본 순간, 뇌 깊숙이 숨어 있던 추억이 되살아난 것입니다. 아가트는 어릴 때 여름방학마다 할머니 댁에서 시간을 보냈는데, 할머니가 간식으로 아이스크림을 내어주시곤 했죠.

이 이론에 따르면, 우리 뇌에 저장된 기억은 하나의 덩어리로 묶이는 게 아니라 조각들로 쪼개집니다. 할머니네 주방 구조가 한 조각, 아이스크림이 또 한 조각, 할머니의 모습 한 조각 등으로요. 보통은 이 한 조각만으로도 기억 전체를 불러낼 수 있습니다. 하지만 기시감이 들 때는 버그가 일어나, 할머니네 집에서 아이스크림을 먹었던 기억을 온전히 불러내지 못하고 일부 요소만을 떠올리게 됩니다. 그래서 막연히 익숙한 느낌이 드는데, '구체적인' 기억은 떠오르지 않죠.

신경과학자들은 지금까지 소개한 세 이론을 상당히 설득력이 있다고 보고 있습니다. 지금도 기시감을 규명하기 위한 연구는 진행 중이에요. 하지만 앞서 말했듯이 기시감은 자연스럽게 일어나는 것이지 예측할 수 있는 것이 아니므로, 실험 연구를 하기가 까다롭습니다.

범인의 윤곽이 드러날 수도?

하지만 최근에 방금 소개한 세 이론 중 유력한 용의자를 추려낼 만한 연구가 진행됐습니다. 이 연구에서는 해마와 해마곁이랑을 포함하는 특정 영역의 역할을 강조했어요(45쪽 변연계 그림을 참조하세요). 해마는 무엇보다 '기억'에 핵심적인 역할을 하죠. 기억은 해마에 장기 저장되고요. 자, 셋 중 어떤 이론이 범인을 잡은 셜록 홈스일지 감이 오시나요? 해마곁이랑은 이름은 거창하지만, 하는 역할은 그렇게 복잡하지 않습니다. 해마곁이랑은 주위 환경에서 새로운 요소를 감지하는 일을 합니다. 길게 설명할 필요 없이, 해마곁이랑의 정체를 밝힌 흥미로운 연구를 소개하겠습니다.

파브리스 바르톨로메는 원숭이를 대상으로 실험을 기획했습니다.[2] 바르톨로메의 연구진은 원숭이에게 바나나, 원, 삼각형 같은 그림이 그려진 종이를 차례차례 보여주었고, 원숭이는 한동안 그 그림들을 바라보고 기억했지요. 그 후 연구진은 원숭이에게 새로운 그림들을 보여주었습니다. 여기에는 바나나, 원, 삼각형도 있었고 사과나 나뭇잎처럼 처음 보여주는 그림도 있었죠. 연구진은 원숭이에게 이미 보았던 그림과 새로운 그림을 구분하는 법을 가르쳤습니다. 그리고 이 단계에서 원숭이의 해마곁이랑 뉴런들이 활성화되는 것을 확인했지요. 이 연구는 새로운 요소와 익숙한 요소를 식별할 때 해마곁이랑이 중요한 역할을 한다는 점을 보여주었습니다.

연구진은 더불어 추가적인 (그러나 결코 덜 중요하지는 않은) 사실도 발견했습니다. 해마곁이랑이 손상된 원숭이는 처음 보는 그림을 이미 보았던 그림으로 가리켰습니다. 따라서 이 실험에 따르면, 우리가 기시감을 느끼는 건 해마곁이랑이 일종의 누전 사고를 겪기 때문이라고 생각할 수 있습니다. 게다가 뇌전증 환자들을 대상으로 한 연구 역시 기시감에서 기억의 문제를 지적하며, 해마와 해마곁이랑의 역할을 강조하고 있습니다. 예를 들어 많은 뇌전증 환자가 발작이 시작될 즈음에 기시감을 경험한다고 합니다. 2012년 바르톨로메의 연구진은 뇌전증 발작 초기에 해마가 강하게 활성화되면서 이미 기억에 저장되어 있던 정보를 해마곁이랑에 보내는 현상을 관찰했습니다.[3]

뇌전증 환자들의 기시감이 일반인들의 기시감과 똑같은 역학에 의한 현상일까요? 네, 그렇습니다. 뇌전증 기시감 연구의 진일보는 일반적 기시감에 대해서도 많은 것을 알려주었습니다.

이렇게 수사 종료?

위의 두 연구는 해마와 해마곁이랑이 기시감을 일으킨다는 것을 보여주었습니다. 그러니까 일종의 분석 오류가 일어나는 거라고 볼 수 있습니다. 기억을 저장하는 해마가 실수로 활성화됐는데, 이때 해마곁이랑이 '지금 겪는 상황은 새롭지 않아, 이미 겪었던 상황이야'라고 해석해서 기시감이 드는 거죠. 그렇지만 이 '익숙한 느낌'은 실제 기억이 아니라 일종의 누전 사고이기 때문에 언제 그

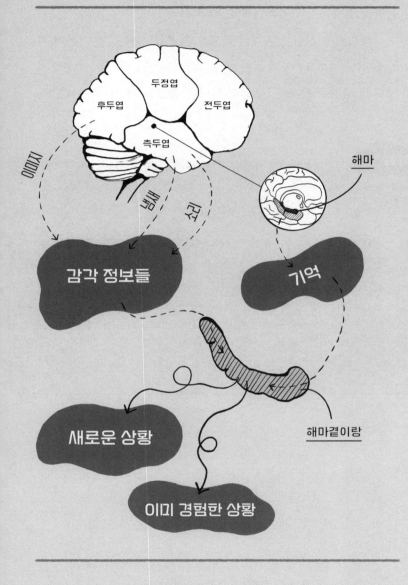

후두엽

두정엽

전두엽

측두엽

이미지

느낌

지각

해마

감각 정보들

기억

해마곁이랑

새로운 상황

이미 경험한 상황

해마곁이랑은 어떻게 기시감을 좌우하는가

상황을 겪었는지 기억해낼 수는 없어요.

그렇다면 기시감을 기억의 문제로 설명했던 세 번째 이론이 최종 승리한 걸까요? 아직 결론을 내리기에는 연구의 양이 충분하지 않지만, 방향을 잘 잡은 것 같긴 합니다. 앞으로 더 지켜봅시다.

요약하자면,

- 기시감은 뇌의 버그, 일종의 누전 사고입니다.

- 기시감이 뇌에서 정확히 어떻게 일어나는가에 관해서는 지금도 연구가 진행 중입니다.

- 지금으로서는 기시감을 해마와 해마곁이랑의 버그로 설명하는 게 가장 설득력 있는 가설입니다. 이 두 구조 사이의 역학이 이미 겪은 상황과 새로운 상황을 구분하는 데 아주 중요하거든요. 이 네트워크에서 버그가 일어나면 처음 겪는 상황인데도 익숙한 느낌이 들 수 있습니다.

생각날 듯 말 듯한
그 단어가 생각나지 않는 이유

일요일, 가족이 모여 점심을 먹고 있습니다. 대화는 자연스럽게 음악이나 영화 쪽으로 흘러갑니다. 아무도 감정 상하지 않고 대화를 나눌 수 있는 유일한 주제이니까요. 일다 이모는 프랑스 밴드들은 영국 밴드들의 발끝도 못 쫓아온다고 열을 올립니다. "비틀스 같은 옛날 밴드도 그렇지만 요즘 인기 많은 그 밴드도 정말 멋진 음악을 하잖아……." 그런데 이런! 밴드 이름이 도무지 떠오르지 않습니다. 이모는 답답한 나머지 감자를 곁들인 닭 요리를 먹고 있는 저를 붙잡고 늘어집니다. "넌 알지? 왜 그 영국 밴드 있잖아. 얼마 전에 파리에서도 콘서트를 해서 주 경기장을 가득 메웠던……."

아, 알죠! 그런데 이모의 병이 옮았나, 밴드 이름이 입에서 튀어나오질 않아요. 우리는 이 병의 이름을 알고 있죠. '혀끝에서 맴도는 단어' 병이라고…… 분명히 c와 o가 들어가는 이름이었는데. 그래서 아무 단어나 일단 읊어봅니다. "코, 카, 콜라 제로, 아닌데…… 콜린, 케이스……." 조금만 더 하면 생각날 것 같은데 생각나지 않죠. 한참을 끙끙대다가 포기합니다.

어떤 단어를 분명히 아는데, 금방 생각날 것 같은데, 도무지 떠오르지 않아 좌절했던 경험이 있을 겁니다. 왜 평소에는 아무렇지도 않게 썼던 말이 갑자기 생각이 안 날까요? 단어가 문 바로 뒤에 있어서 손잡이만 돌리면 튀어나올 것 같은데, 손잡이를 잡을 수가 없어요. 도대체 왜 이러는 걸까요?

이 현상은 젊은 사람들에게는 평균적으로 일주일에 한 번 정도 일어납니다. 하지만 나이가 들수록, 특히 65세 이상부터는 빈도가 증가합니다. 그러므로 이 현상은 나이가 들면서 감퇴하는 뇌 기능과 관련이 있습니다.

• • • • • •
망각의 강 레테

단어를 좀체 입 밖으로 내지 못하는 현상을 전문용어로는 '실어증 lethologica'이라고 합니다. 이 단어의 어원에 포함되는 그리스어 '레테lethe'는 '망각'을 뜻하고 '로고스logos'는 '말'을 뜻하죠. 그리스 신화에서 레테는 지옥에 흐르는 다섯 개 강 중 하나로 '망각의 강'입니다. 죽은 자의 영혼은 이 강물을 마시고 이승의 일을 모두 잊는다고 합니다.

몇 가지 힌트

어떤 말이 혀끝에서 맴돌기만 하고 튀어나오지 않을 때는 그 말을 부분적으로 기억하는 경향이 있습니다. 그래서 정확한 단어를 떠올리진 못해도 그 단어에 대한 단서는 제시할 수 있죠. 이를테면,

- 첫 문자 혹은 첫음절("ㅇ로 시작하는 말인데…")
- 단어에 포함된 일부 문자들
- 음절의 개수("몇 글자짜리 단어인데…")
- 실제 관련 정보("그래미상을 받은 가수이고, 파리에서 콘서트를 했었어…")

즉, 그 단어의 의미나 철자에 대한 정보는 분명히 기억하고 있는데도 단어를 입 밖으로 내뱉지 못하는 것이죠. 혹시 발음 단계의 문제일까요? 하지만 현재 신경과학계에서 그렇게 생각하는 사람은 사실상 없을 것 같습니다.

이 현상이 어디서 기인하는지 알 수 있는 약간의 힌트를 드릴게요. 단어가 잘 떠오르지 않을 때의 상황을 떠올려보세요. 일상에서 자주 쓰는 단어일수록, 오랫동안 써온 단어일수록 갑자기 생각나지 않는 경우는 드물죠. 반면, 직장의 다른 팀 동료나 친척, 유명인의 이름 같은 고유명사는 이런 현상을 일으킬 확률이 높습니다.

왜 그럴까요? 그 이유는 갈대와 같은 인간의 마음에 있습니다.

구체적으로 말하자면 그 단어들이 우리에게 어떤 감정을 불러일으키기 때문입니다. 정서 유발성이 높은 단어일수록 생각이 잘 안나는 경향이 있다는 뜻이에요. 같은 고유명사라고 해도 별 느낌 없는 도시나 강의 이름보다는, 음악을 듣고 감동했던 밴드 이름, 혹은 한때 좋아했던 영화 배우의 이름이 이러한 현상을 자주 일으키지요. 어때요? 이제 이 현상이 어디서 비롯되는지 감이 잡히나요?

'뇌 사전'의 놀라운 발견

답은 우리가 기억한 단어들이 뇌에서 네트워크를 이루는 방식에 있습니다. 인간의 기억력은 경이롭습니다. 단어를 기억하기 위해 얼마나 집중력을 기울이느냐는 중요하지 않습니다. 집중한다고 생각이 나고 말고의 문제가 아니거든요.

단어의 기억에 관한 책이나 자료를 읽다 보면 '의미론적 기억'이라는 개념을 접할 수 있습니다. 의미론적 기억이란 단어, 개념, 세상 일반에 대한 기억으로, 오랫동안 귀 뒤에 있는 측두엽이 관여한다고 알려져왔죠. 하지만 이 주장은 옳지 않은 것으로 밝혀졌습니다. 이를 반드시 기억해두세요.

사실 단어에 대한 기억에는 '뇌 전체'가 관여합니다. *대부분의 인지 능력은 뇌의 어느 한 영역만 작동해서 발휘되지 않습니다.* 예컨대 언어 구사의 중추가 측두엽에 있는 건 맞지만, 그 중추는 뇌의 모든 부분과 연결되어야 제대로 작동할 수 있어요.

2017년에는 '인터랙티브 뇌 지도'라는 것이 최초로 공개되었습니다.[1] 언어 기능이 피질에 어떻게 분포하는지, 다시 말해 이런저런 단어를 들을 때 뇌의 다양한 영역이 어떻게 활성화되는지 보여주는 지도였죠. 이것은 우리 뇌 속 '단어 사전'을 보여준 최초의 시도였습니다. 이 지도는 뇌가 의미 혹은 범주에 따라 단어를 분류한다는 걸 보여주었습니다. 숫자, 신체, 옷, 동물, 위치 등 수백 개 범주의 단어와 개념이 뇌의 다양한 영역에 분포합니다. 예를 들어 사물의 외양과 관련된 단어('줄무늬', '초록색')를 들을 때는 시각피질 바로 옆 영역이 활성화됩니다. '아내', '동생', '엄마', '임신' 등 가족과 관련된 단어를 들을 때는 뇌 우반구의 두정피질과 측두피질 중간 부분이 활성화되고요. '집', '집주인' 등 장소나 사람에 관한 단어를 들을 때는 가족과 관련된 바로 옆 영역이 활성화되는 걸 볼 수 있습니다.

그러니까 가족과 집처럼 의미가 밀접한 범주들은 뇌 지도에서도 가깝게 붙어 있습니다. 이렇게 우리의 어휘 범주들은 상호연결되어 있고, 의미 근접성에 따라 서로 가까울 수도 있고 멀 수도 있죠. 거대한 거미줄에 '자연', '환경', '동물' 같은 범주들이 한데 모여 있고 '몸', '옷', '사이즈', '색상' 같은 범주들은 또 다른 곳에 모여 있다고 상상해보세요.

언뜻 생각하면 간단할 것 같지만 뇌에 분포하는 단어들의 지도는 극도로 복잡합니다. 예를 들어, 어떤 범주는 여러 곳에 동시에 자리 잡을 수도 있습니다. 가령 사회적 관계라는 범주는 어느 한 곳에 있지 않고 여러 곳에 있어요. 숫자라는 범주도 그렇고요.

뇌 지도와 단어들의 연결은 유전자 코드에 따라 작성되었기 때문에 우리 모두에게 공통적입니다. 즉 어떤 사람이든 뇌의 단어 범주는 대체로 늘 같은 위치에 있고, 가까이 있는 범주들도 거의 똑같습니다. 이는 진화라는 거대한 힘이 인간의 뇌 구조에 영향을 미친 결과죠. 그렇지만 출생 이후 환경에 따라 소소한 개인차가 발생합니다.

이 장을 마저 읽기 전에 기억해두세요

우리의 정신은 연상을 따라 작동하고, 단어들은 상호연결 모형에 따라 기억됩니다. 만약 서로 다른 두 개의 단어가 범주 안에서 서로 통하는 지점이 있다면, 그 단어들은 강하게 연결될 거예요. 반면 '창문'과 '개'처럼 서로 관련 없는 단어들은 뉴런 차원에서 거의 연결되지 않고, 그 단어들의 범주 역시 뇌 지도에서 서로 동떨어진 위치에 저장될 확률이 높죠.

단어가 떠오르지 않는 현상의 원인

우리의 본론으로 돌아가볼까요. 어떤 단어가 떠오를 듯 떠오르지 않는 이유는 무엇일까요? 현재 학계에서 가장 설득력을 얻고 있는 이론은 활성화 수준 이론과 폐색 이론입니다.

▌활성화 수준 이론 ▌

이 이론은 뇌에 기억된 단어마다 고유한 활성화 수준이 있다고 설명합니다. 활성화에도 여러 단계가 있다는 거죠.

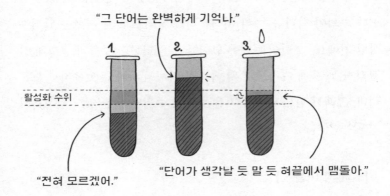

"그 단어는 완벽하게 기억나."

1. 2. 3.

활성화 수위

"전혀 모르겠어."

"단어가 생각날 듯 말 듯 혀끝에서 맴돌아."

단어 상기의 활성화 수위

그림 3번의 경우처럼, 생각 날 듯 말 듯 할 때, 활성화 수준을 끌어올려 기억의 문턱을 넘을 방법이 있을까요? 네, 있습니다! 모두에게 희소식이지요? 그 방법은 바로 '힌트 찾기'입니다.

앞에서도 설명했듯이 정보는 기억 속에서 서로 연결되어 있습니다. 따라서 한 단어의 활성화는 가까이 위치한 단어들로 전파되죠. 생각이 날 듯 말 듯한 그 단어와 강하게 연결된 다른 단어를 활성화할 수 있다면, 이 전파 효과에 의해 기억나지 않는 그 단어의 활성화 수준을 끌어올릴 확률이 높아집니다.

하지만 아무거나 힌트가 될 수는 없습니다.[2] 단어들은 범주에 따라 뇌에 분류되어 있으니까요. 범주가 가까운 단어일수록 뇌에서도 상호 활성화될 확률이 높아요. 그러니 반드시 해당 범주, 아니면 근접한 범주의 힌트를 제시해야 효과가 있습니다.

힌트가 여러 개 주어졌는데도 단어를 끝내 떠올리지 못한다면, 안타깝지만 여러분은 그 단어에 대해서 충분한 연결을 만들지 못했다고 봐야 합니다. 아마 여러분이 일상적으로 자주 쓰는 단어는 아닐 거예요. 그 단어는 다른 단어들 혹은 다른 범주들과 공고히 연결되지 못한 채 여러분의 뇌 속 어딘가에서 헤매고 있을지도 모릅니다. 그래서 힌트 단어를 떠올려도 그 주위의 어떤 것도 활성화되지 않는 것이죠.

▌ 폐색 이론 ▌

두 번째로 소개할 폐색 이론에서는 이 현상을 어떻게 설명할까요? 폐색 이론은 기억의 활성화 수준을 끌어올리지 못하기 때문이라고 설명했던 앞의 이론과는 반대로, 오히려 문제의 그 단어와 연관된 다른 단어들이 너무 많이 활성화되면서 서로 경쟁하기 때문에, 떠올리고자 하는 그 단어의 기억이 막혀버린다고 설명합니다.

이 이론이 설득력 있게 다가오는 이유는 우리도 일상에서 이것을 경험하고 있기 때문입니다. 떠올리고 싶은 단어를 떠올리지 못할 때, 대신 다른 단어가 자꾸 입에 맴도는 경우를 경험한 적 있을 겁니다. '카사블랑카'를 떠올리고 싶은데, 자꾸만 '카이로'만 떠오르죠. 그 단어가 아닌 줄 알면서도 자꾸 생각나는 걸 어쩔 수가 없습니다. 폐색 이론에서는 이 '침입자' 단어가 진짜 찾는 단어의 상기를 방해한다고 설명합니다.

이상 '떠오를 듯 떠오르지 않는 그 단어'에 대하여, 가장 많은 지지를 받는 두 가지 이론을 소개했습니다. 마치 데자뷔처럼, 단어가 생각날 듯 나지 않는 현상 또한 돌발적이기 때문에 실험실에서 재현하고 연구하기가 매우 까다롭습니다. 앞으로 몇 년 후에는 이 현상을 좀 더 명쾌히 설명할 수 있는 연구와 실험 들이 나오리라 기대합니다.

추신. 이모가 찾던 영국 밴드 이름은 '콜드플레이'였답니다.

요약하자면,

- 언어 구사의 중추는 측두엽에 있지만, 이 중추가 제대로 기능하려면 뇌 전체와 두루 연결되어야 합니다. 거의 모든 인지 능력은 뇌의 어느 한 영역만 작동하여 발휘되지 않습니다.

- 우리 뇌에는 다양한 단어와 개념의 범주가 있고, 이는 다시 뇌의 다양한 영역과 상응합니다.

- 의미가 가까운 단어들은 서로 강하게 연결되며, 뇌 지도에서도 가까이 위치합니다. 반대로 서로 관계가 없는 단어들은 뉴런의 연결도 희박하고, 단어의 범주도 뇌에서 멀찍이 떨어져 자리를 잡습니다.

- 단어가 떠오를 듯 떠오르지 않는 현상을 설명하는 이론은 활성화 수준 이론과 폐색 이론이 있습니다. 둘 중 어느 이론이 현실에 더 부합하는지 확실히 알기 위해서는 앞으로 더 많은 연구가 이루어져야 합니다.

5부

이제, 뇌한테
잘합시다

뇌가 젊어지게 하는
운동법

겨울마다 되풀이되는 레퍼토리가 있습니다. 날이 추워지고 나무가 이파리를 모두 떨구는 쓸쓸한 계절이 찾아오면, 왠지 우울해지고 짜증이 많아집니다. 좋았던 날들이 그리워지고, 외출도 하기 싫고, 늘 피곤한 것 같기도 하죠. 이러한 계절성 우울증에는 운동이 특효약이라는 걸 알면서도 운동하러 나갈 마음은 들지 않습니다. 겨울은 춥고 낮이 짧아서 운동하기 힘들다는 핑곗거리도 있죠. 하지만 이런 마음이 순전히 날씨 탓만은 아닙니다. 제가 겨우내 우울해하는 가장 큰 이유는 소파에 죽치고 누워만 있는 탓도 있으니까요.

이번 장에서는 운동이 뇌에 미치는 영향을 알아볼 겁니다. 다른 장에서 소개한 많은 연구와 달리, 이번 장에서 소개하는 이론들은 가설 단계를 넘어섰습니다. 운동이 뇌 기능에 미치는 영향은 오랫동안 많이 연구되어 왔고, 확신할 수 있는 단계에 이르렀습니다. 꾸준한 신체 활동이 정서에 긍정적으로 작용한다는 사실은 오래전부터 알려져 있었죠. 그렇지만 운동이 뇌 기능에도 좋은 영향을 미친다는 사실은 상대적으로 덜 알려진 것 같습니다.

집중력을 얻을 것인가 쾌감을 얻을 것인가

2019년 퀼른대학교와 본대학교의 안젤리카 슈미트 연구 팀은 22명의 운동선수를 대상으로 집중적 운동과 적당한 운동이 정서와 인지에 미치는 영향을 연구했습니다.[1] 피험자들은 일단 운동하기 전에 어떤 기분인지 설문조사에 응했습니다. 그 후 30분 동안 러닝머신을 고강도 혹은 중강도로 달렸고, 다시 한번 설문조사에 응한 뒤 fMRI를 찍었습니다.

슈미트는 이 방법으로 운동의 강도와 상관없이 모든 피험자가 운동 후에 기분이 더 나아졌다는 것을 확인했습니다. 운동을 하면 세로토닌이 분비되기 때문에 안녕감이 드는 것은 기정사실이지요. 그렇지만 슈미트는 fMRI를 통해서 더 놀라운 사실을 발견했습니다. 중강도 운동이 정보의 인지적 처리와 계획을 관장하는 신경 네트워크의 연결성을 강화한다는 사실이었죠. 그러니까 가벼운 운동이나 적당한 운동을 꾸준히 하면 집중력과 주의력이 향상된다고 할 수 있습니다.

한편, 고강도 운동은 쾌락과 보상 체계를 활성화하지만, 감각-

운동 네트워크와 주의력 체계의 활동은 오히려 떨어뜨리는 것으로 나타났습니다. 쉽게 말해 적당한 운동은 주의력과 집중력에 도움이 되지만, 아주 강도 높은 운동은 근육과 주의력을 피로하게 만들면서 쾌감을 주는 것이죠. 집중력을 얻을 것인가, 쾌감을 얻을 것인가, 그것이 문제군요.

운동은 기억력을 개선한다, 당신이 몇 살이건 간에!

운동이 기억력과 학습 능력에도 영향을 준다는 걸 아시나요? 이 사실을 입증한 연구는 수백 개나 있지만 여기서는 특히 줄리안 가이탄의 연구를 소개하려 합니다. 이 연구는 45세 이상의 중장년층을 대상으로 했습니다.[2] 우리는 흔히 운동을 건강하고 기운 넘치는 젊은이들의 전유물처럼 생각하지요. 하지만 수많은 연구가 밝힌 바에 따르면 운동은 오히려 40대와 50대 이후의 인지 능력에 중요하게 작용한다고 합니다.

가이탄은 알츠하이머 발병 위험이 높은 45세 이상 남녀 23명에게 적당한 규칙적 운동이 어떤 효과를 불러오는지 실험해보았습니다. 그는 피험자의 절반에게는 그냥 좀 더 활동적으로 생활하라는 권고만 했고, 나머지 절반에게는 26주간 운동 프로그램에 참여하게 했습니다. 그들은 26주간 개인 트레이너와 함께 주 3회 러닝머신 운동을 하게끔 지도받았죠. 결과는 어땠을까요?

26주간 꾸준히 운동했던 피험자들은 나중에 인지 검사에서 한

결 좋은 결과를 보여주었습니다. 게다가 연구진은 알츠하이머병과 상관관계가 있는 전대상피질의 활동이 확실히 증가한 것도 발견했습니다. 이 연구에 따르면 일주일에 몇 번씩 꾸준히 운동을 할 경우 신경 네트워크의 기능이 좋은 자극을 받기 때문에 노화나 알츠하이머 같은 특정 질환에 따른 인지 기능 퇴화를 늦출 수 있다고 합니다.

그 외에도 신체 단련이 기억력 같은 인지 능력에 미치는 효과를 입증한 연구가 많습니다. 일례로 2011년 일리노이대학교의 커크 에릭슨과 아서 크라머는 55세 이상 80세 미만의 성인 120명을 대상으로 연구를 진행했습니다.[3] 연구진은 피험자들에게 12개월동안 주 3회 40분 운동을 하게 했어요. 그 결과 피험자들의 해마가 발달하고 기억력이 향상되는 것을 볼 수 있었습니다.

• • • • • • • • • • • • 위대한 운동선수들의 의사 결정 방식

운동선수는 어떤 상황에서든 승리를 위해 좋은 결정을 내리려 노력합니다. 하지만 그게 언제나 가능한 것은 아니죠. 운동선수의 잘못된 결정이라고 하면 2016년 UEFA 선수권 대회 결선 8차전에서 프랑스의 음바페 선수가 찼던 페널티킥이 생각납니다. 그렇지만 훌륭한 결정의 예를 생각해도 2018년 월드컵에서 프랑스 대표팀의 우승을 확정했던 음바페 선수의 골이 떠오릅니다.

네덜란드의 연구자 막스 슬러터는 축구선수들이 페널티킥을 찰 때의 뇌파 활동을 관찰해보았습니다.[4] 그리고 선수들이 페널티킥을 실축하는 순간에는 불안도가 높고 좌측 측두피질이 활발해진다는 것을 발견했죠. 좌측 측두피질은 주로 자의식과 자기반성에 관련된 영역입니다. 즉 이 영역이 활발해졌다는 것은 페널티킥을 실축한 선수가 지나치게 상황을 의식해서 자신의 자동화된 능력을 믿지 못했다는 뜻이죠. 자동화된 능력은 은연중에 작동하는 기억과 직접적인 관련이 있습니다. 이 기억은 무의식적이고요. 그래서 우리는 어떤 일들을 깊이 생각하지 않고도, 루틴처럼 해낼 수 있습니다. 축구선수들이 괜히 똑같은 동작을 끊임없이 연습하는 게 아닙니다.

운동선수는 경기 중에 거의 자동으로 움직이면서 그동안 훈련과 시합에서 차곡차곡 쌓았던 실력을 활용합니다. 그래서 경험이 많은 선수는 그렇지 않은 선수에 비해 더 빠르고 현명하게 반응할 수 있죠. 따라서 운동선수의 의사 결정은 상황에 대한 인식과 자신이 체득한 동작을 믿고 무의식적으로 움직이는 일 사이의 균형에 달려 있습니다. 결론적으로, 위대한 운동선수는 직관을 최대한 활용한다고 볼 수 있습니다(직관에 대한 장을 참조하세요)!

스트레스와 불안의 특효약

운동은 스트레스를 관리하고 불안을 낮춰주기도 합니다. 먼저 운동이 어떤 생리학적 반응을 불러오는지 살펴볼까요. 신체 활동은 호르몬 분비를 촉진합니다. 호르몬은 신체 특정 부위에 어떤 효과를 일으키거나, 어떤 기능을 작동시키기 위해 메시지를 전달하는 물질이죠.

운동을 시작하면, 몇 분 만에 **코르티솔**이 분비됩니다. 운동은 에너지가 많이 필요하기 때문에 코르티솔은 이에 대응하여 포도당을 혈액으로 끌어옵니다. 신체는 이런 식으로 필요를 빠르게 충족합니다. 일정 시간이 지나면 코르티솔 분비는 감소하고 그 대신 **아드레날린과 노르아드레날린**이 분비됩니다. 이 호르몬들은 신체를 주변 환경에 빠르게 적응하게 합니다. 심장 박동이 빨라지고, 호흡이 가빠지고, 혈압이 높아지지요. 코르티솔이 그랬던 것처럼 이 호르몬들도 근육에 에너지를 공급합니다.

여기까지 볼 때 운동의 호르몬 분비는 스트레스 반응과 유사하지만(코르티솔은 흔히 '스트레스 호르몬'으로 통하죠), **도파민, 엔돌핀, 세로토닌** 같은 '행복 호르몬'도 함께 분비된다는 차이가 있습니다. 이 호르몬들은 고통을 완화하고 안녕감을 느끼게 해줍니다. 장거리 달리기 선수들은 코스를 완주하면서 벅찬 행복을 느끼기도 한다는군요. 행복 호르몬들이 연쇄적으로 일으키는 이러한 반응은 스트레스를 조절하고 기분을 좋게 유지하는 데 도움을 줍니다.

2019년 브라질 산타마리아대학교의 펠리페 슈츠 연구 팀은 운동이 불안에 미치는 효과에 대한 메타분석을 실시했는데요.[5] 메타분석은 과학 분야에서 더 많은 것을 알고자 하는 사람에게는 마법의 도구나 다름없습니다. 하나의 자료에 수많은 연구 결과와 동향이 응축되어 있으니까요. 슈츠는 30만 명 이상이 관여된 10여 건의 연구를 분석하고 망라하여 꾸준한 운동이 불안장애와 그 징후를 막아줄 수 있다는 결론을 내렸습니다. 운동은 광장공포증(사람이 많고 숨을 데가 없는 장소나 상황에 대한 공포증)과 외상 후 스트레스 장애를 막아주는 효과도 있습니다.

이상적인 운동은 어떤 것일까?

프랑스 보건부는 운동으로 신체와 뇌에 긍정적 영향을 얻으려면 적어도 일주일에 2시간 30분 이상 중강도의 운동 혹은 1시간 15분 이상 고강도의 운동을 해야 한다고 명시하고 있습니다.

금상첨화 운동법

운동으로 인지 기능을 최적화하고 싶나요? 피트니스, 근력 운동, 달리기 등 하나의 운동을 하는 것만으로도 이롭지만, 운동과 인지적 자극(셈, 계산, 목표 추구 등)을 결합하면 금상첨화라는 것을 기억하세요. 미국 스키넥테디 유니온 칼리지의 케이 앤더슨한리는 실험을 통해 이 사실을 입증해 보였습니다.[6] 그는 가벼운 인지장애가 있는 노인 20여 명에게 매일 실내자전거를 타게 했어요. 그들은 페달을 밟으면서 화면으로 중간중간 주어지는 인지적 과제를 해결해야 했습니다. 피험자들은 석 달간 운동 및 인지 훈련을 받았고, 그 결과 실행 기능과 언어 기억의 뚜렷한 개선을 관찰할 수 있었습니다. 여러분도 다음에 운동할 때는 뇌에 인지적 자극을 줘보세요!

부지런히 움직이려는 마음에는
비용이 따른다

뇌의 변치 않는 원칙 하나를 알려드릴게요. 뇌는 인지적으로든 신체적으로든 에너지를 최소한으로 쓰기 위해 쉬운 길, 자동화된 반응을 택하는 경향이 있답니다. 그래서 운동을 열심히 하겠다는 새해의 굳은 결심을 유지하기가 그토록 힘든 것이죠.

스위스 제네바대학교 보건신경생리학과의 보리스 슈발과 캐나다 브리티시컬럼비아대학교 신경과학 연구자 마티외 부아공티에가 함께 진행한 연구를 소개하겠습니다.[7] 연구진은 피험자들에게 컴퓨터로 아바타를 선택하고 조종하는 미션을 주었습니다. 처음에는 아바타를 신체를 적극적으로 쓰는 이미지(자전거 타기, 달리기, 수영 등)에 접근시키고, 앉아서 하는 정적인 이미지(독서, 텔레비전, 해먹 등)와는 멀리 떨어뜨려 놓게 했습니다. 두 번째 단계에서는 반대로, 아바타를 정적인 이미지에 접근시키고 활동적인 이미지는 피하게 했습니다.

실험 결과는 다음과 같았습니다. 피험자들은 대체로 두 번째 단계의 실험에서 더 빠르게 행동했습니다. 활동적인 이미지보다 정적인 이미지를 피할 때 더 움직임이 빨랐던 것이죠. 피험자들이 평소 운동을 즐기는 사람일수록 그러한 성향은 더욱 두드러졌습니다. 피험자가 신체 활동을 하려는 '의지'가 있을수록 운동 이미지를 지향하는 결과가 나왔다고 할 수 있겠지요.

그렇지만 실험을 진행하는 동안 피험자들의 뇌를 관찰해보니 전혀 다른 결과가 나왔습니다. 뇌는 정적인 이미지를 피하려 할 때 더 많은 에너지를 썼습니다. 다시 말하자면, 더 노력을 해야 했다는 뜻이죠. 그러니까 신체 활동을 하고자 하는 마음에는 일종의 '비용'이 따랐습니다. 앉아서 하는 활동을 택할 때는 그 비용이 훨씬 적었고요.

피험자가 신체 활동으로 접근할 때는 특히 뇌의 두 영역이 활성화되었습니다. 첫 번째는 전두엽에 위치하는 갈등 관리의 영역이었습니다. 여기서의 갈등은 앉아서 하는 활동을 피하려는 의지와 (에너지를 많이 쓸 필요 없는) 앉아서 하는 활동에 자연스럽게 끌리는 마음 사이의 갈등이겠지요.

두 번째로는 마찬가지로 전두엽에 위치하며, 자동적인 행동을 억제하는 데 관여하는 영역이 활성화되었습니다. 다시 말하자면, 우리는 앉아서 하는 활동을 자동으로 지향하게 되어 있다는 뜻입니다. 그러니까 운동을 열심히 하기 위해서 우리는 자동성과 맞서 싸워야 하죠. 뇌의 이러한 경향은 운동 실력의 수준과 상관없이, 심지어 정상급 운동선수들에게도 마찬가지로 나타났답니다!

- 적당한 강도의 꾸준한 운동은 집중력, 기억력, 학습 능력 같은 인지 기능에 좋은 영향을 미칩니다.

- 운동은 알츠하이머 같은 뇌 질환뿐만 아니라 외상 후 스트레스 장애와 불안장애를 완화하는 데도 도움이 됩니다.

- 고강도 운동은 행복 호르몬을 분비시키는 효과가 있습니다.

- 운동을 하겠다는 마음은 자연스러운 게 아닙니다. 신체 활동을 하겠다는 마음에는 일종의 비용이 들기 때문이죠. 따라서 내면의 목소리가 '솔직히 이번 주는 너무 힘들었잖아. 그러니까 넌 주말 내내 넷플릭스 정주행을 할 자격이 있어'라고 말하더라도 그 말에 솔깃해하지 마세요. 그건 그닥 건강에 좋은 일이 아니니까요. 자, 운동하러 나갑시다!

장내 세균의
믿을 수 없는 힘

뇌가 좋아하는 식사법

감정이 우리의 위장에 영향을 준다는 건 경험으로 다들 알고 계시겠지요. 하지만 저는 지금 스트레스로 인한 복통이나 사랑에 빠졌을 때 배 속이 간질간질한 느낌 따위를 설명하려는 게 아닙니다.

요즘 자꾸 짜증이 나는 게 저녁 식단 때문이라면, 혹은 여러분의 집중력 문제가 장내 세균 때문이라면 어떨까요? 우리가 오늘 내리는 모든 결정이 오늘 아침에 먹은 것들에 영향을 받는다면, 믿을 수 있으시겠어요?

배-머리의 이중 연결

장의 소화관에는 2억에서 6억 개의 뉴런이 분포되어 있습니다. 개나 고양이 한 마리가 갖고 있는 전체 뉴런의 개수가 대략 그만큼이죠. 그리고 우리의 장에는 100조 마리의 박테리아가 살고 있습니다. 지구에서 이만큼 생명체가 밀집된 생태계는 달리 없어요. 이 '제2의 뇌'는 굉장한 역량을 지닌 민감한 기관입니다. 실험실에서도 소화 활동을 재현하기란 매우 까다롭고 어려운 일이죠.

장과 뇌는 끊임없이 소통을 주고받습니다.[1] 장-뇌 소통 경로에는 여러 가지가 있지만, 지금은 가장 중요한 두 가지만 말씀드릴게요. 장에서 뇌로 보내는 메시지는 주로 혈관을 타고 전달됩니다. 반대로 뇌의 메시지를 장으로 전달하는 경로는 주로 미주신경입니다. 이렇듯 장-뇌의 연결은 **양방향**으로 작용합니다. 뇌와 소화관은 여러 면에서 밀접하게 연결되어 있습니다. 신경이 날카로워지면 배가 아프고, 배가 고프면 짜증이 나는 이유죠.

영양 섭취가 이러한 역학에 결정적이라는 건 말할 필요도 없겠죠. 장이 무엇을 받아들이고 어떤 상태인지 뇌에 큰 영향을 미칩니다. 각 영양소가 뇌의 구성과 깊은 관계가 있기 때문이죠. 세포, 특히 뉴런은 80퍼센트가 지방과 콜레스테롤로 이루어져 있습니다. 뉴런 사이의 신경전달물질이 오가는 시냅스는 지방산, 특히 오메가3가 좌우하고요. 화학 반응을 순조롭게 하는 조효소는 비타민 B9, B12, B6, B1 등으로 만들어집니다.

안타깝게도 뇌는 스스로 이러한 영양소를 충분히 만들어내지 못합니다. 그럼 어디서 구할 수 있을까요? 두말하면 입 아프지만, 우리가 먹는 음식에서죠. 1990년대부터 신경과학계의 수많은 연구자가 영양이 뇌에 미치는 영향에 관심을 기울였고, 오만 가지 실험이 진행되었습니다.

장은 제1의 뇌?

오늘날 어떤 연구자들은 인간의 내장이야말로 최초의 '뇌'가 아닐까 생각합니다. 가령, 장 속 신경계 연구의 세계적인 권위자 미셸 느엔리스트는 그렇게 생각하지요. 그도 그럴 것이, 원시 생물은 원래 소화관으로만 이루어져 있었으니까요.[2] 영장류에게는 장이 가장 주요한 기관, 다시 말해 뉴런이 가장 많은 기관이었을 겁니다. 불을 다룰 수 있게 되기까지 수백만 년 동안은 말이죠.

음식물을 가열해 먹기 시작하면서 씹는 데 힘이 덜 들고 소화도 한결 쉬워졌기 때문에, 최초의 뇌 대신 머릿속의 뇌가 지금과 같이 발달하게 되었을 것입니다. 물론, 이건 어디까지나 가설일 뿐이에요!

오늘의 식사가 오늘의 결정을 좌우한다

독일 뤼벡 심리학연구소의 연구진은 음식 섭취가 의사 결정 능력에 미치는 영향을 입증했습니다.[3] 그들이 진행한 흥미로운 실험을 들려드릴게요. 연구진은 피험자들에게 딜레마 속에서 선택을 내리는 게임을 하게 했습니다. 피험자는 게임 상대(연구진의 지시를 받는 사람)와 10유로가 놓여 있는 테이블에 마주 앉았습니다. 게임 상대는 피험자와 그 돈을 나눠 갖기로 했으나, 자기가 8유로를 가질 테니 피험자는 2유로만 가지라는 식으로 부당한 분배(8대 2 혹은 7대 3)를 제안했습니다. 이때 피험자는 그 분배를 받아들이거나 거부할 수 있었는데, 제안을 받아들이면 상대보다 적은 금액이라도 얻을 수 있었지만, 제안을 거부하면 피험자와 게임 상대 모두 한 푼도 받을 수 없었습니다.

그런데 실험 결과, 피험자의 결정은 그가 몇 시간 전에 무엇을 먹었느냐에 따라 달라지는 것으로 나타났습니다. 피험자들은 게임을 접하기 전에 연구진이 제공한 아침을 먹었습니다. 일부 피험자는 단백질이 풍부한 식사를 했고, 나머지 피험자들은 당도가 높은 음식을 먹었죠. 그 차이는 뚜렷한 결과로 나타났습니다. 같은 사람이어도 아침에 무엇을 먹었느냐에 따라 다른 결정을 내렸거든요. 테오의 예를 들어보죠. 테오는 달걀, 오트밀, 통곡물, 요구르트, 연어 등을 아침 식사로 먹었을 때는 부당한 제안도 감내하고 소액이라도 챙겨갈 확률이 높았습니다. 반대로 아침에 단 것을 섭취했을 때는 부당한 제안을 거부하고 돈을 전혀 못 받는 확률이 높았고요. 이 실험은 음식과 의사 결정의 관계를 다룬 최초의 사례로 시사하는 바가 많습니다. 다음에 중요한 결정을 내릴 일이 있다면 아침에 꼭 단백질을 섭취하세요.

뇌 건강의 빌런, 설탕

이미 오래전부터 설탕에 관한 이야기는 많이 알려져 있었죠. 지나치게 달고 기름진 음식은 살을 찌우고 건강에 좋지 않다고요. 하지만 설탕이 기억력에도 영향을 준다는 사실은 아마 모르셨을 겁니다. 심지어 그 영향은 생각보다 훨씬 빠르게 나타난답니다.

오스트레일리아의 연구자 마거릿 모리스는 식단에 따라 쥐들의 기억력이 어떻게 달라지는지 살펴보는 실험을 했습니다.[4] 한 집단의 쥐에게는 몇 주간 정크푸드만을 먹이고, 다른 쥐들에게는 균형잡힌 식단을 먹게 했죠. 그런 다음 상자 안에 찻잔을 놓아두고 쥐에게 찻잔의 위치를 확인하게 했습니다. 설치류는 원래 호기심이 많아서 새로운 게 나타나면 당장 가서 확인하곤 하죠.

이 단계가 끝나면 쥐를 잠시 다른 곳에 옮기고 찻잔의 위치를 바꾼 후 새로운 사물을 하나 더 추가했어요. 이때 건강에 좋은 음식을 다양하게 섭취한 쥐는 위치가 바뀌었어도 찻잔을 기억했기 때문에, 찻잔보다는 새로운 사물에 관심을 기울이며 냄새를 맡고 탐색하는 데 시간을 쏟았습니다. 그러나 정크푸드만 먹었던 쥐는 위치만 바뀌었을 뿐인 찻잔을 마치 처음 본다는 듯, 두 물건 모두 거의 비슷한 시간을 들여 탐색했지요. 정크푸드를 단 나흘간 먹은 것만으로 쥐의 공간 기억력을 손상시키기에는 충분했습니다.

우리가 먹는 설탕은 뇌에 어떤 영향을 미치며, 어떤 과정을 거치는 걸까요? 보르도 뉴로캠퍼스의 소피 라예는 설탕과 지방을 너무 많이 먹으면 뉴런에 영향을 미치는 염증 반응이 일어난다고 설명합니다.[5] 그 과정을 요약하자면 이렇습니다.

* 설탕과 지방을 많이 먹으면 **면역계가 교란**되고 지방 조직에 염증 반응이 일어납니다.
* 지방 조직이 **염증**을 일으키는 물질을 분비하고, 혈관을 통해 뇌를 비롯한 신체 구석구석으로 퍼집니다.
* 뉴런은 혈액뇌장벽의 보호를 받습니다. 혈액뇌장벽은 혈관을 둘러싼 막으로, 선택적 투과성을 지니고 있어서 뇌가 혈액으로 인해 감염되지 않게 막아주지요. 라예 박사의 연구 팀은 식생활에 따라 이 장벽이 손상될 수 있다는 것을 밝혀냈습니다. 혈액뇌장벽이 손상되면, **염증 물질이 뇌까지 그대로 들어가고** 마는 결과를 초래합니다.
* 이때 염증으로 인해 가장 먼저 손상되는 것은 소교세포입니다. 소교세포의 기본 역할은 쓰레기 치우기, 다시 말해 죽은 뉴런을 먹어치워 뇌를 깨끗하게 유지하는 것이죠. 그런데 식생활의 균형이 깨지면 소교세포가 죽은 뉴런이 아닌 멀쩡하게 살아 있는 **뉴런을 잡아먹기 시작해** 신경네트워크 전체를 망가뜨립니다. 공포영화 같은 이야기지요?

⋯⋯⋯⋯⋯⋯⋯⋯
쥐를 실험 대상으로 삼는 이유?

여러분도 눈치챘겠지만, 과학 실험은 쥐를 대상으로 하는 경우가 많습니다. 여기에는 그럴 만한 이유가 있습니다. 쥐와 인간은 유전자가

90퍼센트 이상 일치하거든요. 하지만 그렇게 치면 침팬지도 높은 비율로 인간과 유전자가 일치하는데 왜 하필 쥐일까요? 이유는 간단합니다. 쥐가 훨씬 다루기 쉬울 뿐 아니라 빠른 속도로 번식하기 때문이죠. 쥐는 현재 실험 연구에 쓰이는 동물 중 60퍼센트 이상을 차지합니다.[6]

쥐를 실험해 얻은 결과는 인간에게 그대로 들어맞을까요? 대부분의 경우 그렇습니다. 설치류를 대상으로 한 연구는 인간의 유전자나 뇌 기능에 대해서 상당히 믿을 만한 정보를 주지요. 그렇지만 언제나 예외는 있습니다. 가령, 뇌졸중 환자의 건강 개선을 위한 연구는 쥐를 대상으로 실험했을 때는 고무적 성과를 거두었지만, 인간을 대상으로 한 임상 실험에는 실패했습니다.

스트레스와 불안을 관리하는 식사법

쥐를 대상으로 한 실험 연구에서 오메가3 결핍이 뇌에 미치는 영향을 밝혔습니다. 연구진은 새끼 쥐를 두 집단으로 나누어 한쪽에는 단백질과 오메가3가 풍부한 식생활을 하게 하고 다른 쪽에는 오메가3가 결핍된 식생활을 하게 했어요.[7] 이렇게 키운 쥐들을 밝은 구역과 어두운 구역으로 나뉜 상자에 집어넣었습니다. 균형 잡힌 식생활을 한 쥐들은 밝은 구역을 탐색했어요. 그러나 성장 과정에서 오메가3를 섭취하지 못했던 쥐들은 돌아다니며 탐색하지 않고 어두운 쪽에 웅크리고 있었죠. 그 쥐들은 불안하고 스트레스에 시달리는 듯 보였습니다.

연구진은 뇌가 발달하는 과정에서 오메가3가 부족하면 정상적으로 기능하기 힘들다는 결론을 내렸습니다. 실제로 뇌의 90퍼센트는 스스로 만들어낼 수 없는 지방으로 되어 있습니다. 음식으로 섭취하는 오메가3는 뉴런의 연결과 소통을 돕지요.

그런데 우리 대부분에게 오메가3가 부족하다는 사실, 알고 계셨나요? 바쁜 현대인이라면 오메가3가 충분하지 않은 식단을 유지하고 있을 가능성이 큽니다. 고등어를 많이 드세요.

음식이 이렇게까지 인지 능력과 행동에 영향을 준다는 사실이 놀랍지 않나요? 뇌는 효율적으로 작동하기 위해 오메가3 같은 특정 영양 성분이 꼭 필요합니다. 그러니까 인지 능력을 최적화하고 싶다면, 중요한 결정을 앞두고 있거나, 불안을 줄이고 스트레스를 덜 받으며 살고 싶다면 식단에 신경을 쓰세요. 설탕과 지방 섭취는 줄이고 단백질과 오메가3는 더 많이 챙겨 드세요. 다양한 음식으로 구성되고 이로운 지방이 풍부한 식단이 이상적입니다. 뇌 건강을 위해 가장 추천할 만한 식단은 지중해식 식단입니다. 비타민 섭취를 위해 과일과 채소도 충분히 챙겨 먹어야 합니다.

우울감을 달래주는 초콜릿?

초콜릿을 좋아하는 분이라면 초콜릿에 트립토판이 풍부하다는 것을 알아두세요. 트립토판은 행복감을 고양하는 호르몬인 세로토닌 분비를 촉진합니다. 기분이 가라앉은 사람들은 세로토닌 수치가 떨어져 있는 경우가 많아요. 그래서 흔히 초콜릿을 먹으면 기분이 좋아진다는 말을 하죠. 하지만 초콜릿으로 항우울제에 비견할 효과를 얻으려면 엄청나게 많은 양을 먹어야 합니다. 게다가 밀크 초콜릿으로는 효과를 볼 수 없죠. 카카오 함량 80퍼센트 이상의 다크 초콜릿만 효과가 있습니다.

장내 세균의 믿을 수 없는 힘

여러분의 배 속에는 장내 세균, 다시 말해 박테리아가 우글우글합니다. 100조 마리쯤 되는 박테리아가 여러분의 배 속에 상주하고 있어요(박테리아들에게 집세를 받을 수 있다면 엄청난 부자가 될 텐데요……). 박테리아도 여러 군으로 나뉘는데, 모두 우리 몸에 꼭 필요한 것들입니다.

그중에는 우리의 유전자와 생활 경험에 따라 특히 발달한 박테리아군이 있고, 그 박테리아들은 우리의 뇌에 영향을 줍니다. 2004년 일본 규슈대학교의 스도 노부유키 연구 팀은 처음으로 장내 세균이 쥐의 스트레스 반응에 미치는 영향을 연구했습니다.[8] 장내 세균이 없는 쥐는 건강한 쥐에 비해 스트레스 호르몬 중 하나인 혈중 코르티코스테론 수치가 높았습니다. 그런데 이 쥐들에게 장내 세균을 주입했더니 코르티코스테론 수치가 떨어졌지요.

좀 더 최근인 2019년에는 벨기에 루뱅 가톨릭대학교 연구진이 우울증 환자들에게 두 군의 박테리아(코프로코쿠스, 디알리스터)가 부족하다는 것을 알아냈습니다.[9] 그러니까 이러한 장내 유익균이 있으면 우울증의 징후를 막아주고 삶의 질을 높여줄 수 있겠지요. 아쉽게도 이 박테리아들은 음식으로 섭취할 수 없습니다. 우리의 장 안에 있든가 없든가 둘 중 하나일 뿐이죠.

• • • • • • • • • • •
파킨슨병이 장에서 시작된다?

파킨슨병이라고 하면 우리는 본능적으로 뇌를 떠올립니다. 하지만 우리는 이제 파킨슨병이 심각한 소화 장애를 동반한다는 것을 알고 있죠. 몇 년 전부터 파킨슨병 연구의 중심에는 소화기관이 자리 잡고 있습니다. 소화관에서도 특히 장내 세균에 관심이 높은데요. 2003년 연구자들이 파킨슨병으로 사망한 사람의 뇌뿐만 아니라 장 속에서도 (발병에 결정적 역할을 하는) 알파시누클레인 단백질 집합체를 발견하면서 관련된 가설들이 제기됐죠.[10]

그래서 일부 연구자는 파킨슨병이 뇌보다는 장에서 시작되는 게 아닌가 하는 의문을 품었습니다. 연구 결과 그렇지는 않은 것으로 밝혀졌지만, 이 병이 소화기관과 상관관계가 있는 건 사실이에요. 작금의 연구는 소화계가 파킨슨병의 발병과 진행에 얼마나 관여하는가를 밝히는 데 주력하고 있습니다.

요약하자면,

- 뇌와 장은 끊임없이 소통합니다. 소화기관이 무엇을 받아들이고 어떻게 생활하는가는 뇌에 영향을 미칩니다. 이 역학에는 영양 섭취가 매우 중요하지요.

- 내가 먹는 음식은 합리적인 의사 결정, 기억력, 나아가 나의 행동과 기분에도 영향을 미칩니다.

- 사람의 배 속에는 100조 마리나 되는 박테리아가 삽니다. 장내 세균도 우리의 뇌 건강과 인지 기능에 놀라운 영향을 미칩니다.

사피엔스와 농담의 쓸모

농담을 건넸는데 상대가 알아듣지 못해서 머쓱했던 적, 다들 한 번쯤 있겠죠. 더 최악은 거기서 물러나지 않고 내 농담을 구구절절 설명하는 겁니다. 그나마 상대가 공감 능력이 있는 사람이라면 "아 그런 거였어! 재밌네"라는 추임새는 해주겠죠.

유머는 신경과학에서 연구하기 꽤 까다로운 주제입니다. 유머를 정의하는 것 자체가 힘들다는 단순하고도 타당한 이유 때문에라도 이 분야의 연구는 거의 이루어지지 않았습니다. 유머에도 여러 유형이 있어요. 어떤 사람은 이 이야기를 듣고 포복절도하지만, 다른 사람은 전혀 그렇지 않을 수 있죠. 신경과학이 지금까지 밝혀낸 것을 짚어보며 유머와 웃음이라는 이 어려운 주제의 윤곽을 파악해보기로 하죠.

우리가 웃을 때 뇌에서 일어나는 일

유머라는 기제를 이해하기 위해 어빙 비더먼과 오리 아미르의
연구를 살펴봅시다.[1] 이들은 유머가 탄생하게 되는 신경학적 기반
을 처음으로 연구했습니다. 연구진은 코미디언, 아마추어 코미디
언, 그리고 일반인으로 구성된 피험자들에게 『뉴요커』의 풍자 만
화를 보여준 후, 즉석에서 '웃기는 이야기'와 '평범한 이야기' 두 가
지를 지어내게 했습니다. 이 과제를 수행하는 동안 피험자들의 뇌
를 fMRI로 촬영했고요. 그 후 임의로 뽑은 심사위원단이 그들이
만든 이야기가 얼마나 웃긴지를 평가했습니다.

이야기를 만들 때 피험자들은 뇌의 어느 영역이 활성화됐을까요? 유머는 뇌의 여러 영역을 동시에 끌어들이는 매우 복잡한 과정입니다. 지금까지 살펴본 주제들이 그랬듯, 유머도 어느 한 영역만의 문제가 아니죠.

유머를 구사할 때는 일단 측두엽에 있는 영역들이 관여합니다. 측두엽은 환경에 대한 감각 정보(시각, 청각, 후각 등)를 받아들이고 처리하지요. 측두엽은 이 감각 정보들을 바탕으로 기상천외한 생각들을 연결하여 장벽이나 검열 없이 농담을 만들어냅니다.

농담을 만들 때 활성화되는 또 다른 영역은 (이마 바로 뒤) 전두피질의 일부인 내측 전전두피질입니다. 이 영역은 어떤 사건을 적절한 감정 반응과 연결하는 역할을 하지요. 특히 사회적으로 적절히 반응하도록 해줍니다. 우리가 '이 상황에서는 이게 웃기겠는데'라고 생각하게 하는 것이 바로 전전두피질이지요. 이것이 바로 '하향처리' 방식입니다. 먼저 분석을 하고, 무엇이 재미있을지 결정하는 것이죠. 한편 위에서 다룬 측두엽은 좀 더 창의적인 과정에 관여합니다.

비유를 들어 설명해보자면, 측두엽은 쉬는 시간에 운동장을 사방팔방 뛰어다니는 아이 같습니다. 이 아이는 무서운 것도 없고, 자기가 하고 싶은 거라면 좋고 나쁨을 가리지 않는 천둥벌거숭이에요. 반면 전전두엽은 언제나 자신이 상황에 맞게 행동을 잘 하고 있는지 확인하고 선생님을 주시하는 얌전한 학생이지요.

여기까지 읽으면 측두엽이 유머를 결정하는 영역이구나, 생각하실 수 있습니다. 하지만 주의하세요! 전전두엽도(비록 아주 웃기는 농담에서 이 영역이 우세해서는 안 되지만) 중요하답니다. 전전두엽은 다른 여러 영역과 연결돼 있습니다. 그중에는 감정을 이해하고, 다른 사람에게 아주 특별한 감정인 '놀라움'을 불러일으키는 영역도 있죠.

네, 그렇습니다. 놀라움이 없으면 유머도 없어요! 따라서 두 피질의 협업은 필수적입니다. 전전두피질은 어떤 상황에서 으레 나오는 말과 행동을 평가합니다. 측두피질은 놀라움을 빚어내기 위해 여기에 완전히 반대되거나 따로 노는 생각들 사이의 관계를 찾지요. 그동안에도 전전두피질은 한 구석에서 이성적으로 필수 요소를 상기시킵니다. "정신 차려! 아이디어들을 결합할 때 놀라움의 요소를 빼먹으면 안 돼!"

다시 앞서 소개한 실험으로 돌아가볼까요. 심사위원단은 주로 코미디언들이 작성한 글을 '매우 웃기다'고 평가했습니다. 그리고 그들은 그 이야기를 쓸 때 측두피질이 전전두피질보다 약간 더 활성화되는 모습을 보였죠. 즉 코미디언들은 전두엽의 제어, 통제, 분석에 덜 휘둘렸다고 해석할 수 있습니다. 아이디어의 자발적인 연상을 자연스럽게 풀어놓으며 웃기는 농담을 만들었던 것이죠. 반면 '조금 덜 웃기다'고 평가를 받은 아마추어 코미디언들의 경우엔 측두피질보다 전전두피질이 더 활성화됐습니다. 최고의 유머를 만들기 위해 지나치게 분석을 한 결과, 통제의 끈을 놓지 못했던 것이죠. 따라서 유머란 전전두피질과 측두피질 사이의 역학과 균형의 문제로 보입니다.

마지막으로, 농담을 할 때 강하게 활성화되는 또 다른 영역이 있습니다. 바로 보상회로의 일부인 배쪽 선조체인데요. 농담이 웃기다고 생각할수록 이 영역이 더 강하게 활성화되면서 도파민을 분비합니다. 웃으면 기분이 좋아진다는 말은 그래서 과학적 근거가 있는 사실이죠.

웃기는 농담의 필수 조건

이번에는 이 실험의 심사위원단에게 주목해봅시다. 그들은 왜 어떤 이야기는 재미있다고 평가하고 다른 이야기는 그렇지 않다고 평가했을까요? 어떤 농담을 웃기다고 생각할 때와 그렇지 않다고 생각할 때 뇌에서는 각각 어떤 일이 일어날까요?

농담을 듣는 사람은 농담의 첫머리가 낳은 기대와 결말 사이의 부조화를 감지합니다. 만약 결말이 기대와 그대로 맞아떨어지면 놀라움이 없기 때문에 그 농담은 재미있게 느껴지지 않을 겁니다. 하지만 기대가 멋지게 어긋나고 결말이 놀라움을 준다면, 뇌는 '우와, 절묘해! 웃긴다 이거!'라고 생각하며 웃음을 터뜨릴 겁니다. 그러니까 근사한 농담은 예상과 예기치 않은 미끄러짐 사이의 부조화로 빚어낸 작품이라고 할 수 있습니다.

그리고 이 부조화는 때맞춰 일어나야만 합니다. 농담은 타이밍이 중요합니다. 효과적인 농담을 하고 싶다면 상대를 특정 방향으로 생각하게 이끌면서 기대를 품을 시간을 주세요. 그다음에 부조화를 탁 터뜨리는 거죠.

유쾌한 천연 항우울제

부조화가 웃음을 자아내는 이유는 전전두피질을 놀라게 하기 때문입니다. 웃음은 수많은 감정 표현 중 하나이고, 놀라움도 그러한 감정 중 하나죠. 아미르와 비더먼은 깜짝 놀라면서 웃음을 터뜨리는 사람들의 뇌를 스캐너로 찍어 살펴본 결과 보상회로에 도파민이 확 퍼지는 것을 확인했습니다. 이것은 농담의 부조화가 긴장을 풀어주고 안녕감을 고양한다는 뜻이지요.

실제로 웃음은 유쾌한 감정의 뉴런 경로를 활성화하여 기분을 좋아지게 하고 긍정적 감정을 고양합니다. 웃음은 항우울제처럼 작용하는데, 코르티솔(스트레스 호르몬) 생성은 제한하면서 세로토닌(기분을 끌어올리는 신경전달물질) 생성을 촉진하기 때문에 스트레스를 낮춰주죠.

2001년 이 분야의 권위 있는 연구자 바버라 프레드릭슨은 유머와 웃음이

- 회복탄력성을 강화하고
- 창의적 사고에 도움이 되며
- 주관적 안녕감과 삶에 대한 만족도를 높이고
- 생의 의미를 긍정적으로 생각하게 한다고 밝혔습니다.

노인들이 생활 속에서 겪는 어려움을 긍정적으로 바라보게 하는 데에도 도움이 되고요. 유머와 웃음이 사람들의 문제를 해결하

고 삶에 좀 더 만족하는 데 도움이 된다고 보는 '웃음치료'가 오늘날 발전하는 이유도 여기에 있습니다.

웃음과 우울증

연구자들은 우울한 사람들이 웃는 걸 힘들어하는 이유를 확인했습니다. 우울증으로 고통받는 사람의 뇌를 관찰해보니 유머의 요소들을 처리하는 영역의 활동이 부진했습니다.[2] 마치 뇌가 유머를 전혀 알아차리지 못하는 것 같았죠. 이 발견은 다른 연구들에서도 확증되었습니다. 일부 연구자들은 유머와 관련된 영역의 활동을 자극할 수 있다면 우울증의 증상을 완화할 수 있을 거라 생각하기도 합니다.

왜 나는 나를 간지럼 태울 수 없을까?

우리 뇌는 두 종류의 감각을 처리합니다. 한 종류는 외부에서 오는 감각이고 다른 한 종류는 우리 자신에게서 오는 감각이죠.

뇌는 내부와 외부에서 끊임없이 흘러들어오는 자극을 제어하기 위해 선택을 해야만 하고, 그래서 외부에서 오는 자극을 우선적으로 처리합니다. 가령 누군가가 우리를 만질 때 바로 반응하는 게 여기에 해당하죠. 이 자극은 우리가 예상할 수 없는 것이기 때문에 상당한 주의력을 필요로 합니다. 외부 자극은 우리의 생존에 위험할 수도, 이로울 수도 있기 때문이죠. 반면 우리 스스로 유발하는 내부 감각은 우리의 생존에 그리 중요하지 않죠. 자기 몸에 간지럼을 태울 때는 의도와 동작이 다 우리 뇌에서 나옵니다. 결과적으로, 손으로 자기 겨드랑이를 간지럽힐 때 뇌는 이미 무슨 일이 일어날지 알고 있습니다. 놀라움이 발생할 여지가 없죠. 뇌는 정보라는 측면에서 기대할 만한 새로운 것이 없으므로 이 간지럼 감각은 처리하지 않기로 결정합니다.

이러한 효과는 촉각에만 국한되지 않아요! 어떤 감각도 예외가 아닙니다. 청각의 예를 들어볼까요. 우리는 자신이 내는 소리는 훨씬 작게 듣습니다. 항상 남들의 목소리가 내 목소리보다 크게 들리고, 남들의 숨소리가 내 숨소리보다 잘 들리지요.

왜 그 사람은 말의 속뜻을 모를까?

어떤 말은 바깥으로 드러난 의미 안에 다른 의미가 깔려 있습니다. 중의적 문장의 내용은 진짜 의미나 숨겨진 의도를 찾아내기 위해 한 번 더 생각해야 하지요.

과학자들은 뇌가 중의적 문장에 어떻게 반응하는지 알아보기 위해 두 가지 의미로 해석할 수 있는 문장, 특히 빈정거림이나 반어법을 잘 이해하지 못하는 사람의 뇌를 연구했습니다. 바로 아이들이었죠. 너무 어린 아이들은 말을 액면 그대로 받아들이고 숨은 뜻을 알아차리지 못합니다. 그러다가 만 8세 전후로 속뜻을 알아듣기 시작하고 이러한 감각은 청소년기까지 계속 발달하게 됩니다.

캐나다 캘거리대학교 심리학과의 앤드루 니컬슨과 동료 연구자들은 말의 속뜻을 감지하는 능력이 공감과 관련된 영역의 발달과 활동에 달려 있다고 보았습니다.[3] 실제로 상대의 입장에 서야만 그 사람의 말에 숨겨진 생각을 이해할 수 있지요. 그래서일까요. 공감에 관여하는 영역은 어릴 때에도 분명히 존재하고 작동하지만, 이 영역이 제대로 발달하는 시기는 8~9세부터입니다.

연구자들은 그들의 이론을 입증하기 위해 다음과 같은 실험을 진행했습니다. 실험에 참여한 아이들은 인형극을 구경했습니다. 한 장면이 끝날 때마다 극중 인물이 한마디를 했는데, 이 말이 이중적 의미를 담고 있었지요. 예를 들어 어떤 꼭두각시 인형이 스노보드를 타고 어려운 동작을 하다가 눈밭에 머리부터 떨어집니다. 그걸 본 다른 인형이 이렇게 빈정거립니다. "브라보! 굉장했어!" 아이들은 이러한 인형의 대사가 진심인지 농담인지 구분해야 했습니다. 그다음에 아이들은 공감 능력 테스트를 받았지요.

6~7세 아동을 대상으로 이 실험을 했을 때는 연구자들의 주장대로 실패율이 거의 100퍼센트에 달했습니다. 어떤 아이도 속뜻이 있는 농담을 알아차리지 못했지요. 물론 이 아이들은 공감에 관여하는 뇌 영역 또한 아직 발달하지 않은 상태였고요.

하지만 그러한 영역이 발달하기 시작한 8~9세 아동을 대상으로 실험을 했을 때는 두 명 중 한 명꼴로 속뜻이 있는 농담을 알아차렸습니다. 중의적 문장을 이해할 수 있는 능력은 확실히 공감 능력의 발달과 상관관계가 있었죠.

타인의 생각과 감정을 이해해야만 농담의 속뜻을 알아차릴 수 있습니다. 아스퍼거 증후군의 특징은 이 이론에 더욱 확증을 줍니다. 타인의 감정을 알아차리는 데 어려움을 겪는 아스퍼거 증후군 환자들은 속뜻, 비유, 반어법을 이해하는 데 어려움을 겪습니다.

요약하자면,

- 전전두엽과 측두엽의 균형 잡힌 동시적 작용이 일어날 때 재미있는 농담이 탄생합니다.

- 측두엽은 엉뚱한 아이디어들을 떠올리고 전전두엽은 후방에서 그 아이디어들이 상황에 적절한지 판단하면서 놀라움의 요소를 만들어냅니다. 놀라움은 듣는 사람들의 기대를 배반함으로써 웃음을 유발하는 농담의 핵심 재료입니다.

- 하지만 농담은 뭐니 뭐니 해도 타이밍이죠! 타이밍을 잘 노려야 합니다.

- 타인의 생각과 감정에 공감할 수 있어야 중의법이나 반어법도 이해할 수 있습니다.

에필로그

뇌는 아직 모든 비밀을 드러내지 않았다

우리의 뇌 여행이 이제 끝에 다다랐습니다. 이 여행이 즐겁고도 유익했기를 바랍니다. 저는 이 책을 통해 우리가 지닌 가장 귀한 도구를 이해하고, 더 잘 활용할 수 있도록 돕고 싶었습니다. 제가 이 일을 제대로 해냈다면 여러분은 자신의 창의적 잠재력을 믿게 될 겁니다. 레이디 가가나 고흐는 우리와 완전히 동떨어진 천재가 아니에요. 공감과 직관의 기능도 이해하게 될 겁니다. 외부의 신호가 아니라 자기 안의 신호를 읽을 수 있을 거예요.

인지 편향이 어떻게 짝을 이루어 우리의 고정관념을 강화하거나 시야를 좁히는지 알기에, 합리적인 선택을 내릴 수 있게 될 겁니다. 우리의 지갑을 공략하는 뉴로마케팅에 넘어가 애먼 돈을 쓰는 일도 줄어들 거고요. 그리고 자신의 기억을 한 발짝 물러서서 보게 될 겁니다. 사랑의 유효기간이 3년밖에 되지 않는다는 속설은 근거 없는 낭설이므로, 사랑하는 사람과의 관계를 유지하기 위해 더욱 노력할 수 있겠죠.

이별 후 찾아오는 우울함에도 무너지지 않고, 실연의 아픔을 포용할 수 있게 될 겁니다. 몸의 건강만이 아니라 정신 건강과 인지 능력에도 유익한 식생활을 하게 될 거예요. 그리고 소파에 누워 쉬고 싶다는 뇌의 자동성을 이겨내고 운동을 하러 나가겠죠! 그리고 딱 좋은 타이밍에 재치있는 농담을 던지는 매력적인 사피엔스로 거듭나게 될 겁니다. 많이 웃을 때 실제로 기분이 좋아진다는 걸 알기에, 나도 더 많이 웃고, 남들을 내 이야기에 웃음 짓게 하는 사람이 될 거에요.

그 밖에도 아주 많은 것을 발견할 거라 믿습니다. 우리, 또 만날 수 있겠죠?

뇌는 아직 모든 비밀을 드러내지 않았으니까요.

출처

프롤로그

1   Quentin Marais(@la.workologie)의 계정에서 영감을 얻은 삽화

1부   우리 뇌의 초능력

공감은 고도의 지능이다

1   Danziger N., Faillenot I., Peyron R., "Can we share a pain we never felt? Neural correlates
      of empathy in patients with congenital insensitivity to pain", Neuron, vol. 61, no 2, 2009,
      p. 203-212.

2   Marsh A., Altruistes et Psychopathes. Leur cerveau est-il different du notre?,
      Humensciences Editions, 2019.

3   Singer T., et al., "Empathic neural responses are modulated by the perceived fairness of
      others", Nature, vol. 439, no 7075, 2006, p. 466-469.

4   Decety J., Yang C.Y., Cheng Y., "Physicians down-regulate their pain empathy response :
      an event-related brain potential study", NeuroImage, vol. 50, no 4, 2010, p. 1676-1682.

5   DSM-5(Diagnostic and Statistical Manual of Psychiatry, 5e edition).

6   Marsh A., Altruistes et Psychopathes···, op. cit.

7   Decety J., et al., "Neural processing of dynamic emotional facial expressions in
      psychopaths", Social Neuroscience, vol. 9, no 1, 2014, p. 36-49. ; Decety J., Skelly L.R.,
      Kiehl K.A., "Brain response to empathy-eliciting scenarios involving pain in incarcerated
      individuals with psychopathy", JAMA Psychiatry, vol. 70, no 6, 2013, p. 638-645.

8   Meffert H., et al., "Reduced spontaneous but relatively normal deliberate vicarious
      representations in psychopathy", Brain, vol. 136, no 8, 2013, p. 2550-2562.

9   Decety J., et al., "An fMRI study of affective perspective taking in individuals with psychopathy : imagining another in pain does not evoke empathy", Frontiers in Human Neuroscience, 2013 no 7, p. 489.

창의적인 사람의 뇌에서 벌어지는 일

1   Bendetowicz D., et al., "Two critical brain networks for generation and combination of remote associations", Brain, vol. 141, no 1, 2017, p. 217-233.

2   Beaty R.E., et al., "Robust prediction of individual creative ability from brain functional connectivity", Proceedings of the National Academy of Sciences of the United States of America, vol. 115, no 5, 2018, p. 1087-1092.

3   Rosen D.S., et al., "Dual-process contributions to creativity in jazz improvisations : An SPM-EEG study", NeuroImage. no 213, 116632, 2020.

고민 말고 직관을 따라야 하는 순간

1   Kahneman D., Systeme 1 / Systeme 2 : les deux vitesses de la pensee, Flammarion, 2012.

2   Sender E., "Intuition : le cerveau en roue libre", Sciences et Avenir, no 827, 2016.

3   De Scott Franck et Alan Scott, Netflix, 2020.

4   Tanaka K., "Brain mechanisms of intuition in shogi experts", Brain and Nerve [Shinkei kenkyu no shinpo], vol. 70, no 6, 2018, p. 607-615 ; Kuo W.J., et al., "Intuition and deliberation : Two systems for strategizing in the brain", Science, vol. 324, no 5926, 2009, p. 519-522 ; Wan X., Nakatani H., "The neural basis of intuitive best next-move generation in board game experts", Science, vol. 331, no 6015, 2011, p. 341-346.

5   Bargh J., Pietromonaco P., "Automatic information processing and social perception : The influence of trait information presented outside of conscious awareness on impression formation", Journal of Personality and Social Psychology, no 43, 1982, p. 437-449.

6   Gosling S., "A room with a cue : Personality judgments based on offices and bedrooms", Journal of Personality and Social Psychology, vol. 82, no 3, 2002, p. 379-398.

7   Dijksterhuis A., Nordgren L.F., 《A theory of unconscious thought》, Perspectives on Psychological Science, no 1, 2006, p. 95-109.

당신의 꿈은 사소하지 않다

1   www.dreambank.net

2   Horikawa T., et al., "Neural decoding of visual imagery during sleep", Science, vol. 340, 2013, p. 639-642.

3 Dossier de l'INSERM sur le sommeil : https://www.inserm.fr/dossier/sommeil/

4 F. Siclari, et al., "The neural correlates of dreaming", Nature Neuroscience, vol. 20, no 6, 2017, p. 872-878.

5 팟캐스트 〈뉴로사피엔스〉의 청취자 사연 인용.

6 Fosse M.J., et al., "Dreaming and episodic memory : A functional dissociation?", Journal of Cognitive Neuroscience, vol. 15, no 1, 2003, p. 1-9.

7 Montangero J., "Dream, problem-solving, and creativity", in Cavallero D., Foulkes C. (ed.), Dreaming as Cognition, Harvester Wheatsheaf, 1993, p. 93-113.

8 Wamsley E., Stickgold R., "Dreaming of a learning task is associated with enhanced memory consolidation : Replication in an overnight sleep study", Journal of Sleep Research, no 28, 2018, p. e12749.

9 Eichenlaub J.-B., et al., "Brain reactivity differentiates subjects with high and low dream recall frequencies during both sleep and wakefulness", Cerebral Cortex, vol. 24, no 5, 2014, p. 1206-1215.

10 Dement W., Wolpert E.A., "The relation of eye movements, body motility, and external stimuli to dream content", Journal of Experimental Psychology, vol. 55, no 6, 1958, p. 543-553.

11 Erlacher D., et al., "Time for actions in lucid dreams : Effects of task modality, length, and complexity", Frontiers in Psychology, no 4, 2014, p. 1013.

런던의 택시 운전사들은 해마가 더 크다

1 Moser M.B., Rowland D.C., Moser E.I., "Place cells, grid cells, and memory", Cold Spring Harbor Perspectives in Biology, vol. 7, no 2, 2015, p. a021808 ; Moser E.I., et al., "Grid cells and cortical representation", Nature Reviews Neuroscience, vol. 15, no 7, 2014, p. 466-481 ; Kropff E., et al., "Speed cells in the medial entorhinal cortex", Nature, no 523, 2015, p. 419-424.

2 Belaud S., "Les dessous du GPS cerebral", Journal du CNRS, avril 2019.

3 Munzer S., et al., "Computer-assisted navigation and the acquisition of route and survey knowledge", Journal of Environmental Psychology, vol. 26, no 4, 2006, p. 300-308.

4 Maguire E., et al., "Navigation-related structural change in the hippocampi of cab drivers", Proceedings of the National Academy of Sciences of the United States of America, no 97, 2000, p. 4398-4403.

외국어를 배울 때 뇌에서 벌어지는 일

1 Petitto L.-A., "New discoveries from the bilingual brain mind across the life span :

implications for education", Mind, Brain, and Education, vol. 3, no 4, 2009, p. 185-197.

2   Peal E., Lambert W.E., "The relation of bilingualism to intelligence", Psychological Monographs : General and Applied, vol. 76, no 27, 1962, p. 1-23.

3   Bialystok E., Peets K., Moreno S., "Producing bilinguals through immersion education : Development of metalinguistic awareness", Applied Psycholinguistics, no 35, 2014, p. 177-191.

4   Bialystok E., Craik F.I., Luk G., "Bilingualism : consequences for mind and brain", Trends in Cognitive Sciences, vol. 16, no 4, 2012, p. 240-250.

5   Adi-Japha E., Berberich-Artzi J., Libnawi A., "Cognitive flexibility in drawings of bilingual children", Child Development, vol. 81, no 5, 2010, p. 1356-1366.

6   Duncan H.D., et al., "Structural brain differences between monolingual and multilingual patients with mild cognitive impairment and Alzheimer disease : Evidence for cognitive reserve", Neuropsychologia, no 109, 2018, p. 270.

7   Bialystok E., Craik F.I., Luk G., "Bilingualism : consequences for mind and brain", Trends in Cognitive Sciences, vol. 16, no 4, 2012, p. 240-250.

8   Pliatsikas C., Moschopoulou E., Saddy J.D., "The effects of bilingualism on the white matter structure of the brain", Proceedings of the National Academy of Sciences of the United States of America, vol. 112, no 5, 2015, p. 1334-7.

9   Boroditsky L., How Language Shapes the Way We Think [Conference], TED-Ed, 2018.

세상에 나쁘기만 한 인지 편향은 없다

1   "Comment dejouer les biais cognitifs?"[Emission de radio], avec Albert Moukheiber, Sous le soleil de Platon, France Inter, 4 aout 2021.

2부   뇌가 함정에 빠지는 순간

쇼핑하는 뇌를 사로잡는 뉴로마케팅

1   Knutson B., et al., "Neural predictors of purchases", Neuron, vol. 53, no 1, 2007, p. 147-156.

2   Reutskaja E., et al., "Choice overload reduces neural signatures of choice set value in dorsal striatum and anterior cingulate cortex", Nature Human Behaviour, no 2, 2018, p. 925-935.

3 Gueguen N., et al., "Effect of background music on consumer's behavior", European Journal of Scientific Research, vol. 16, no 2, 2007, p. 268-272.

4 Wolf J.R., Arkes H.R., Muhanna W.A., "The power of touch : An examination of the effect of duration of physical contact on the valuation of objects", Judgment and Decision Making, vol. 3, no 6, 2008, p. 476-482.

5 Morrison M., et al., "In-store music and aroma influences on shopper behavior and satisfaction", Journal of Business Research, vol. 64, no 6, 2011, p. 558-564.

예측기계 뇌의 뜻밖의 본능

1 Wyart V., Le Cerveau paresseux, surprenant moteur de l'intelligence humaine [Webinaire], Departement d'etudes cognitives de l'ENS, 2021.

2 Vogel T.A., et al., "Forced choices reveal a trade-off between cognitive effort and physical pain", eLife, no 9, e59410, 2020.

3 Simons D.J., Chabris C.F., "Gorillas in our midst : sustained inattentional blindness for dynamic events", Perception, vol. 28, no 9, 1999, p. 1059-1074.

4 Cheval B., Boisgontier M., Le Syndrome du paresseux, op. cit.

스트레스가 나를 파괴하지 못하게 하는 법

1 Whitehouse J., et al., "Signal value of stress behaviour", Evolution and Human Behavior, vol. 43, no 4, 2022, p. 325-333.

2 Keller A., et al., "Does the perception that stress affects health matter? The association with health and mortality", Health Psychology : Official Journal of the Division of Health Psychology, American Psychological Association, vol. 31, no 5, 2012, p. 677-684.

3 Kataoka N., Shima Y., Nakajima K., Nakamura K., "A central master driver of psychosocial stress responses in the rat", Science, vol. 367, no 6482, 2020, p. 1105-1112.

4 Menard C., et al., "Immune and neuroendocrine mechanisms of stress vulnerability and resilience", Neuropsychopharmacology : Official Publication of the American College of Neuropsychopharmacology, vol. 42, no 1, 2017, p. 62-80.

5 Yang B., et al, "Effects of regulating intestinal microbiota on anxiety symptoms : A systematic review", General Psychiatry, no 32, 2019, e100056.

6 Chevalier G., et al., "Effect of gut microbiota on depressive-like behaviors in mice is mediated by the endocannabinoid system", Nature Communications, vol. 11, no 1, p. 6363.

집중력을 통제할 수 있다는 착각

1   Cohen M.A., Botch T.L., Robertson C.E., "The limits of color awareness during active, real-world vision", Proceedings of the National Academy of Sciences of the United States of America, vol. 117, no 24, 2020, p. 13821-13827.

2   Robbins A., L'Art de la diversion [Conference], TEDGlobal, 2013.

3   Perrone-Bertolotti M., et al., "A real-time marker of object-based attention in the human brain. A possible component of a "gate-keeping mechanism" performing late attentional selection in the ventro-lateral prefrontal cortex", NeuroImage, no 210, 116574, 2020.

4   Hyman I., et al., "Did You See the Unicycling Clown? Inattentional Blindness while Walking and Talking on a Cell Phone", Applied Cognitive Psychology, no 24, 2010, p. 597-607.

우리의 추억은 저마다 다르게 기억된다

1   Cymes M., Olicard F., Memoire : vous avez le pouvoir! Tout comprendre pour s'entrainer et developper son potentiel, First Editions, Solar Editions, 2022.

2   Fosse M.J., et al., "Dreaming and episodic memory : a functional dissociation?", art. cité.

3   Vice-versa [Film d'animation], Studios Disney, 2015

4   Shaw J., Porter S., "Constructing rich false memories of committing crime", Psychological Science, vol. 26, no 3, p. 291-301.

5   Wetherill R., Fromme K., "Alcohol-induced blackouts : A review of recent clinical research with practical implications and recommendations for future studies", Alcoholism, Clinical and Experimental Research, vol. 40, no 5, p. 922-935.

6   Izawa S., et al., "REM sleep-active MCH neurons are involved in forgetting hippocampus-dependent memories", Science, vol. 365, no 6459, 2019, p. 1308-1313.

7   LePort A.K.R., et al., "Behavioral and neuroanatomical investigation of highly superior autobiographical memory (HSAM)", Neurobiology of Learning and Memory, vol. 98, 2012, p. 78-92.

8   Frankland P., Josselyn S., "Infantile amnesia : A neurogenic hypothesis", 2012, Learning & Memory (Cold Spring Harbor, N.Y.), vol. 19, no 9, p. 423-433. Bauer P.J., Larkina M., "Predicting remembering and forgetting of autobiographical memories in children and adults : A 4-year prospective study", Memory, vol. 24, no 10, 2015, p. 1345-1368 ; Simcock G., Hayne H., "Breaking the barrier? Children Fail to Translate Their Preverbal Memories Into Language", Psychological Science, vol. 13, no 3, 2002, p. 225-231.

나는 왜 너를 사랑하는가

1   Fisher H., Anatomy of Love : A Natural History of Mating, Marriage, and Why We Stray, W.W. Norton & Co, 2016.

2   Insel T.R., Shapiro L.E., "Oxytocin receptor distribution reflects social organization in monogamous and polygamous voles", Proceedings of the National Academy of Sciences of the United States of America, vol. 89, no 13, 1992, p. 5981-5985. Insel T.R., et al., "Oxytocin, vasopressin, and the neuroendocrine basis of pair bond formation", Advances in Experimental Medicine and Biology, no 449, 1998, p. 215-224.

3   Bartels A., Zeki S., "The neural correlates of maternal and romantic love", NeuroImage, vol. 21, no 3, 2004, p. 1155-1166.

4   Bartels A., Zeki S., "The neural basis of romantic love", Neuroreport, vol. 11, no 17, 2000, p. 3829-3834.

5   Acevedo B.P., Aron A., Fisher H.E., Brown L.L., "á Neural correlates of long-term intense romantic love "â, Social Cognitive and Affective Neuroscience, vol. 7, no 2, 2012, p. 145-159.

6   Stoleru S., Un cerveau nomme desir. Sexe, amour et neurosciences, Odile Jacob, 2016.

낭만적 사랑의 실패와 우울

1   Fisher H. E., et al., "Reward, addiction, and emotion regulation systems associated with rejection in love", Journal of Neurophysiology, vol. 104, no 1, 2010, p. 51-60.

2   Mearns J., "Coping with a breakup : negative mood regulation expectancies and depression following the end of a romantic relationship", Journal of Personality and Social Psychology, vol. 60, no 2, 1991, p. 327-334.

3   Najib A., et al., "Regional brain activity in women grieving a romantic relationship breakup", The American Journal of Psychiatry, vol. 161, no 12, 2004, p. 2245-2256.

4   Tchalova K., Eisenberger N.I., "How the brain feels the hurt of heartbreak : Examining the neurobiological overlap between social and physical pain", in Toga A.W. (ed.), Brain Mapping : An Encyclopedic Reference, t. 3, Academic Press : Elsevier, 2015, p. 15-20.

5   Hsu D., et al., "Response of the μ-opioid system to social rejection and acceptance", Molecular Psychiatry, vol. 18, no 11, 2013, p. 1211-1217.

6   Koban L., et al., "Frontal-Brainstem Pathways Mediating Placebo Effects on Social Rejection", The Journal of Neuroscience : The Official Journal of the Society for

Neuroscience, vol. 37, no 13, 2017, p. 3621-3631.

오르가슴은 그렇게 오지 않는다

1   Lloyd E.A., The Case of the Female Orgasm – Bias in the Science of Evolution, Harvard
    University Press, 2006.

2   Safron A., "What is orgasm? A model of sexual trance and climax via rhythmic
    entrainment", Socioaffective Neuroscience & Psychology, no 6, 2016, p. 31763.

3   Whipple B., Komisaruk B.R., "Elevation of pain threshold by vaginal stimulation in
    women", Pain, vol. 21, no 4, 1985, p. 357-367.

4   Georgiadis J.R., et al., "Regional cerebral blood flow changes associated with clitorally
    induced orgasm in healthy women", The European Journal of Neuroscience, vol. 24, no
    11, p. 3305-3316.

5   Knop A.J.J., et al., "Sensory-tactile functional mapping and use-associated structural
    variation of the human female genital representation field", Journal of Neuroscience, vol.
    42, no 6, 2022, p. 1131-1140.

6   Holstege G., et al., "Brain activation during human male ejaculation", Journal of
    Neuroscience, vol. 23, no 27, 2003, p. 9185-9193.

7   Stoleru S., et al., "Functional neuroimaging studies of sexual arousal and orgasm in
    healthy men and women : a review and meta-analysis", Neuroscience and Biobehavioral
    Reviews, vol. 36, no 6, 2012, p. 1481-1509.

아름답지 않아도 사랑할 수 있을까?

1   Langlois J., et al., "Maxims or Myths of Beauty? A meta-analytic and theoretical review",
    Psychological Bulletin, no 126, 2000, p. 390-423.

2   Quinn P. C., et al., "Preference for attractive faces in human infants extends beyond
    conspecifics", Developmental Science, vol. 11, no 1, 2008, p. 76-83.

3   Roney J.R., et al., "Reading men's faces : women's mate attractiveness judgments track
    men's testosterone and interest in infants", Proceedings. Biological sciences, vol. 273, no
    1598, 2006, p. 2169-2175.

4   Law Smith M.J., et al., 《Facial appearance is a cue to oestrogen levels in women》,
    Proceedings. Biological Sciences, vol. 273, no 1583, p. 135-140.

5   Germine L., et al., "Individual aesthetic preferences for faces are shaped mostly by
    environments, not genes", Current Biology : CB, vol. 25, no 20, 2015, p. 2684-2689.

6   Cooper P.A., Maurer D., "The influence of recent experience on perceptions of
    attractiveness", Perception, vol. 37, no 8, 2008, p. 1216-1226.

7　Batres C., "Familiarity with own population's appearance influences facial preferences", Human Nature (Hawthorne, N.Y.), vol. 28, no 3, 2017, p. 344-354.

8　Brielmann A., Vale L., Pelli D., "Beauty at a glance : The feeling of beauty and the amplitude of pleasure are independent of stimulus duration", Journal of Vision, vol. 17, no 14, 2017, p. 9

4부　우리 뇌의 신비로운 오류

머릿속에서 들려오는 노래

1　Kraemer D., et al., "Sound of silence activates auditory cortex", Nature, no 434, 2005, p. 158.

2　Zatorre R.J., Salimpoor V.N., "From perception to pleasure : Music and its neural substrates", Proceedings of the National Academy of Sciences of the United States of America, no 110 (suppl. 2), 2013, p. 10430-10437.

3　Mullensiefen D., et al., "Individual differences predict patterns in spontaneous involuntary musical imagery", Music Perception : An Interdisciplinary Journal, vol. 31, no 4, 2014, p. 323-338.

4　Farrugia N., et al., "Tunes stuck in your brain : The frequency and affective evaluation of involuntary musical imagery correlate with cortical structure", Consciousness and Cognition, no 35, 2015, p. 66-77.

5　Liikkanen L.A., Jakubowski K., "Involuntary musical imagery as a component of ordinary music cognition : A review of empirical evidence", Psychonomic Bulletin & Review, vol. 27, no 6, 2020, p. 1195-1217.

불현듯 데자뷔를 느끼는 순간

1　Brown A.S., Marsh E.J., "Creating illusions of past encounter through brief exposure", Psychological Science, vol. 20, no 5, 2009, p. 534-8.

2　Bartolomei F., "Impression de "deja-vu"?", Cerveau et Psycho, no 10, juin 2005.

3　Bartolomei F., et al., "Rhinal-hippocampal interactions during déjà vu", Clinical Neurophysiology : Official Journal of the International Federation of Clinical Neurophysiology, vol. 123, no 3, 2012, p. 489-495.

생각날 듯 말 듯한 그 단어가 생각나지 않는 이유

1   Huth A.G., et al., "Natural speech reveals the semantic maps that tile human cerebral cortex", Nature, vol. 532, no 7600, 2016, p. 453-8.

2   Schwartz B.L., Smith S.M., "The retrieval of related information influences tip-of-the-tongue states", Journal of Memory and Language, vol. 36, no 1, 1997, p. 68-86.

5부   이제, 뇌한테 잘합시다

뇌가 젊어지게 하는 운동법

1   Schmitt A., et al., "Modulation of distinct intrinsic resting state brain networks by acute exercise bouts of differing intensity", Brain Plasticity, vol. 5, 2019, p. 39-55.

2   Gaitan J.M., et al., "Brain glucose metabolism, cognition, and cardiorespiratory fitness following exercise training in adults at risk for Alzheimer's disease", Brain Plasticity, vol. 5, 2019, p. 83-95.

3   Erickson K.I., et al., "Aerobic fitness is associated with hippocampal volume in elderly humans", Hippocampus, vol. 19, no 10, 2009, p. 1030-1039.

4   Slutter M.W.J., Thammasan N., Poel M. "Exploring the Brain Activity Related to Missing Penalty Kicks : An fNIRS Study", Frontiers in Computer Science, 2021, no 3, p. 661466.

5   Schuch F.B., et al., "Physical activity protects from incident anxiety : A meta-analysis of prospective cohort studies", Depress Anxiety, vol. 36, no 9, 2019, p. 846-858.

6   Anderson-Hanley C., et al., "The interactive Physical and Cognitive Exercise System (iPACESTM) : Effects of a 3-month in-home pilot clinical trial for mild cognitive impairment and caregivers", Clinical Interventions in Aging, no 13, 2018, no 13, p. 1565-1577.

7   Cheval B., Boisgontier M., Le Syndrome du paresseux, Dunod, 2020.

장내 세균의 믿을 수 없는 힘

1   Arotcarena M.L., et al., "Bidirectional gut-to-brain and brain-to-gut propagation of synucleinopathy in non-human primates", Brain, vol. 143, no 5, 2020, p. 1462-1475.

2   Interview video de Michel Neunlist par l'universite de Nantes : "Le ventre est-il notre deuxieme cerveau?", 5 avril 2016.

3   Strang S., et al., "Impact of nutrition on social decision making", Proceedings of the

National Academy of Sciences of the United States of America, vol. 114, no 25, 2017, p. 6510-6514.

4   Kendig M.D., Westbrook R.F., Morris M.J., "Pattern of access to cafeteria-style diet determines fat mass and degree of spatial memory impairments in rats", Scientific Reports, vol. 9, no 1, p. 1-12, 2019.

5   Denjean C., Le Ventre : notre deuxieme cerveau [Documentaire], ARTE France, INSERM, Scientifilms, 2013.

6   Source : recherche-animale.org

7   Cutuli D., et al., "Effects of omega-3 fatty acid supplementation on cognitive functions and neural substrates : A voxel-based morphometry study in aged mice", Frontiers in Aging Neuroscience, no 8, 2016, p. 38.

8   Sudo N., et al., "Postnatal microbial colonization programs the hypothalamic-pituitary-adrenal system for stress response in mice", The Journal of Physiology, 2004, no 558 (1), p. 263-275.

9   Valles-Colomer M., et al., "The neuroactive potential of the human gut microbiota in quality of life and depression", Nature Microbiology, no 4, 2019, p. 623-632

10   Braak H., et al., "Staging of brain pathology related to sporadic Parkinson's disease", Neurobiology of Aging, no 24, 2003, p. 197-211.

사피엔스와 농담의 쓸모

1   Amir O., Biederman I., "The neural correlates of humor creativity", Frontiers in Human Neuroscience, no 10, 2016, p. 597.

2   Edwards S., "Humor, laughter, and those aha moments", On the Brain, The Harvard Mahoney Neuroscience Institute Letter, vol. 16, no 2, 2010.

3   Nicholson A., Whalen J.M., Pexman P.M., "Children's processing of emotion in ironic language", Frontiers in Psychology, no 4, 2013, p. 691.

. . .
지은이   아나이스 루Anaïs Roux

뇌의 경이로움에 매료되어 신경과학을 연구하게 된 프랑스의 임
상심리학자. 250만 명이 넘는 청취자에게 사랑받은 뇌과학 팟캐
스트 〈뉴로사피엔스Neurosapiens〉를 제작하고 진행하는 과학 커
뮤니케이터이기도 하다. '왜 머리와 마음이 따로 노는지 모르겠
다'고 토로하는 무수한 청취자의 고민을 접하며, '평범한 사람
들을 위한 심리 뇌과학책'을 쓰기로 결심했다. 임상심리대학원
École des Psychologues Praticiens에서 석사 학위를 받았고, 존스 홉킨
스대학교에서 신경영상학과 기초 신경과학을 공부했다. 청소년
과 학교 선생님들의 심리적, 정서적 건강을 증진하고 학교 폭력
을 방지하는 비영리기관 APESE을 설립했으며, 심리학과 신경
과학 분야를 두루 넘나들며 일하고 있다. 바이오피드백, 가상현
실 등 뉴로 테크놀로지를 접목해 스트레스를 관리하고 인지 능
력을 최적화할 수 있게 돕는 오픈 마인드 신경과학연구소Open
Mind Neurotechnologies의 심리학자로 있다.

. .
그림   뤼시 알브레히트Lucie Albrecht

만화책 작가이자 일러스트레이터. 프랑스 파리를 기반으로 활동
한다.

. . .
옮긴이   이세진

서강대학교 철학과를 졸업하고 동 대학원에서 프랑스 문학을 공
부했다. 현재 전문 번역가로 일하고 있다. 옮긴 책으로 『체리토
마토파이』 『돌아온 꼬마 니콜라』 『나는 생각이 너무 많아』 『음
악의 기쁨』 『고대 철학이란 무엇인가』 『나비의 언어』 『외로움의
철학』 등이 있다.

사피엔스의 뇌

더 좋은 삶을 위한 심리 뇌과학

펴낸날 초판 1쇄 2024년 4월 19일
초판 2쇄 2024년 5월 3일
지은이 아나이스 루
그림 뤼시 알브레히트
옮긴이 이세진
펴낸이 이주애, 홍영완
편집장 최혜리
편집2팀 홍은비, 박효주, 이정미
편집 양혜영, 문주영, 장종철, 한수정, 김하영, 강민우, 김혜원, 이소연
디자인 기조숙, 김주연, 윤소정, 박정원, 박소현
마케팅 김태윤, 김민준
홍보 김철, 정혜인, 김준영, 백지혜
해외기획 정미현
경영지원 박소현
펴낸곳 (주)윌북 **출판등록** 제 2006-000017호
주소 10881 경기도 파주시 광인사길 217
전화 031-955-3777 **팩스** 031-955-3778
홈페이지 willbookspub.com
블로그 blog.naver.com/willbooks **포스트** post.naver.com/willbooks
트위터 @onwillbooks **인스타그램** @willbooks_pub
ISBN 979-11-5581-711-7 (03180)